U0574450

中国马克思主义哲学研究报告·2019

王立胜　单继刚／主　编
毕芙蓉　周　丹　韩　蒙／副主编

CHINESE MARXIST PHILOSOPHY

目　录

专题三
新中国 70 年与马克思主义哲学研究

专题四
当代中国马克思主义哲学前沿

序 言

王立胜 韩蒙

历经五四运动、新中国成立与改革开放，中国道路的百年探索，为中国马克思主义哲学的发展变革确立了历史方位。站在新时代的历史方位，对中国特色社会主义与当代中国马克思主义的理解，能使我们透视百年来中国道路与马克思主义中国化进程的深层意涵和整全意义。从2019年、1949年到1919年，在这种回溯性进程中，新时代中国特色社会主义、中华人民共和国成立70周年、五四运动100周年的历史时刻和思想事件被紧密地关联了起来。在这种历史性的关联中，如何在现代化百年进程中理解马克思主义中国化？如何在70年学术史基础上构建马克思主义哲学学术体系？如何在人类文明高度阐发当代中国马克思主义？上述三个问题可以成为我们把握2019年马克思主义哲学研究总体状况的一条思想线索。

一、中国道路的百年探索：社会主义现代化与马克思主义中国化

站在新时代的历史方位上，以唯物史观回望五四运动100周年、新中国成立70周年、改革开放和中国特色社会主义道路40余年的历史，中国道路的百年探索可以用两个关键词来概括，那就是：社会主义的现代化与马克思主义的中国化。在从五四运动、新中国成立到改革开放的全部进程

中，两者被愈加紧密地关联了起来；这种历史性的关联具体呈现为三个思想阶段：五四运动与马克思主义的传入、新中国成立与马克思主义的中国化、中国道路与中国马克思主义的自主构建。习近平指出："建立中国共产党、成立中华人民共和国、推进改革开放和中国特色社会主义事业，是五四运动以来我国发生的三大历史性事件，是近代以来实现中华民族伟大复兴的三大里程碑。"①2019年马克思主义哲学研究的核心问题意识，正是在对时代与哲学之间本质关联的把握中、从对上述三个历史事件的哲学反思中不断萌发和深入的。

首先，在五四运动的现代化价值原则中理解马克思主义与社会主义的内在关联。发生于1919年的五四运动，至今已整整100年了。近代中国对现代性的理解、现代化进程的开展，相继经历了器物层面的洋务运动、制度层面的戊戌变法和辛亥革命以及价值理念层面的五四新文化运动，最终伴随着五四运动中社会主义理念的马克思主义阐发、中国共产党的创立，决定性地开启了中国的社会主义现代化道路。在过去一年的研究成果中，除了五四运动与马克思主义传入中国的经典研究路径外，还出现了不少关注五四运动与中国文化新形态、社会主义理念、新民主主义革命之间关系的研究。武汉大学何萍教授将中国道路视为新文化运动的积极成果，新文化运动不仅包含近代社会的科学与民主观念，同时也包含科学社会主义文化与中国经验、中国道路的特殊性，这些构成了中国道路自身的文化品格和理性精神。②武汉大学李维武教授则更为凸显了五四运动之后的新文化即"社会主义"这一新的价值观念和社会理想，深入揭示了社会主义如何从最初的价值观念，经过中国早期马克思主义的理论阐发和大众传播，发展为由中国共产党领导的新民主主义革命运动的思想历程。③

① 习近平:《在庆祝改革开放40周年大会上的讲话》，人民出版社2018年版，第4页。

② 何萍:《新文化运动与中国道路——为庆祝中华人民共和国成立七十周年而作》，《天津社会科学》2019年第5期。

③ 李维武:《五四运动与社会主义新价值观的确立》，《武汉大学学报》（哲学社会科学

华东师范大学陈卫平教授从多个维度力图重建五四运动的“知识叙事”：“五四”并不是全盘反传统，而是在新旧对比、中西会通的努力中构建了中国文化的新形态，它包括马克思主义中国化与新民主主义革命文化，而作为这一社会革命领导者的中国共产党，则肩负起了实现中国现代化的使命。①

其次，在新中国70年历程中把握马克思主义中国化与社会主义现代化的同步发展。马克思主义的中国化，不仅伴随着新民主主义革命的磅礴进程，而且伴随着新中国成立70年的伟大历程。在这整个波澜壮阔的历史性实践中，不断开展并深化着中国的现代化任务与马克思主义的结合。中共中央党校庞元正教授在社会主义现代化的实践语境中揭示了马克思主义哲学的理论发展；在探索现代化的自主道路上提出坚持马克思主义与中国实际的结合；在面对社会主义社会的矛盾时提出社会主义基本矛盾理论；在拨乱反正、解放思想的时代需要下强调唯物主义的“实事求是”原则；在创立中国特色社会主义的过程中凸显矛盾普遍性、特殊性的毛泽东哲学精髓；在推进对外开放的经济全球化语境中运用发展马克思的世界历史理论，等等。②教育部高等学校社会科学发展研究中心田心铭研究员集中分析了习近平在庆祝中华人民共和国成立70周年大会上的讲话，将中国70年历史性变革的主要因素概括如下：作为历史主体的中国人民、作为领导核心的中国共产党、作为前进旗帜的中国特色社会主义、作为理论基础的马克思主义。③天津大学颜晓峰教授则从马克思主义与社会主义的相互关系出发，指出新中国70年经历了从建立社会主义到开创中国特色社会主义，再到中国特色社会主义进入新时代的伟大飞跃，马克思主义为

版）2019年第2期。

① 陈卫平：《“五四”：在多元阐释中重建知识叙事》，《文史哲》2019年第6期。

② 庞元正、吴晶晶：《新中国70年马克思主义哲学中国化的实践创新与理论创新》，《中共中央党校（国家行政学院）学报》2019年第6期。

③ 田心铭：《新中国70年历史性变革的内在逻辑》，《马克思主义研究》2019年第10期。

什么“行”的问题，在70年的实践中获得了最好的理论解答。①

最后，在中国道路的创造性实践中阐释中国特色社会主义与中国马克思主义哲学。对五四运动100年和新中国70年的思想回顾，为理解当前中国特色社会主义道路提供了“大历史观”的理论视野，也为在哲学理念层面凝练中国自主开创的现代性类型、阐释中国马克思主义哲学的术语变革提供了可能。中国社会科学院《哲学研究》杂志围绕“中国道路与现代性问题”相继刊发了一系列文章。复旦大学吴晓明教授指出，无论从理论上还是从实践上来说，现代化与马克思主义中国化乃是一百年来中国道路最本质的规定，是任何一种对中国道路具有实际效准的描述都不可能绕过的规定；中国道路所具有的世界历史意义就在于：它在使中国完成其现代任务的同时，亦即在使之成为一个现代化强国的同时，正积极地开启出一种新文明类型的可能性。② 苏州大学任平教授认为，对新现代性的中国道路的探索，成为新中国70年历史聚焦的主题；新现代性的中国道路包括革命道路和发展道路，这条道路既超越了西方资本经典现代性道路、也超越了苏联社会主义的经典现代性道路，以中国方案开辟了人类新文明路向。③ 在相似意义上，中共中央党校辛鸣教授在中国道路的马克思主义性质与中华优秀文化传统的双重语境中看到，中国道路在理论思维上实现了创造性转换和创新性发展，展现出高度的哲学自觉，蕴含着体用不二、统分有度、同异相宜、知行合一的实践辩证法。④ 可以说，实践永无止境，理论创新也永无止境；中国道路的伟大实践已经为中国马克思主义哲学的自主发展提供了社会历史条件。

① 颜晓峰:《新中国70年与坚持和发展马克思主义》,《马克思主义与现实》2019年第4期。

② 吴晓明:《马克思主义中国化与新文明类型的可能性》,《哲学研究》2019年第7期。

③ 任平:《论唯物史观的中国逻辑及其世界意义》,《哲学研究》2019年第8期。

④ 辛鸣:《中国道路的实践辩证法》,《哲学研究》2019年第8期。

二、马克思主义哲学的七十年：学术史与学术体系

新中国成立70年来，中国人民的现实生活发生了翻天覆地的历史性变化，迎来了实现中华民族伟大复兴的光明前景。在这一历史巨变中，马克思主义哲学作为中国人民的“精神武器”，犹如“思想的闪电”、“彻底击中这块素朴的人民园地”①，迸发出改造中国社会现实的巨大理论能量，在满足“国家的需要的程度”的同时，其自身也逐步成为一项重大的理论课题和学术事业。伴随这种实践探索的发展与理论能量的释放，2019年马克思主义哲学研究，在回顾过往的学术史研究、展望未来的学术前沿探析的同时，凸显了在两个维度即时代化的学术史与系统化的学术体系之中，探索构建中国马克思主义哲学学术体系的方法论遵循和具体路径。

首先，70年马克思主义哲学发展为学术史研究提供了思想前提和理论储备。2019年7月20—21日在甘肃召开的中国马克思主义哲学史学会2019年年会、9月21—22日在济南召开的第十六届全国马克思主义哲学创新论坛，分别以“马克思主义哲学的发展与展望”和“七十年以来的马克思主义哲学：回顾与展望”为会议的主题。学术史的反思也是本年度文章的重点话题。浙江大学刘同舫教授认为，在中国马克思主义哲学研究中存在三重影响较大、争议较多的解释张力：事实性与规范性之间的解释张力关乎马克思主义哲学研究的理论性质取向，批判性与建构性之间的解释张力涉及马克思主义哲学研究的理论态度取向，学术性与现实性之间的解释张力则关涉马克思主义哲学如何切入现实的理论方法取向；这三者之间具有内在逻辑联系，既相互支撑又相互制约，其张力的具体构成与发展变化使马克思主义哲学研究呈现出复杂性与丰富性特征。② 中央民族大学王

① 《马克思恩格斯文集》第1卷，人民出版社2009年版，第17—18页。

② 刘同舫：《马克思主义哲学研究中的三重解释张力及其认知变化》，《哲学研究》2019年第9期。

海锋教授指出，基于对新中国成立以来学术界关于马克思主义哲学史所作出总体性（通史性）研究、断代史研究以及分类研究等的基本认知，应该在新的时代条件下对“当代中国”的马克思主义哲学研究的学术史作出的整体性梳理和研究，揭示其创新逻辑演变史、问题史以及理论创新机制，勾勒出学术思想创新的思想谱系和学术地图。[①] 安徽师范大学张传开、单传友教授将马克思主义在过往70年的发展理解为探索与建构马克思主义哲学新形态的过程，这个过程包含了“实践意识”的觉醒、“体系意识”的重构、“问题意识”的凸显、“形态意识”的呼唤四个阶段，而中国道路的实践创新正是马克思主义哲学新形态建构的源头活水。[②]

其次，在既有学术史考察基础上推动马克思主义哲学新形态的探索与发展。“问题是时代的声音”，基于学术史的考察，随着新中国70年的社会发展，扎根于其上的中国马克思主义哲学也在将时代问题融入自身内部的同时获得了新的范式。2019年10月26—27日以“公共价值与美好生活”为主题的第十九届马克思哲学论坛在西安召开，公共价值、美好生活、价值观等问题再次成为讨论的中心。唯物史观的价值维度也成为学术写作中一个新的理论增长点。首都师范大学陈新夏教授呼唤唯物史观价值取向的当代建构，在理论上实现唯物史观由认识范式向实践范式的转换，增强唯物史观的解释力；在实践上彰显唯物史观引领社会进步和促进人的发展的功能，提升其回答并解决社会生活中深层次价值问题的能力。[③] 上海大学孙伟平教授也强调要立足哲学的事实维度和价值维度解读马克思哲学，充分认清马克思哲学主要是一种有着鲜明的价值立场、伟大的价值目标、明晰的价值原则、突出的价值实践风格的价值哲学，彰显马克思主义哲学的主体向度和价值原则，建构基于事实维度与价值维度相统一的马克思主义

① 王海锋：《书写当代中国马克思主义哲学研究的学术史》，《哲学研究》2019年第1期。

② 张传开、单传友：《当代中国马克思主义哲学新形态的探索与建构》，《哲学动态》2019年第1期。

③ 陈新夏：《唯物史观价值取向当代建构的前提性考查》，《哲学研究》2019年第1期。

哲学新形态。[①] 与此同时，在当代中国的实践和理论语境中，政治哲学与马克思主义特别是唯物史观的关系，构成了马克思主义哲学研究的新问题域。中国社会的跨越式发展、人民群众生活水平的显著改善，也带来了需要在理论上阐释和回应的新问题：如何在社会主义市场经济基础上确立规范性的目标和共识性的价值，这涉及个人与共同体、公平与效率、自由与平等、权利与正义等一系列问题。上述现实和理论问题的存在，不仅造就了中国政治哲学在学术合法性上的自我奠基，而且也引发了马克思主义哲学内部对于规范性问题的重新考量。[②]

最后，在时代化与系统化的互动中构建马克思主义哲学学术体系。"学术体系是加快构建中国特色哲学社会科学的核心"，其水平决定着学科体系和话语体系的水平和属性。[③] 如何在马克思主义哲学层面理解学术体系的构建？透过学术史梳理和哲学新形态的呈现可以看到，作为"把握在思想中的时代"的马克思主义哲学，同时兼具着历史性的时代精神与系统性的学术体系这两重理论属性；在这个意义上，中国马克思主义哲学学术体系的构建，呼唤现实性与学术性、时代化与系统化的内在统一。吉林大学孙正聿教授就在这个意义上指出，伴随新中国成立以来社会现实的变化，马克思主义哲学的学术体系经历了从"辩证唯物主义和历史唯物主义"向以"实践"为核心范畴和根本理念的历史性转变，这符合马克思主义以"改变世界"的世界观为"活的灵魂"的特质，即在"改变世界"的现实革命中理解学术层面"术语的革命"。[④] 复旦大学吴晓明教授也强调，学术体系构建是一项时代的任务，"百年未有之大变局"的时代变革决定了学术本身也要经历一次重要转折，这便是要求学术摆脱"书中得来"、

---

① 孙伟平:《彰显价值维度：马克思主义哲学创新的方向》,《哲学研究》2019 年第 12 期。

② 政治哲学方面相关成果的具体述评，参见本文第三部分。

③ 谢伏瞻:《加快构建中国特色哲学社会科学学科体系、学术体系、话语体系》,《中国社会科学》2019 年第 5 期。

④ 孙正聿:《构建当代中国马克思主义哲学学术体系》,《哲学研究》2019 年第 4 期。

"纸上推演"的主观主义和形式主义，而是使得学术能够深入特定社会尤其是中国社会的实体性内容中去，这才是按照唯物史观的要求引领、构建马克思主义哲学学术体系的根本途径。[①] 中国社会科学院哲学研究所王立胜研究员也在"哲学发展与时代变革"、"哲学研究与人民立场"、"学术传承与自主原创"等六种关系中系统阐释了中国马克思主义哲学学术体系构建的方法论遵循。[②]

三、21 世纪马克思主义：当代中国与人类文明

从 20 世纪中叶到 21 世纪初，中国马克思主义哲学的 70 年演进，构成了世界马克思主义的重要组成部分；中国特色社会主义的蓬勃发展，"在世界上高高举起了中国特色社会主义伟大旗帜"[③]。可以说，当代中国马克思主义不仅是中国的，也是世界的；不仅在创造性地开拓中国道路，也在创造性地探索 21 世纪人类文明的未来走向。在普遍世界交往和文明互鉴的实践中，当代中国的发展已经成为人类命运共同体不可分离的一部分；相应地，"21 世纪马克思主义、当代中国马克思主义"也在坚守中国立场的同时，批判性吸收国外马克思主义的理论资源、关注当前资本主义批判的最新议题，为人类文明新形态的理论探索贡献中国智慧。

首先，凸显中国立场，将国外马克思主义研究视为当代中国马克思主义的内在部分。以"21 世纪世界马克思主义与当代中国马克思主义"为主题的第十四届全国"国外马克思主义论坛"于 2019 年 11 月在复旦大学召开。在本次论坛上，复旦大学陈学明教授表示，回顾国外马克思主义在

① 吴晓明：《以唯物史观引领"三大体系"建设》，《中国社会科学评价》2019 年第 4 期。

② 王立胜：《论加快构建中国特色哲学学科体系、学术体系、话语体系中的六大关系》，《哲学研究》2019 年第 10 期。

③ 习近平：《决胜全面建成小康社会 夺取新时代中国特色社会主义伟大胜利——在中国共产党第十九次全国代表大会上的报告》，人民出版社 2017 年版，第 10 页。

中国的传播与发展，这一学科的生命力关键在于，是否能切实有效利用国外马克思主义的思想资源推进马克思主义中国化。为此，对当代中国马克思主义与国外马克思主义展开比较分析，让马克思主义中国化的理论成果走出“国门”与国外马克思主义相呼应，是十分必要的。中国人民大学郝立新教授则指出，应该更加凸显对国外马克思主义的主体性研究、批判性思考，继续扩大研究视野和领域，使得国外马克思主义研究与中国化马克思主义研究能够相互共振、相互促进。南京大学张亮教授、孙乐强副教授指出，当代国外马克思主义思潮在文本编译和研究方面、基本理论研究方面、现实问题研究方面以及行动纲领上呈现出一些新变化新趋势；站在新时代的历史方位，当代中国马克思主义理论工作者必须强化中国立场，正确看待当代国外马克思主义思潮的积极意义及其局限性，认清、摆正新的历史方位中我们与当代国外马克思主义思潮之间的内在关系，真正担负起时代赋予的历史使命和责任。①

其次，聚焦全球议题，在 21 世纪资本主义批判中推进当代中国马克思主义的理论创新。进入 21 世纪，人工智能、数字资本、空间、都市、生命政治等日益凸显为当代世界的重大问题，对这些问题的哲学反思与批判，在当代世界马克思主义发展中占据重要位置。

这里以人工智能的哲学探讨为例，具体从如下三个方面展开：第一，人工智能时代的人学反思。北京大学韩水法教授指出，人工智能不仅对人类理智能力造成巨大挑战，而且导致了人的性质的变化，今天的人文主义就是呼唤人类在看到人工智能和技术不断升级的同时，有意识地见证和促进自身的进化。② 中国人民大学常晋芳教授从人机关系来理解智能时代的两重前景：人—机关系的关键是人—机—人关系，人与人之间会因为对智能机器和技术的不同运用而产生智能时代的积极或消极的前景，走向“人

① 张亮、孙乐强：《21 世纪国外马克思主义思潮的发展趋势及其效应评估》，《马克思主义与现实》2019 年第 6 期。

② 韩水法：《人工智能时代的人文主义》，《中国社会科学》2019 年第 6 期。

机命运共同体”还是自我毁灭将取决于我们自己的思考和行动。[①]第二，人工智能与马克思主义批判理论。中国青年政治学院肖峰教授以《资本论》对机器的资本主义应用的批判为范本，指认人工智能与机器在工作机理上的逻辑关联性，提出从制度层面上解决人工智能所带来的问题的重要性。[②]中国社会科学院欧阳英研究员指出，人工智能时代的到来，将是人类、人脑及其智能异化物（人工智能）共同飞速发展的时代，有必要从马克思的异化理论看待人工智能的意义。[③]第三，人工智能与社会主义的未来图景。同济大学孙周兴教授从马克思所布展的资本社会批判与技术批判的本质性关联出发认为，以人工智能和生物技术为核心的现代技术正在加速推动人类身体和精神的双重技术化，这为形成一种新的人类形态和文明样式，为重解马克思的共产主义理想开辟了方向。[④]南京大学蓝江教授从人工智能与社会主义的关系出发指出，人工智能对于社会主义的意义就在于，它打破了传统社会主义中央计划的局限性，并通过新控制论的方式来模拟出更确定可靠的社会主义模式，为未来社会主义提供了新的基础。[⑤]

再次，立足社会现实，探索当代中国马克思主义的政治哲学阐释路径。2019 年 5 月 11—12 日在中央民族大学召开的第二届“对话马克思”青年学术研讨会、5 月 25—26 日在东南大学召开的“对话《资本论》”学术论坛以及 4 月 27—28 日在西安电子科技大学召开的“历史唯物主义与社会政治哲学”学术研讨会，都将论坛主题确立为马克思的政治哲学；席间学者们主要探讨了政治思想史传统中的马克思、唯物史观的政治哲学阐释、《资本论》的政治哲学思想等议题。

---

① 常晋芳:《智能时代的人—机—人关系——基于马克思主义哲学的思考》,《东南学术》2019 年第 2 期。

② 肖峰:《〈资本论〉的机器观对理解人工智能应用的多重启示》,《马克思主义研究》2019 年第 6 期。

③ 欧阳英:《从马克思的异化理论看人工智能的意义》,《世界哲学》2019 年第 2 期。

④ 孙周兴:《马克思的技术批判与未来社会》,《学术月刊》2019 年第 6 期。

⑤ 蓝江:《人工智能与未来社会主义的可能性》,《当代世界与社会主义》2019 年第 6 期。

相关的研究成果主要涵盖了如下几个方面的理论议题：第一，政治哲学研究与当代中国政治哲学建构。通过对新中国成立 70 年来政治哲学发展过程的阶段性分析，武汉大学李佃来教授强调，政治哲学在 21 世纪的蓬勃发展正是源于其与中国现实之间建立了深度关联，而这种关联意味着一种必不可少的“中国问题”意识和“中国化”主张开始切实地成为政治哲学研究的内在范式。① 南开大学阎孟伟教授也强调，变动中的中国社会发展本身就是一个向理论敞开的宽博的研究领域，马克思主义政治哲学的责任便是研究政治文明建设中的不平衡不充分发展，从而推动自身的进一步发展。② 第二，唯物史观与政治哲学的融合及其限度。当代中国政治哲学建构的重要前提，是厘清政治哲学与马克思主义特别是唯物史观之间的思想关系，揭示这种融合的可能性以及阐释限度。对此，吉林大学白刚教授认为，历史唯物主义与政治哲学之所以具有贯通乃至一致起来的可能性，就在于二者从根本上都是通过“政治经济学批判”来为人的自由和解放开辟道路，因而都是现实性与规范性、科学性与批判性的统一。③ 而部分学者则更加谨慎地看待这种融合的可能性，提出了唯物史观的政治哲学阐释的限度问题，揭示出马克思以唯物史观为基础的政治理论和罗尔斯的契约论政治理论在多个方面仍旧存在着关键分歧。④ 第三，马克思经典文本或范畴的政治哲学解读。探究唯物史观与政治哲学、马克思与正义的关系问题的路径之一，便是对经典文本或核心范畴的政治哲学解读。清华大学王峰明教授立足于《资本论》及其手稿，尝试对《哥达纲领批判》中马克思的“权利—正义观”予以互文性解读，从政治经济学批判视角介入对

① 李佃来:《新中国成立 70 年来政治哲学的发展》,《武汉大学学报》(哲学社会科学版)2019 年第 6 期。

② 阎孟伟:《马克思主义政治哲学在中国的兴起与发展》,《教学与研究》2019 年第 10 期。

③ 白刚:《历史唯物主义在什么意义上是政治哲学》,《教学与研究》2019 年第 1 期。

④ 方瑞:《唯物史观的政治哲学阐释：视域和限度》,《哲学动态》2019 年第 10 期；汪志坚:《对融合限度的反思——驳近年来西方学界融合马克思和罗尔斯的倾向》,《哲学研究》2019 年第 7 期。

马克思政治哲学问题的研究。① 中国政法大学文兵教授则从权利与权力这对范畴及其相互关系出发，揭示了以不同于契约论为代表的自由主义主张的马克思，如何在超越市民社会的原则中重释两者的相互关系。②

最后，贡献中国智慧，诠释当代中国特色社会主义的世界影响与人类文明意义。中国道路、中国经验、中国方案和中国制度对于全球发展和人类文明进步具有重要贡献。就人类发展的共同道路而言，中国人民大学陈先达教授认为，它应该是“天下为公、世界大同”的人类解放之路；与伴随殖民掠夺的资本主义现代化道路不同，中国在对外开放、世界交往中推进的是社会主义现代化道路，是增强世界和平、防止战争的力量，是对世界、对人类和平的重大贡献。③ 就中国经验及其历史规律而言，华东师范大学陈立新教授强调中国共产党对共产党执政规律、社会主义建设规律、人类发展规律的深化认识，构成了具有世界历史性意义的中国经验，不仅形成了新的现代化道路，也为人类社会发展规律开辟出新的主题、重构更为合理的实现机制。④ 就中国方案的世界效用来说，中共中央党校（国家行政学院）陈曙光教授指出，中国为“世界之问”提供了中国方案，直指人类面临的发展赤字、治理赤字、文明赤字、和平赤字和制度赤字，具体呈现为发展的中国方案、治理的中国方案、文明的中国方案、和平的中国方案、制度的中国方案，贯穿其中的总方案是人类命运共同体理念。⑤ 就中国制度的文明意义来说，中共中央党校（国家行政学院）冯鹏志教授提出要在文明自信的高度上体现中国特色社会主义制度的优越性，包括增强中国制度意识、强化中国制度践行、讲好中国制度故事，呈现中国共产党

① 王峰明:《经济关系与分配正义——〈哥达纲领批判〉中马克思的“权利—正义观”辨析》,《哲学研究》2019年第8期。

② 文兵:《超越“市民社会”: 重思权利与权力的关系》,《哲学研究》2019年第9期。

③ 陈先达:《历史唯物主义与当代中国》，中国人民大学出版社2019年版，第210—211页。

④ 陈立新:《中国经验对全球发展的贡献》,《天津社会科学》2019年第2期。

⑤ 陈曙光:《“世界之问”与中国方案》,《马克思主义与现实》2019年第6期。

和中华文明的担当主体性、深厚实践感和广阔包容力。①

总之，中国道路的百年历史，为我们“从后思索”地阐释中国马克思主义哲学提供了时代机遇；也为勾勒2019年马克思主义哲学研究的总体状况提供了大历史观的理论视野。应当看到，70年的中国实践已经为我们提出了新的理论要求、新的研究范式，我们需要从中国的实际、中国的问题出发，以更为切实的概念、理论来表述、凝练中国实践，让世界了解哲学中的中国，让中国哲学的文明意义彰显出来，以更加符合新时代的哲学话语阐释、引领中国实践。

作者单位：中国社会科学院哲学研究所

① 冯鹏志:《在文明自信的高度上坚持和完善中国特色社会主义制度》,《先锋》2019年第12期。

专 题 一

习近平新时代中国特色社会主义思想的哲学基础

人类命运共同体研究述评

王庆丰

自从人类社会进入世界历史以来，人类命运便休戚与共，越来越成为你中有我、我中有你的命运共同体。同时，与之相伴随的是各种全球性问题层出不穷，现存国际秩序和全球治理体系面临诸多困局，人类面临许多共同挑战。正是在对现存国际秩序和全球治理体系全面反思的基础上，中国结合自身发展和处理国际事务的双重经验，以积极的姿态提出“构建人类命运共同体”的中国方案。这一方案饱含对全人类命运的深度关切，蕴含着对构建新型的和谐世界秩序的美好愿望，也由此得到越来越多的国家和人民的广泛认同和积极响应。

然而，持西方中心主义立场的国家和相关学者却借此纷纷提出“中国崛起意味着中国争霸”、“中国威胁论”等论断。的确，按照西方大国崛起的逻辑，即以大国利益至上的原则构建西方话语体系下的世界秩序，并以此来推动全世界的现代化进程，中国的崛起必然陷入大国争霸的“修昔底德陷阱”之窠臼中。但是，这种解释存在着严重的问题：一方面，从逻辑前提看，它把以中国为代表的各国的发展和广泛参与强制划归到西方大国本位的治理逻辑和治理体系中，以西方的眼光审视一切，以大国本位和利益至上的原则和标准衡量所有国家的发展和崛起。由此造成一种逻辑错位，为适大国之“履”而削他国之“足”；另一方面，从治理结果看，大国本位及其利益至上的原则与各国平等发展相悖，将进一步拉大各国间的贫富差距，导致国际秩序严重失衡，从而扼杀了解决国际冲突和困局的多种可能路径，并从根本上遮蔽了全人类的生存与发展。为了解答上述这些问题，当代国内外学者对西方中心主义的原则、逻辑和后果加以重新审视，并着重从不同视角对人类命运共同体进行深入探讨。主要包括：从全球治理的角度进行系统研究、从界定并构建新型共同体的角度加以阐释、从人类文明新形态的高度予以推进。本文着重从这三重视域加以述评，以求切中人类命运共同体的实质内涵和价值旨趣，进而更好地理解人类命运共同体在当代的意义和价值。

一、全球治理视域下的人类命运共同体

尽管国内外学术界从不同的立场和角度对人类命运共同体进行界说与阐释，但就人类命运共同体提出的时代背景、国际背景这一点而言，学者们基本能够达成共识，至少并无太大争议。具体言之，在新的时代背景下，各大国实力此消彼长，一大批新兴国家崛起，国际权力格局和世界秩序正发生着深刻的变革，这成为人类命运共同体提出的历史契机。可以说，人类命运共同体与“全球治理”议题具有最直接的关联性。

大多数西方学者从世界历史理论及其既有的国际秩序和国际权力格局出发，来谈论中国提出人类命运共同体的根本动机和最终目标。世界历史是随着资本主义的发展而被开辟出来的，它与西方现代化的进程紧密相关，由此建立的世界秩序以及形成的全球问题本质上都被纳入西方的话语体系之中。马克思和恩格斯在《共产党宣言》中最清晰最深刻地阐明了这一点。他们指出：“资产阶级，由于开拓了世界市场，使一切国家的生产和消费都成为世界性的了”[①]，由此，在西方资产阶级的主导下构建了现有的世界秩序和全球面貌，即“正像它使农村从属于城市一样，它使未开化

① 《马克思恩格斯文集》第 2 卷，人民出版社 2009 年版，第 35 页。

和半开化的国家从属于文明的国家，使农民的民族从属于资产阶级的民族，使东方从属于西方"[①]。西方世界对东方世界、资本主义国家对非资本主义国家、发达国家对发展中国家的支配与统治，奠定了现有的国际权力格局和全球治理体系。不论世界霸主地位从17世纪的"海上马车夫"荷兰到18、19世纪因工业革命而崛起的英国，还是从20世纪下半叶的美苏争霸到21世纪频频干涉别国内政外交的美国，实际上都未挣脱这一框架。

从上述视角出发，西方学者普遍把人类命运共同体理解为中国崛起的标志，并将其阐释为中国应对全球问题的一种政治经济战略和中国本位的区域合作机制。在《中国2035：从中国梦到世界梦》一文中，英国曼彻斯特大学政治学系的威廉·卡拉汉教授认为，中国崛起并积极提出构建人类命运共同体意味着中华民族在历经近代以来的屈辱历史之后复兴中国，转变曾经屈辱的历史面貌及其在国际社会中的不公正待遇。他认为，中国能够得以崛起和复兴的强烈动机正在于这种"道德叙事"，并由此重回世界中心。[②] 中国崛起并重回世界中心必然对现存的国际权力格局和全球秩序形成冲击。正如基辛格在《世界秩序》一书中指出的那样，两次世界大战的原因是20世纪德国崛起对国际体系造成的结构性挑战，在21世纪，"中国的崛起也带来了类似的结构性挑战。美中两国（21世纪的主要竞争者）首脑承诺通过建立新型大国关系，避免欧洲悲剧的重演"[③]。基辛格担心中国崛起可能会像20世纪德国崛起那样对国际体系造成结构性挑战。

一些西方学者认为，这种结构性的挑战正是通过中国实施的一系列政治经济战略体现出来的。中国以自身的经济实力实施灵活的外交战略，推进与周边各国之间的交流与合作。"一带一路"、亚投行、中国—东盟银行联合体、中非/中缅/中老命运共同体、5G命运共同体、人类卫生健康

---

① 《马克思恩格斯文集》第2卷，人民出版社2009年版，第36页。

② Cf：William A. Callahan, "China 2035: From the China Dream to the World Dream", *Global Affairs*, Vol. 2, Issue 3, pp. 247-258, 2016.

③ ［美］基辛格：《世界秩序》，胡利平等译，中信出版集团2015年版，第480—481页。

共同体等构成中国崛起和人类命运共同体构建的具体战略机制。威廉·卡拉汉教授认为，中国的政策发生了巨大的转变，即从和谐世界政策转变为中国梦政策，从“侧重向内的防御性策略”转向“防御性和扩张性并重的战略”。中国梦实际上包含着以中国为中心的世界梦，这意味着中国试图在全球秩序中获得领导权。① 墨尔本大学菲利帕·布兰特博士持相同观点，她认为在一整套环环相扣的战略机制中，中国不仅发挥着区域领导力，而且这些建设服务于中华民族复兴的大计。② 近来，美国进步中心中国政策主任梅拉妮·哈特和国际政策分析师布莱尼·约翰合作，直接以《刻画中国的全球治理的野心》为题，发文直言中国利用自己的日益崛起在全球治理领域追求国家利益，建立人类命运共同体实际上是中国崛起的利益诉求。③

综上不难看出，部分西方学者囿于西方主导的世界秩序和全球治理体系，以看似务实的态度将中国积极倡导并构建的人类命运共同体界定为一种在全球治理体系中获得领导权，甚至霸权的国际战略。在这种思维定式下，“中国利益本位”、“中国争霸”便成为中国积极构建人类命运共同体和变革全球治理体系的根本动机和最终目标。

诚然，中国提出构建人类命运共同体的中国方案，变革现有的全球治理体系，并开启新型的全球治理模式，这种积极姿态与中国自身的崛起具有内在关联性。的确，在倡导构建新型国际秩序和新型全球治理体系中，

---

① Cf. William A. Callahan, “China 2035: From the China Dream to the World Dream”, *Global Affairs*, Vol. 2, Issue 3, p. 247, 2016.

② Philippa Brant, “One Belt, One Road? China's Community of Common Destiny”, *the Interpreter, Lowy Institute for International Policy*, March 31, 2015.

③ Melanie Hart, Blaine Johnson, “Mapping China's Global Governance Ambitions”, Foreign Policy and Security Cap.（https://www.americanprogress.org/issue/security/reports/2019/02/28/466768/mapping-chinas-global-governance-ambitions/.）可参见郭杨、刘峰编译:《美国进步中心：中国推动全球治理体系改革的背景、战略意图与举措》（http://www.daguoce.org/article/83/500.html）。

中国也日益发挥着主导性的积极推动作用。但这并不意味着中国会同西方一样片面地强调本国利益，一味着眼于在世界建立领导权或霸权。持西方中心主义立场的学者，从他们惯有的工具论立场出发，把别国的发展视为本国发展的工具和手段，把中国的全球治理理念和策略强制纳入由西方主导的大国本位、大国优先的全球治理模式中。在这种工具论的思维模式和“西方中心主义”的逻辑架构下，一些西方学者片面地夸大了中国的利益诉求，把中国的崛起及其在国际事务中所发挥的主导性作用视为争夺全球治理领导权和霸权的集中表达。

中国的崛起何以不会陷入“修昔底德陷阱”的窠臼中？构建人类命运共同体的中国方案何以能够突破既定的国际权力格局，超越“大国利益本位”的治理逻辑？鉴于此，我们有必要揭示中国方案隐匿的逻辑前提，从根本上厘清两种治理形态的逻辑错位。并在此基础上，从开启新型全球治理体系的角度，给出一些颇具可行性和建设性的提议。

变革全球治理体系、建构新型治理体系，最为合理、最为彻底的方式就是从历史唯物主义的理论视域对现行的“资本主义全球治理体系”加以全方位审视与批判。一旦我们用历史的眼光审视全球化的发展过程，便会发现人类共同发展的“全球性事业”被资本主义全球化构筑成了一种不平等的、霸权主义的国际秩序，从而导致现有的全球治理体系本身具有了等级性、殖民性。正如马克思深刻指明的那样，资产阶级通过世界市场的全球化演进使东方从属于西方。托夫勒在《第三次浪潮》中也直言：“第二次浪潮世界把其余地区都当成它的气泵、花园、矿坑、采石场，以及廉价劳动力的供应地，因此全世界非工业人口的生活发生了巨大的改变。……被迫卷入世界贸易体系，否则就被消灭。锡矿和橡胶被用来填补工业世界贪婪的胃口，玻利维亚人和马来西亚人的生活水准突然要配合半个地球以外的工业经济的需求。”① 近来，皮耶鲁齐以自己的亲身经历撰写了《美国

① ［美］阿尔文·托夫勒：《第三次浪潮》，黄明坚译，中信出版社 2018 年版，第 93 页。

陷阱》一书，用来指认美国通过各种手段对法国具有战略性的王牌企业阿尔斯通设置陷阱。他直言："这么多年来，美国开发了一套弹性系统。在上游，美国利用强大的情报武器获得外国公司签订的大额合同信息；在下游，它动用复杂而严密的法律武器对那些不遵守规则的公司提起刑事诉讼。世界上任何国家都没有这样的武器库，它使美国公司更加方便地削弱、打击，甚至收购它们的主要竞争对手。"① 美国利用《反腐败法》打击海外的竞争企业，展开隐秘的经济战争，前有阿尔斯通和皮耶鲁齐，后有华为和孟晚舟。这些都是最鲜活的典型例证。资本主义全球治理体系受资本增值逻辑支配，着眼于利益最大化，而非人类的平等、自由和发展。它不仅背叛了启蒙思想家们苦心孤诣所追求的人类自由和民主的世界图景，而且拒斥探索一种更符合人类发展的世界新秩序。即使在临近全球化发展的历史限度时，还通过永恒化的资本主义意识形态证明自身的存在价值。在这种逻辑思路和思维定式下，近年来国际社会中频频出现大国逆全球化事件也就不足为奇了。

吴晓明教授在《"中国方案"开启全球治理的新文明类型》一文中，指出现存全球治理体系的实质是被限定在由西方国家所开创的现代性框架内，以各国的特殊利益为基础，实施"丛林法则"或"霸权法则"，各国利益难以调和、彼此对立，故而难以消解国际战争和冲突。他认为，中国经由自身的发展——新民主主义革命、社会主义革命、改革开放实践——最先抵达现代性的历史限度，因此能够在超越现代性的前提下，构建人类命运共同体，开启新的文明类型，构筑新型全球治理体系。实际上，构建人类命运共同体的中国方案并非如西方学者普遍认为的那样仅仅是一种政治经济战略或区域合作机制（这种理解必然陷入"修昔底德陷阱"的藩篱），它以现代文明成果、社会主义定向、和平主义传统为基石和逻辑起

① ［法］弗雷德里克·皮耶鲁齐、马修·阿伦：《美国陷阱》，法意译，中信出版社 2019 年版，第 171—172 页。

点，积极开启全球治理的新文明类型。[①] 与此观点相类似，丁立群教授认为，人类命运共同体消解了零和博弈式的两极对立的全球治理理念，升华为共商共治、共建共享的总体性治理逻辑。人类命运共同体所蕴含的内在逻辑表明，它是对世界历史理论的创造性发展，是唯物史观时代化的典范。[②]

在此基础上，国内许多学者进一步阐发了构建全球治理体系应具有的新理念、新路径。从全球治理的底线层面看，黄瑶教授突出强调了和平搁置争端模式在国际法上处理国际争端的重要意涵。他认为，人类命运共同体是新时代背景下中国提出的新型全球治理方案，为构建和谐的国际秩序，应直面当前国际争端解决中存在的问题。其中，最基本、最重要的体现就是在新型国际秩序构建的过程中不断强调和平搁置争端理论的重要性。[③] 国际法治作为全球治理的最主要工具之一，变革国际法治成为变革全球治理体系的一个基本面向[④]，也构成保障和平搁置争端的基本保障。在此基础上，更进一步来讲，中国的和平搁置争端的倡议能够具有话语权和实际效力的关键支点在于中国特色社会主义法治体系的建构及其引领下的中国特色法学体系的构建。事实上，在全球治理领域和国际法治层面，“西强我弱”的基本格局没有根本转变，在不少方面中国还处于有理说不出、说了传不开的“无语”或“失语”状态。要打破西方法治话语的支配地位，破除奉西方法学理论和法治话语为金科玉律的怪圈，彰显法治话语的中国思想、中国声音、中国方案，就必须形成富有感召力的中国特色话语体系。倘若我们只是外在地宣扬中国方案或表达善意的主观愿望，对中

---

① 吴晓明:《“中国方案”开启全球治理的新文明类型》,《中国社会科学》2017 年第 10 期。

② 丁立群:《人类命运共同体：唯物史观时代化的典范——当代全球化的建设性逻辑》,《哲学动态》2018 年第 6 期。

③ 黄瑶:《论人类命运共同体构建中的和平搁置争端》,《中国社会科学》2019 年第 2 期。

④ 李寿平:《人类命运共同体理念引领国际法治变革：逻辑证成与现实路径》,《法商研究》2020 年第 1 期。

国自身而言缺乏支撑力，对国际上其他国家和人民而言缺乏说服力。没有内容的形式是空洞的，没有形式的内容是盲目的。构建人类命运共同体和变革全球治理体系必须和构建中国特色话语体系相结合，才能达到形式与内容的相统一。在处理国际事务中，中国特色法治体系的构建便成为体现中国话语的最重要的内容。如何构建中国特色法治体系？张文显教授从中国法治的历史演变视角进行考察，指出中国法治历经新中国成立初期照搬苏联法学理论和改革开放后大规模引进西方法学理论，再到新时代背景下突出强调“法治体系”的建构，这一历程表征着中国法治研究的范式转型。“法治体系论”实际上意味着中国法学研究新范式的生成，它是集社会主义基本定向的理解系统、极具中国法治解释力的概念系统、蕴含批判力的法理系统、具有中国风格的话语系统为一体的有机系统。在中国特色社会主义法治体系的框架内，及其引领下，要有效提升中国在全球治理中的话语权，离不开加快构建中国自身内在的“中国特色法学体系”。从中国法治的新时代坐标来看，“中国特色法学体系”包含了夯实并构建中国特色法学学科体系、中国特色法学学术体系和中国特色法学话语体系。中国必须要有深厚的法律思想和发达的法学体系作为内在的基础支撑，才能拥有强大的国际法治话语权，才有能力主导全球治理规则、变革全球治理体系，进而有希望推进国际关系民主化、合理化、法治化。①

从全球治理的至高诉求来看，欧阳康教授推崇“全球善治”，并突出强调了在变革和完善全球治理体系的过程中，全球善治对各国形成最大共识所具有的重大意义。全球善治能够最大限度地体现人类命运共同体的价值旨趣，它不仅深度关切当下人类所面临的最现实最根本的生存与发展问题，而且为新型治理体系的建构提供重要的思想资源和价值引领。② 贺来

① 张文显:《在新的历史起点上推进中国特色法学体系构建》,《中国社会科学》2019年第10期。

② 曾异:《人类命运共同体与全球治理——第四届“全球治理 · 东湖论坛”国际研讨会综述》,《华中科技大学学报》2019年第1期。

教授对当下一系列全球性风险加以审视，指出当下人类在面对这些风险时缺乏团结、相互指责、彼此猜忌，这足以表明，人类缺乏与应对如新冠疫情这样的全球性风险相匹配的“人类命运共同体的伦理自觉”。因此中国有必要呼唤人们逐渐确立人类命运共同体的伦理意识，即在面对全球性风险、全球性问题时，各国人民不仅分享共同利益和善，而且对此有自觉的认同、自觉的共识和自觉的行动。[①] 这需要我们克服把“民族和国家的特殊利益和善”与“全人类整体的利益和善”、把特殊价值与人类共同价值截然割裂开来的二元对立的思维方式。正如习近平总书记所强调的，“团结合作是国际社会战胜疫情最有力的武器”。这既是超越特殊利益优先、特殊价值优越的深层次表达，也是变革全球治理体系的伦理新要求。

从全球治理的未来走向看，在深层次剖析和批判资本主义全球治理体系的基础上，中国顺应时代发展之潮流，勇发时代之先声，提出构建人类命运共同体，变革全球治理体系。新型全球治理体系蕴含着双重互动关系，一方面，构建人类命运共同体突出了历史唯物主义的建构性的向度，即从“批判性世界观”转向“建构性世界观”。“建构性世界观”以中国特色社会主义道路为时代典范和主体支撑，以关切人类性的生存发展问题为基本立场和价值旨趣，以共同利益和共同价值为基本共识和伦理信念。另一方面，历史唯物主义的科学视野蕴含着构建人类命运共同体的历史可能性和未来展开的向度。在全球化的历史进程中，我们可以探索一套超越资本主义全球治理体系的更合理的新秩序、新体系。它将是“承载生产力普遍发展的全球化”和“作为规范人类普遍交往的全球化”的统一体，是融入生产力的普遍发展和构建公平有序的公共生活与和谐多元的世界秩序的统一体，是生产力和社会关系的统一，是物质基础和价值规范的统一体。[②] 新型全球治理体系的建构性和未来指向还包含着明确的共同价值、

① 贺来:《人类命运共同体的伦理向度》,《光明理论》2020 年 5 月 25 日。

② 刘同舫:《构建人类命运共同体——对历史唯物主义的原创性贡献》,《中国社会科学》2018 年第 7 期。

全球治理理念和新型国家关系等。人类面临着许多共同的全球性问题，如国际政治中充斥着霸权主义与强权政治的思维，金融危机使世界经济受到极大冲击，人口、资源、能源、环境、粮食安全、核安全、网络安全、贫困、恐怖主义等，而现行的全球治理体系和原有的世界经济政治秩序却无法有效应对这些问题，因此变革全球治理体系、构建国际政治经济新秩序便成为关乎人类前途命运的重大时代课题，也成为构建人类命运共同体的必由之路。为此，我们应秉持“和平、发展、公平、正义、民主、自由”① 的共同价值，“秉持共商共建共享的全球治理观”②，构建以合作共赢为核心的“相互尊重、公平正义、合作共赢的新型国家关系”③，为“建设持久和平、普遍安全、共同繁荣、开放包容、清洁美丽的世界”④ 贡献力量。

由此可见，与国外学者的阐释不同，国内学者虽然也探讨了全球治理体系视域下的人类命运共同体，但并未将人类命运共同体仅仅界定为一种政治经济战略，而是在新的逻辑起点上，消解两极对立的思维方式，主张共商共治、共建共享的全球治理理念。这意味着中国积极推崇和建构的人类命运共同体极具开放性和包容性，并由此推动整个世界秩序从对抗竞争、弱肉强食的博弈格局转向共生共荣、合作共赢的命运共同体格局。

二、共同体构建视域下的人类命运共同体

中国人民和世界各国人民共同推动建设的人类命运共同体究竟是何种

① 《习近平谈治国理政》第2卷，外文出版社2017年版，第522页。

② 习近平:《决胜全面建成小康社会　夺取新时代中国特色社会主义伟大胜利——在中国共产党第十九次全国代表大会上的报告》，人民出版社2017年版，第60页。

③ 习近平:《决胜全面建成小康社会　夺取新时代中国特色社会主义伟大胜利——在中国共产党第十九次全国代表大会上的报告》，人民出版社2017年版，第58页。

④ 习近平:《决胜全面建成小康社会　夺取新时代中国特色社会主义伟大胜利——在中国共产党第十九次全国代表大会上的报告》，人民出版社2017年版，第58—59页。

意义上的共同体？它与现存国际体系中的经济共同体、政治共同体之间存在哪些根本性的区别？从根本上厘清这些问题，既是我们明晰构建什么样的共同体的理论自觉，也是怎样构建共同体的逻辑前提。可以说，从共同体理论的视角言说人类命运共同体，构成了当代诸多学者审视人类命运共同体的主要研究域。国内外学者从共同体的视域探讨人类命运共同体的生成与建构，并对人类命运共同体与其他共同体进行纵深比较，进而深入阐发人类命运共同体的历史独特性和根本价值旨趣。

共同体是人类生存状态的现实表达，也是人类历史能够得以延续的基本载体。关于共同体理论的阐述与著作颇多，德国社会学家滕尼斯区分了“机械聚合的社会”和“有机共同体”；美国哈佛大学政治学教授桑德尔立足于个人和共同体之间的关系问题，以个体对共同体的认同程度为区分标准和尺度，界定了“手段型共同体”、“情感型共同体”和“构成型共同体”①。美国政治学家本尼迪克特·安德森的想象共同体理论具有共同体内部想象和共同体外部想象的区分。英国社会学教授鲍曼认为共同体既可以指小规模的社区自发组织、更高层次上的政治组织，也包含民族或国家这样的最高层次的共同体。②诸多学者从不同视角对共同体作出的界定与阐释，无疑为共同体理论的纵深研究提供了非常重要的思想资源。但是，倘若我们要切中当下人们现实的生活方式，揭示当下人们所归属的共同体的本质性特征的话，马克思的“社会三形态说”和共同体理论则能够给予我们最为有益的启示。

从历史唯物主义的理论视域看，共同体历经前资本主义共同体、资本主义共同体和未来的共产主义共同体。前资本主义共同体主要表现为血缘或地域共同体；资本主义共同体主要表现为经济或政治共同体，马克思称

① ［美］桑德尔:《自由主义与正义的局限》，万俊人等译，译林出版社 2001 年版，第 181—182 页。

② ［英］齐格蒙特·鲍曼:《共同体：在一个不确定的世界中寻找安全》，欧阳景根译，江苏人民出版社 2003 年版，第 1 页。

之为“虚幻的共同体”或“冒充的共同体”；未来的共产主义共同体主要表现为自由人的联合体，这也是马克思语境中的“真正的共同体”。[①]前资本主义共同体的独特性表现为狭小界域内人对人的依赖。资本主义共同体的本质性特征在于人对物的依赖，换言之，该共同体被资本增值逻辑所支配，把“利益至上”奉为圭臬。正如马克思对市民社会本质特征的揭示，“实际需要、利己主义是市民社会的原则……实际需要和自私自利的神就是金钱”[②]。亦如恩格斯对利益原则的判定，“政治改革第一次宣布：人类今后不应该再通过强制即政治的手段，而应该通过利益即社会的手段联合起来。它以这个新原则为社会的运动奠定了基础”[③]。由此可知，“利益至上”升格为资本主义共同体的普遍原则。共产主义共同体的独特性在于人的类本质的复归，个人成为不受资本增值逻辑宰制的真正的自由人。

在共同体的历史形态中，人类命运共同体既是各种共同体形态历史发展的结果，也是关乎当代人类生存和发展现实需求的产物。在历经现代工业文明的浸染之后，中国充分吸取了现代文明的成果，立足当下人类整体的生存境遇和生活方式，超越资本主义共同体所奉行的“大国利益本位”和“大国优先”的原则和立场，通向未来共产主义共同体或真正的共同体。在这个意义上，可以说，人类命运共同体是迈向真正的共同体的必要环节，它能够为迈向真正的共同体阶段创设条件，真正的共同体为现行的人类命运共同体提供引领。[④]

然而美国著名智库公司兰德和西方中心主义者一贯指认人类命运共同体是中国利益本位的共同体，是以中国为中心的共同体，是中国争夺世界霸权的工具和手段，是中国模式优先的共同体。这既是对中国构建人类命

① 王庆丰、苗翠翠：《人类命运共同体的哲学理念》，《北方论丛》2019年第6期。

② 《马克思恩格斯文集》第1卷，人民出版社2009年版，第52页。

③ 《马克思恩格斯文集》第1卷，人民出版社2009年版，第94页。

④ 李秀敏：《“真正的共同体”与“人类命运共同体”关系之辨》，《马克思主义研究》2018年第11期。

运共同体的严重误解，也是他们把“大国利益至上”看作构建任何其他共同体的唯一标准的霸权思维定式的真实显现。人类命运共同体的真实面貌不应被抽象地框定在资本主义共同体的逻辑体系中，而应历史地加以把握。具体而言，我们可以从下述几个方面切中人类命运共同体的基本内涵和本质性特征，进而有效地阐明人类命运共同体究竟是何种意义上的共同体。

从主体层面看，人类命运共同体立足于人类整体。“人类整体”并非像神或上帝那样是一种抽象的“终极主体”，而是在特定的历史境遇中具有承担责任和规定权责的现实性，尤其当人类面对自然界或人类共同生存与发展的危机的时候，人类整体内在一致的立场、态度、利益、责任便呈现出来。李德顺教授将“人类整体”这一主体凝练为“类主体”，“类主体”是人类整体性的哲学表达。构建人类命运共同体表征着人类作为“类主体”的意识自觉和责任担当。人类命运共同体中的行为主体或责任主体具有多元性、层次性的特点，小到个人、家庭、社团，大到民族、国家、国际组织等都可以涵容到“类主体”的范畴中。简言之，人类命运共同体是类主体与多层多元主体有机统一的一种形态。构建人类命运共同体的类主体自觉并非出于一时灵感，而是由人类社会发展的历史过程决定的。时至今日，人类正面临着关涉自我生存和发展的重大挑战，如全球生态系统问题、国际金融危机、世界疫病侵蚀危害、国际霸权主义和恐怖主义等，这些是以往任何时代都无法比拟的。构建人类命运共同体的人类性自觉正是应对现代性全球危机的过程中生成的。① 概言之，人类命运共同体是凸显“类主体”意识自觉的共同体。

马克思的“社会三形态说”表明，在历经最初人类的“族群本位”到现代居于主流的“个体本位”再到更高形态的“类本位”，我们正走向“自觉的‘人类命运共同体’”。孙正聿教授将构建人类命运共同体的意识自觉概括为“类主体本位方向的发展问题”，这是当下需要着重解决的最

① 李德顺：《“人类命运共同体”的主体性》，《党政干部学刊》2018 年第 5 期。

为重大的时代性课题。就“类主体本位”或“类主体”而言，具体体现在两个方面，从人与人之间关系的层面来说，“‘类主体’是指，这时的每一个人都已自觉为人，把个人存在纳入他人本质，也把他人存在纳入自身的本质，每一个人在一切之中，而一切人也在每一个人之中……每个人既独立又普遍，都是小我与大我的统一体”①；从人与自然之间关系的层面来看，“类主体”指的是人把自身从自然中提升出来升华为主体，只是为了走向与外部世界更深层次的融合，建立与自然更高形式的统一关系。人从自然中来，到自然中去，人即是世界，世界即是人，人天融汇一体。在上述双重统一关系中，主体逻辑必然从个体本位转向以类为主体的本位。个体本位主导的时代和个体主体的社会格局使个人获得了前所未有的独立性，显示出其强大的生产能力和优越性，但发展至今，以物的依赖性为基础的人的独立性已然显露出大量的矛盾和弊病，不仅人对自身物化，而且人对整个自然物化，在物的逻辑基础上的个人本位把人类自身束缚和限定在“人类中心主义”或“利益本位”的思维定式中。而“类主体”的类特性是“自由的、自觉的活动”，在历史成为世界历史的今天，每个人都只能在同人类整体的相互依赖中生存和发展，人类的共同命运、共同利益升级为每个人必须关切的共同问题。可以说，“在充分实现了个体本位、个人主体的社会里，走向类化已不再是理论理想的问题，而是成为今日生活的某种现实的客观需求”②。这种时代性自觉和命运与共的生存自觉，只有在类主体的意义上才能得到全方位展现。

“类”是马克思主义理论中的一个关键概念和核心范畴，马克思强调：“正是在改造对象世界中，人才真正地证明自己是类存在物。”③ 由此可见，“类主体”的本质特征是自由自觉的创造性和实践性。这意味着“类思维”

① 孙正聿、杨晓、丁宁：《改革开放以来的当代中国哲学史（1978—2009）》，人民出版社 2019 年版，第 609—610 页。

② 《高清海哲学文存》第 2 卷，吉林人民出版社 1998 年版，第 138 页。

③ 《马克思恩格斯全集》第 3 卷，人民出版社 2002 年版，第 274 页。

不同于封闭、片面、孤立的“物种思维”，它是在历史中展开的。人类命运共同体所蕴含的类本质和类思维意味着人类在不断变革世界、创造未来，能够为超越“资本逻辑宰制”的阶级利益共同体创造条件，为通向“自由人的联合体”提供可能。① 与资本主义共同体相比，人类命运共同体从“资本增殖逻辑”转向“人的发展逻辑”，从（资本、利益等）“物”的理念转向“人类性”理念，从着眼于资本增殖问题转向直面“人类性问题”，以求真实地切中当下人类生存和发展的根本问题。② 人类命运共同体与个人主义、利己主义、利益至上主义和霸权主义的资本主义共同体不同，它是一种以人类整体为行动主体，以类本质为立足点，凸显人类共同命运、共同价值的新型共同体。③ 综上可知，“类主体”、“类本质”、“类思维”、“人类性”、“人类整体”等表述都表明，人类命运共同体正是在切中当下人类生存发展的意义上，在人类整体达到理性觉解和自觉创造的意义上的新型共同体。

从共同体的层面看，国内外学者对人类命运共同体的界定主要有两种基本倾向，一种是价值引领型，另一种是经济互赖型。（1）价值引领型的观点认为，人类命运共同体并非实体性的共同体。艾大伟（David Arase）教授认为，人类命运共同体没有严格的制度框架，也没有设立具体的权利—义务规范，只明确了共商共治、共建共享、互利共赢等基本立场和原则。因此，人类命运共同体是一种非正式的网络。④周安平教授深入到学理层面将人类命运共同体阐释为一种超级共同体、最大的共同体。⑤ 结成人类命运共同体的关键纽带是共同价值。因为共同价值承载了人们对全人类命运与共的基本共识。在这个意义上，人类命运共同体实际上是一种价

① 贺来：《马克思哲学的“类”概念与“人类命运共同体”》，《哲学研究》2016 年第 8 期。

② 王庆丰、苗翠翠：《人类命运共同体的哲学理念》，《北方论丛》2019 年第 6 期。

③ 史宏波：《人类命运共同体的理论意蕴与历史意义》，《当代世界与社会主义》2018 年第 6 期。

④ David Arase, “China's Two Silk Roads: Implications for Southeast Asia”, *Institute of Southeast Asian Studies (ISEAS) Perspective*, No. 2, January 22, 2015.

⑤ 周安平：《人类命运共同体概念探讨》，《法学评论》2018 年第 4 期。

值共同体。它的独特性在于没有和其他共同体处于隔离、区别、竞争与冲突对抗的外部关系，只有强调全人类休戚与共的价值共识的内部关系。因此，他得出结论：人类命运共同体并非实体共同体，而是超越国家实体、超越工具理性的超级共同体，是诉诸价值共识的“价值共同体”。人类命运共同体的构建得以可能的面向只能是在价值层面，如法治价值层面。(2)经济互赖型的观点认为，人类命运共同体是包含了国家实体的新型生命共同体，它最基本的面向在于各国之间共同的利益诉求以及对共同利益的合理表达。陈曙光教授认为，人类命运共同体属于“超国家政治共同体”的范畴，它是超国家政治共同体当代形态的典范。与民族国家共同体不同，超国家政治共同体是“总体性的共同体”或“诸共同体的共同体”。在对民族国家共同体反思的基础上，将人类命运共同体界定为一种新型的国与国之间的生命共同体。他坦言，人类命运共同体的历史出场和人类性自觉绝非出于纯粹的道德义务，在当代只能是现实地建立在共享利益合理表达的基础上。① 这一表达以各国家生存和发展的内在需求和强烈意志为准则，而非大国利益本位。总之，“价值共同体”、“超级共同体”、“超国家政治共同体”都表明，人类命运共同体是超越民族国家、国家本位意义上的更高层次的共同体，是寻求价值共识、经济交互意义上的极具容涵性的超级共同体。

从主体与共同体的关系层面看，人类命运共同体是一个有机系统，是集“安全共同体”、“责任共同体”、“生态共同体”、“经济共同体”、“文明共同体”于一体的“共同体”系统。② 它集中体现了在全球化推动下各国之间的一种相互依存关系，是利益共同体、价值共同体、安全共同体、行动联合体的统一。③ 从哲学理念的视角看，人类命运共同体内在地蕴含共同治理理念、人类性理念和共同性理念，是集共同利益、共同价值、共

① 陈曙光:《人类命运与超国家政治共同体》,《政治学研究》2016 年第 6 期。

② 李包庚:《世界普遍交往中的人类命运共同体》,《中国社会科学》2020 年第 4 期。

③ 郝立新:《构建人类命运共同体——全球治理的中国方案》,《马克思主义与现实》2017 年第 6 期。

同责任于一体的全新共同体架构。在上述系统性理论的阐释中，人类命运共同体是各国人民都参与其中的共生系统，集中体现了共同体与多元主体的内在统一，个性与共同性的辩证统一。

不论是以“类”为主体的共同体，还是超级共同体、超政治国家共同体，抑或是一个有机的系统性的共同体；不论是实体性共同体还是非实体的价值共同体，人类命运共同体都绝非一种静态的乌托邦理想。然而国际上却不乏这种误解。在价值层面，马克西米利安·梅耶尔将人类命运共同体视为“促进不同文明相互理解和交流的乌托邦理想”[①]。土屋贵裕也持相似立场，在经济交互层面，他认为“人类命运共同体只不过是根据经济上的相互依赖所想象出的一种乌托邦式的共同体形态”[②]。这种乌托邦论断实则是西方中心主义逻辑在不同层面的表述。他们所遵循的是：在资本主义完美和终结的既定视域下的资本主义文明的理论叙事。

时至当下，持这类观点的最为典型的代表当属亨廷顿的学生弗朗西斯·福山。福山撰写的《历史的终结与及最后之人》一书迎合了资产阶级的立场而一度脱销，并引发广泛热议，其中不乏批判之声。他于 1992 年出版了这一著作，其核心观点是：20 世纪 90 年代，苏联解体、东欧社会主义国家改旗易帜，这一巨大历史性事件标志着社会主义制度实践的大溃败以及西方自由民主制度的完全胜利。“资本主义的胜利”、“社会主义的失败”表明西方自由民主制度不存在根本性的内在矛盾，由此，自由民主制度构成“人类意识形态发展的终点”，也成为“人类最后一种统治形式”，充分表征了“历史的终结”。[③] 不难看出，福山是在东西方意识形态

① Maximilian Mayer, “China's historical statecraft and the return of history”, *International Affairs*, Vol. 94, No. 6, 2018, pp. 1217-1230.

② 土屋貴裕，中国が推進する「一帯一路」構想の軍事・外交上の戦略的意図：「人類運命共同体」の構想と軍事的プレゼンスの拡大，インテリジェンス・レポート，NO. 119,2018，pp. 46—58.

③ ［美］弗朗西斯·福山：《历史的终结及最后之人》，黄胜强等译，中国社会科学出版社 2003 年版，第 1 页（代序）。

对立的意义上论及自由民主制度，并认为资本主义的自由民主将会在全球普遍化，它是全人类自由民主的福音，是一种永恒的应许，是一种历史的终结。虽然在2011年他批评了美国模式思想僵化，甚至在英国《金融时报》上发表了《美国民主没什么可教给中国的》一文，曾称中国模式的适应力强，能够迅速做出众多复杂的决定，并有效地加以执行。相反，美国模式却越来越思想僵化，中央政府和各州政府两极分化，政府内部分化，无力治理国家、更无力应对全球性风险。尽管他的批评在2020年美国应对新冠疫情的全球风险中再次得到验证，但福山的态度和立场却再一次退回到“历史终结论”的历史语境中。在2020年5月18日，时任编委主席的福山在《美国利益》杂志网站上刊出《中国是哪种政权》一文。他虽然承认中国的抗议表现和抗议成果可谓是全世界最突出的。但他还是以固有的西方中心主义的思维定式预先给中国扣上了“极权主义”的帽子，并将中国应对全球风险的集中力量办大事的优势归咎于威权政治，并认为这是自秦汉王朝以来一脉相承的威权体系的当代版本。同时，仅仅将美国抗疫不力的责任归咎于特朗普个人，在美国道德资本耗尽之际，福山却幻想着重立美国“全球自由民主价值观灯塔”的地位，并将最后的笔调落在极力推崇美国自由民主的道德制高点上。毫不夸张地说，福山使用双重标准评析中美两国。他对中国的叙事是一种极其外在的简单类比，不仅缺乏历史考证、歪曲事实，而且缺乏逻辑论证，满足于表面的“假解释”①。在此意义上，福山把中国作历史的简单复制，实际是对中国特色、中国风格、中国气派概括失败的表现。他对美国则秉持美国自由民主制度优越和美国自

① 可参见赖欣巴哈《科学哲学的兴起》一书。其中，赖欣巴哈深刻地阐明何谓“科学的解释”？何谓“假解释”？“科学的解释要求十分充分的观察和批判的思想；对于普遍性的期望愈高，被观察材料的分量必须愈多，思想就愈需要批判性。当科学解释由于当时的知识不足以获致正确概括而失败时，想象就代替了它，提出一类朴素类比法的解释来满足要求普遍性的冲动。表面的类比，特别是与人类经验的类比，就与概括混同起来了，就被当作是解释了。这样，普遍性的寻求就被假解释所满足了。”（[德]赖欣巴哈:《科学哲学的兴起》，伯尼译，商务印书馆1983年版，第11页。）

由民主价值至高的论调。

他们之所以把构建人类命运共同体的中国方案解读为乌托邦理想或对封建帝制的复归，从根本上说，在于他们预设了一个基本前提、悬设了叙事的历史语境，即："面临资本主义欣欣向荣的自我展开，启蒙思想家普遍地颂扬这是一个自由时代，是主体性原则得到实现的理性时代。新时代的生活方式、政治制度和价值理念意味着历史的终结，在现代原则之外再也没有新的历史可能性了。资本主义的完美性和永恒性成了当时思想界自觉或不自觉的基本立场。"[①] 实际上，资本主义文明的理论叙事才是一种乌托邦幻想。关于这一点，马克思和恩格斯揭示得再清楚不过了，他们在《路德维希·费尔巴哈和德国古典哲学的终结》中指出，"历史同认识一样，永远不会在人类的一种完美的理想状态中最终结束；完美的社会、完美的'国家'是只有在幻想中才能存在的东西"[②]。资产阶级通过建立世界市场和大工业生产推翻了历来受人尊崇的封建制度，时至今日，资产阶级的自由民主制度也不断显现出历史局限性，必然在历史进程中趋向灭亡。马克思和恩格斯在诸多文本中都竭力批判了把资本主义生产方式和劳资关系对立视作自然规律的看法和论断，尖锐地抨击了资产阶级社会历史永恒论的乌托邦假象。从历史唯物主义的视域看，部分西方学者不是在历史审视的基础上客观地论析资本主义全球治理体系和人类命运共同体倡议下的全球治理体系。这表明他们对中国模式、中国方案的打开方式是非历史的。事实上，人类命运共同体立足于当下全人类的生存和发展，是在多层面、全方位展开的具体的命运共同体，是批判性和建构性相统一的共同体，是集共同利益、共同价值、共同责任于一体的休戚与共的命运共同体，是发时代之先声、锐意革新的命运共同体。

---

① 罗骞:《构建人类命运共同体：21世纪马克思主义的重要命题》,《理论探讨》2018年第2期。

② 《马克思恩格斯文集》第4卷，人民出版社2009年版，第270页。

三、文明形态变革视域下的人类命运共同体

人类命运共同体是直面当下全球治理体系中存在的问题而提出的，但如果直接把对它的理解局限在战略层面的话，就会遮蔽其本质性特征和基本内涵，既无法切中当下各国人民生存发展的基本诉求，也无法使各国人民之间的普遍交往和基本共识获得本质性推进。这意味着，对人类命运共同体的合理界定与阐释不能仅仅停留在表层，也不能将之强制划归到由西方主导的现代性逻辑框架内。对人类命运共同体更为根本、更为彻底的体认，应结合现代性的文明成果和中国自身的文化传统上升到文明形态变革的高度。

从历史唯物主义的理论视域看，西方工业文明的充分发展是人类历史发展过程中颇为重要的必然环节，因此由西方主导的现代性逻辑框架，在一定程度上体现了人类追求历史进步的法则。我们并不否定或拒斥西方工业文明所取得的成果。但这并不意味着我们应当僵化地将这一历史的必然环节视作人类文明的唯一标准以及文明进程的最完善状态。人类命运共同体是在动态的历史进程中，通达新文明类型的一种历史前景。在此意义上，人类命运共同体鲜活地展现出一种史无前例的意义，一种世界历史的意义。① 它是历史唯物主义的理论逻辑和人类文明发展的历史逻辑的辩证统一，是趋向人的自由个性的社会新形态的历史准备。②

这种新文明类型首先建立在对现代文明充分反思和辩证扬弃的基础上。现代文明最典型地体现为“现代—资本主义文明”或“欧洲文明”，它构筑了东方从属于西方、其他文明从属于欧洲文明的基本格局。资产阶级以资本增殖逻辑为轴心，创设了“地球和人类的欧洲化”（海德格尔语），并将其他文明置于现代性所设置的“支配—从属关系”之中。欧洲

① 吴晓明：《中国道路的世界历史意义》，《江海学刊》2020 年第 2 期。

② 田鹏颖：《历史唯物主义与“人类命运共同体”》，《马克思主义研究》2018 年第 1 期。

文明的思维方式抽象地预设了“文明中心”/“文明边缘”、“文明优越”/“文明低劣”之间的二元对立，这种逻辑所带来的后果是人类文明将处于无法调和的冲突中。亨廷顿的“文明冲突论”最为典型、最为清晰地呈现了这一点。他认为，不同文化实体的人民之间的冲突是最普遍、最重要和最危险的冲突，其中裹挟着孰优孰劣的地位之争、利益之争。

现代工业文明发展至今，在全球范围内早已形成了欧洲文明高踞中心的基本格局，即使在其逻辑框架下必然导致不同文明之间冲突和不同文化之间的隔阂，仿佛也只能接受这一现实。甚至有学者论“只有在一个单一的文明范围内，才能在思想、感情、想象力中发现有意识或无意识地维系传统的共同因素”①，即便是在西方和东方的诗歌之间发现某种相似模式或共同因素将双方勾连起来的做法都将会是很蹩脚的。这表明异质文明之间的交流与互鉴往往是非常困难的。事实表明，文明冲突、文化隔阂的论调并非从来就有的，而是随着 17、18 世纪以来现代欧洲科学和技术的发展逐渐形成的。与欧洲科学和技术的发展相配套的是欧洲所崇尚的理性精神和主体性原则的盛行，它们共同标榜了西方政治制度和价值理念的优越性，由此确立了欧洲中心主义的地位。

斯宾格勒揭示了“欧洲文明中心论”的荒谬之处。他认为：“问题不仅在于这一框架限制了历史的领域。更糟糕的是，它左右了历史舞台。西欧的领地被当作坚实的一极，当作地球上独一无二的选定地区……而那些千百年来绵延不绝的伟大历史和悠久的强大文化都只能谦卑地绕着这个极在旋转。这简直就是一个太阳与行星的怪想体系！我们选定一小块领地作为历史体系的自然中心，并将其当作中心的太阳。所有的历史事件皆从它那里获得其真实的光，其重要性也依据它的角度而获得判定。”② 这无疑

① ［美］乌尔利希·韦斯坦因：《比较文学与文学理论》，刘象愚译，辽宁人民出版社 1987 年版，第 5—6 页。

② ［德］奥斯瓦尔德·斯宾格勒：《西方的没落》第 1 卷，上海三联书店 2006 年版，第 15 页。

阐明，一旦将欧洲文明视为世界文明的中心，界定为唯一的极，那么判定现代社会文明与否的标准就只能由欧洲文明来划定。这样一来，其他类型的文明要么处于被支配的境地在夹缝中求生存，要么被欧洲文明“同化”。至此，欧洲所推崇的理性精神和主体性原则已经嬗变为一种“形而上学”的独断。

实际上，从历史整体性的视角看，异质文明之间存在某种共鸣关系。关于这一点，可以从雅斯贝尔斯对“轴心文明”的界定和阐释中找到印证。在《论历史的起源与目标》一书中，他认为公元前500年左右，中国、印度、中东、希腊四个地区分别形成新的思想体系，达到了精神上的重大突破，奠定了人类文明新的精神基础。新的精神基础就是：人超越了其自身，从“存在的整体”中意识到自我的存在，达到对“人之存在”在整体上的觉解，由此构成人类文明最为深刻的转折点。他认为，最独特之处在于中国（孔子）、印度（乔达摩·悉达多）、中东（以西结）、希腊（苏格拉底）四个地区的精神文化进程不仅在时间上巧合，而且在竭力探索的“人之存在”的主题上也出现惊人的一致，这成为“历史难解之谜”。雅斯贝尔斯从历史哲学的视角对轴心文明的判定为我们理解当代各文明形态之间的关系具有非常重要的启发意义。可以说，各种文明形态之间并非全然是冲突的关系。

然而，仅仅意识到人类文明形态的多样性及其相互之间可能存在某种共鸣关系，对我们驳斥文明冲突论，进一步确证文明共存和文明交流是不够充分的。还需要真正深入到历史性和实践性中审视、体认人类文明新形态。在新的历史起点上，人类命运共同体的中国方案展开了一种新文明的理论叙述。中国竭力推崇各国人民要彼此“尊重世界文明多样性，以文明交流超越文化隔阂、文明互鉴超越文明冲突、文明共存超越文明优越”①。

① 习近平:《决胜全面建成小康社会　夺取新时代中国特色社会主义伟大胜利——在中国共产党第十九次全国代表大会上的报告》，人民出版社2017年版，第59页。

人类命运共同体意味着多种不同文明形态的相处模式发生了根本性转变，从而激活了异质文明之间的共存、对话、交流、互鉴的多种可能性。这实际上已经开启了一种新的文明形态。

中国方案何以能够超越“文明冲突”，实现“求同存异”？这不仅构成应对全球风险的世界性的重大现实问题，而且成为呼应普遍交往需求的时代性的重大理论问题。由此，它自觉不自觉地成为新时代国内外学者们共同关注和讨论的核心议题之一。

首先，中国方案植根于中国文明的独特性。英国汉学家马丁·雅克在《了解中国的崛起》的讲演中曾说：“为什么西方帝国总是在昙花一现之后就灰飞烟灭，而中国能得以永远传承？中国其实是一个文明，但是他却‘伪装’成了一个国家的存在。这样我们就很容易理解为什么西方帝国衰败后就再无崛起的可能而中国总是能不断的复兴。这是因为中国本身就是一种文明！文明没有出现断层，国家兴衰只不过是一个摔倒再站起来的动作而已。”① 中国文明之所以能够延续至今仍葆有鲜活的生命力，正在于中国文明或中国文化具有内在的辩证否定精神。这意味着中国文化能够对传统进行整合、对现代文明成果加以合理审视。在此意义上，汤因比把中国文明称为“有历史灵性的文明”。其历史灵性体现在历史的延续性、对现代文明的吸收能力和自我创新能力上。

其次，中国发展的实际可能性。历史总会给人以新的契机，中国现代化事业经由新民主主义—社会主义定向的社会革命、改革开放的伟大实践所奠定。在积极吸取现代文明成果和批判性地反思欧洲文明的逻辑缺陷和内在痼疾的基础上，中国结合当下人类的基本生存方式，变革（资本主义）文明形态，开启新的文明形态。这就要求我们“既需要以科学精神探讨创建人类文明新形态的物质基础、技术手段、制度安排以及政策举措的可操作性和可控制性，又需要以人文精神反思和规避拜金主义、享乐主

① 邴正：《社会文化结构特点与中国道路选择》，《江海学刊》2020 年第 2 期。

义、极端个人主义等与人类文明新形态相背离的理念与行为。”① 可见，中国的现代化绝非西方资本主义现代化的简单复制，人类命运共同体开启的新文明类型也不是资本主义文明，而是“在自身发展的独立性中开启出新的文明类型”②。

中国自身发展的独立性和生命力体现在四个方面。第一，对近代西方文化的批判与超越。从中西文化对比的角度看，西方的精神文化受资本增殖逻辑的宰制，预设了文化优劣的两极对立，塑造了欧洲文明中心的理念，自视为历史终结的文明；中国的精神文化以人为本，强调“和而不同”的思维方式，寻求多元异质文化之间的对话、互动、和解与统一。具体而言，在现代工业化的进程中，与着眼于资本增殖的市场经济相契合的资本主义最重要的精神文化支撑是新教伦理。新教伦理的核心特质是禁欲，按照韦伯的说法“只有禁欲教派的那种有条理的生活方式，才能够对现代资本主义的精神气质所具有的那种经济的‘个人主义的’推动力进行合法化，并赋予它一种荣光”③。正是强调禁欲的新教伦理才能够支撑或制衡嗜利的资本主义市场经济，才能使资产阶级所推崇的资本增殖具有合法化、合理性的外衣。④ 然而，西方新教伦理的精神支撑并未起到有效限制唯利是图的资本特性的作用，反而与资本增殖逻辑相媾和，成就了当代资本主义优先和利益至上理念的崛起。其实，韦伯推崇的并非新教伦理的具体教义，而是其所具有的禁欲与赎罪、自我否定与自我克制的辩证否定精神。然而这种辩证否定精神不只存在于新教伦理中。在推进现代性发展的进程中，中国为了防止不动精神文化之基只接市场经济之蔓而酿成不良后

① 孙正聿、杨晓、丁宁:《改革开放以来的当代中国哲学史（1978—2009）》，人民出版社 2019 年版，第 615 页。

② 吴晓明:《当代中国的精神建设及其思想资源》,《中国社会科学》2012 年第 5 期。

③ ［德］马克斯·韦伯:《新教伦理与资本主义精神》，苏国勋等译，社会科学文献出版社 2010 年版，第 140 页。

④ 王庆丰:《超越“资本的文明”:“后改革开放时代”的中国道路》,《社会科学辑刊》2013 年第 1 期。

果，中国先进的传统文化不断转向内在否定、内在超越，实现儒学的自我更新与当代转换。

第二，对中国传统文化的更新与重塑。扬弃现代性二元对立思维方式的儒学，其核心特质是“和合”。“和合”这一核心范畴的辩证性在于实现异质多元的文明与爱和人类整体的历史文明与大爱之间的有机统一，这是一种超越西方文明“优先性”的和谐的社会秩序。[①] 也正是建立在对中国传统“和合”文化深入了解的基础上。汤因比论述道：“就中国人来说，几千年来，比世界任何民族都成功地把几亿民众，从政治文化上团结起来。他们显示出这种在政治、文化上统一的本领，具有无与伦比的成功经验。这样的统一正是今天世界的绝对要求。”[②] 简言之，可能只有从中国才能看到为整个世界带来政治统一与和平的希望。“和合”意味着异质文明之间存在一种异中求同、同中存异的共处模式。具体在哪些层面能够实现求同存异呢？阎孟伟教授从“体”、“用”关系范畴作出了详尽的阐释。他认为：“不同的信仰体系或文明形态在‘体’上亦即在信仰核心上往往是不可能互相融通的”，各国文化在“体”上的差异性往往会成为文化冲突的主因。但这并不意味着在“体”上相异的文化必然发生冲突，事实上，冲突往往由人们对待这种差异性所持的态度而决定。这无疑意味着，“体”上相异的文化或文明有可能在和谐的氛围中得到相互体认、彼此承认。在此基础上，可以把可能达成共识的价值与理念延伸到“用”的面向，即人们特有的生活方式、生活习惯、道德与法律等。简言之，可以在基本价值机制层面达成共识，如和平、发展、公平、正义、民主、自由是当下全人类的共同价值。[③] 共同

① 张雄、朱璐、徐德忠：《历史的积极性质：“中国方案”出场的文化基因探析》，《中国社会科学》2019 年第 1 期。

② ［英］汤因比、［日］池田大作：《展望二十一世纪》，荀春生等译，国际文化出版公司 1985 年版，第 294 页。

③ 阎孟伟：《“求同存异”何以可能？——人类命运共同体中的“求同存异”》，《北方论丛》2019 年第 6 期。

价值在本质上根本不同于“普世价值”，“普世价值”指的是放之四海而皆准的统一尺度，它不仅是抽象的，而且蕴含着一种类似原教旨主义——试图用自己的信仰来统一天下——的思维方式，这将会导致冲突、歧视甚至灭绝等恐怖事件。共同价值则指的是在经济全球化的当下，各国人民能够在普遍交往中结成的价值共识和理念认同。

第三，马克思主义在中国的生成和发展。纵观近代以来的中国历史，中国共产党领导中国人民进行新民主主义革命、社会主义革命和社会主义现代化建设，都离不开马克思主义科学思想的指导。彻底的社会革命和腾飞的现代化事业与马克思主义具有本质性的内在关联，这是历史的必然。如果有人认为我们可以避开社会主义革命和现代化建设实践，甚至可以脱离马克思主义的指导，那么，他只不过是随便谈谈个人的“主观想法”罢了。① 习近平指出：“理论思维的起点决定着理论创新的结果。”② 正是因为中国共产党以马克思主义为指导思想，不断拨乱反正、扭转教条，不断转向以“实践”为核心范畴和解释原则，才使得我们能够始终坚持实事求是的思想路线，才能保障社会主义革命和社会主义现代化实践的顺利进行；才能直面中国所面临的生存和发展危机，切中人民群众的真实诉求，勾勒以人民为中心的美好生活的新图景。

第四，新时代中国的文化自信。中国的现代化进程不同于西方的现代化进程，中国走的是独立自强之路，而西方通行的是殖民化的资本积累方式。中国以自身的快速发展激活了世界历史进程中可能存在的更为合理的新的发展方式。“一般而言，当世界文明的历史进程中出现新的生存方式，同时也出现领头羊发展方式转向的时候，文明重心转移便会自然地产生。”中国积极倡议并主动构建人类命运共同体，是一种文化自信的现实表达，向世界各国贡献了中国智慧，提供了中国示范。部分西方学者把中国主动

① 吴晓明:《马克思主义中国化与新文明类型的可能性》,《哲学研究》2019 年第 7 期。

② 袁祖社:《当代文明形态变革之主题自觉与中国式发展理念的实践—价值逻辑》,《学习与探索》2016 年第 11 期。

寻求对话的积极姿态误读为非西方文明的自我扩张，并对欧洲文明中心主义构成了挑战和威胁。在历经社会主义现代化建设的伟大实践之后，面对这类偏见和误解，我们完全有理由以文化自信的态度加以回应，以增进彼此间的体认。不言而喻，中国作为新型发展方式的“领头羊”，以其自身的独特魅力不断得到越来越多的国家和人民的认同和青睐，并对他们形成或深远或隐微的影响。这种影响往往是双方相互的或多方交互的，可以说，“施加影响并不代表荣誉，接收影响也无需为此蒙羞。没有任何一种文明是在完全摆脱了他者的情况下孤立地发展形成的，我们总是需要在对他者的关照之中来进行自我建构”①。各国有自身不同的文化传统和发展方式，中国旨在与各国一道平等地交流、互鉴、共存、共荣。

如果说文化自信的实践表达是构建人类命运共同体的话，那么文化自信的理论表达是构建当代中国哲学。哲学是“时代精神的精华”，亦是“文明的活的灵魂”。“人类社会每一次重大跃进，人类文明每一次重大发展，都离不开哲学社会科学的知识变革和思想先导。”② 当代中国哲学应以人类的自我意识对人类文明进行理论总结和思想升华，塑造新的时代精神。需要阐明的是，当代中国哲学并非仅仅指中国传统文化传承意义上的中国哲学，而是中西马对话意义上的中国哲学。中国哲学理应在中国传统文化、西方近代文化和马克思主义冲突与融合中提炼出具有标识性的关键概念、核心范畴和理论体系。这构成当代中国哲学的历史使命和理论创新的根本动力。

“人类选择什么样的文明形态，各个国家选择什么样的发展道路，每个个体选择什么样的生活方式，是当今世界发展最为根本的课题。”③ 当代

---

① 曹顺庆、张帅东:《构建人类命运共同体意识下的文明冲突与变异》,《学术界》2019年第6期。

② 习近平:《在哲学社会科学工作座谈会上的讲话》，人民网2016年5月17日。

③ 孙正聿、杨晓、丁宁:《改革开放以来的当代中国哲学史（1978—2009）》，人民出版社2019年版，第612页。

中国哲学聚焦于人类文明的时代性问题，将“人类社会或社会化的人类”作为构建新世界的立脚点，突出强调“人的自由全面发展”的人类存在形态，蕴含着科学精神和人文精神的统一。当代中国哲学在新的历史高度真正自觉到人之存在在整体上的觉解，由此中国推崇构建的人类命运共同体能够从根本上以全人类的生存和发展为关切。在此意义上，“人类文明形态变革，从根本上说，就是创建增进中国人民与世界人民福祉的新文明形态”①。构建人类命运共同体，从根本上说，就是构建关切中国人民与世界人民福祉的命运共同体。

历史与事实再一次证明了，中国文明绝非一些西方学者所诟病的那样，是中国封建帝制和朝贡体系的当代版本。它是历史唯物主义的理论逻辑和人类文明发展的历史逻辑的辩证统一。毫不夸张地说，人类命运共同体表征着中国正积极地开启一种新的文明形态，这种文明的新形态正以社会主义的基本定向，以世界文明交流互鉴、多元共存的基本主张，以共同价值的基本共识，以领头羊的方式和积极姿态得到世界各国人民的深刻体认和广泛认可。

构建人类命运共同体的中国方案因其在处理全球事务中的显著效能而备受关注，也成为国内外学者深入研究的最为重要的时代性议题。由于他们研究的层次不同、视角不同、所秉持的立场不同，人类命运共同体的议题便呈现为多维立体、错综复杂的研究结构。一些西方学者仅仅停留在建构全球治理体系的战略表层把握人类命运共同体，极易把人类命运共同体划归到西方中心主义霸权治理的逻辑体系中。唯有深入到人类命运共同体的本质性特征和主要内涵之中，才有可能超越支配与从属、优越与低劣二元对立的思维方式，也才有可能不带偏见地、更合理地看待和体认这种新

① 孙正聿、杨晓、丁宁:《改革开放以来的当代中国哲学史（1978—2009）》，人民出版社 2019 年版，第 616 页。

型共同体，进而明晰人类命运共同体究竟属于何种意义上的共同体。中国构建人类命运共同体无意争夺西方设定的霸权，其核心关切在于当下全球人类的生存与发展。这是一种新的文明形态在世界历史上的鲜活呈现。从变革文明形态的视域看，人类命运共同体表征着一种超越“现代—资本主义文明”的新文明形态的历史出场。

作者单位：吉林大学哲学基础理论研究中心

人类文明新形态研究综述

戴圣鹏

在人类文明的演进历史上，人类文明是从低级形态向更高形态不断演进的过程，也是文明新形态不断取代文明旧形态的过程。新的文明形态相对于旧的文明形态而言，新的文明形态代表着人类文明演进的方向，代表着人类历史前进的方向。

一、人类文明新形态提出的时代背景

人类文明何去何从，这是一个困扰着我们的时代话题。这个时代话题所涉及的一个重要问题就是当下，人们对资本主义文明的反思与批判。资本主义文明发展至今，给人类带来什么，它将走向何方，它的最终的命运是什么。马克思和恩格斯曾在《共产党宣言》中指出过："资产阶级在历史上曾经起过非常革命的作用。"① 资产阶级在历史上起到过非常革命的作用，这个非常革命的作用自然包括创造了资本主义文明或资产阶级文明。从人类文明的演进与发展的历史来看，资本主义文明不仅为人类社会创造了丰硕的文明成果，也铸就了人类文明的辉煌成就。但正如资产阶级的革命性正在逐渐消退与丧失一样，资本主义文明在创造了一项项人类巨大文

① 《马克思恩格斯选集》第 1 卷，人民出版社 2012 年版，第 402 页。

明成果的同时，也在慢慢地把人类文明的发展带入死胡同。这个比封建文明更先进的现代资产阶级文明，就像当年的封建文明一样，正在从先进的文明形态质变为落后的文明形态，正在从革命的文明发展形态演变为保守的文明发展形态。资本主义文明再也不能有效地促进人类文明的新发展了，资产阶级文明再也不是人类文明的先进形态与最新形态了。人类文明发展到了需要新的变革的历史时代，人类文明发展到了需要一种新的具有强大生命力的文明形态来引领的人类历史的新阶段。

人类文明需要新的发展形态来引领，需要新的发展形态来实现新的发展，这是资本主义文明给人类文明可持续发展所带来的不确定性与破坏发展的必然，是一种不可逆的必然性。纵观资本主义文明发展的历史，当其破坏性大于其建设性的时候，当其给人类社会带来越来越多的伤害的时候，新的文明形态取代它就是历史之使然，这是不以人的意志为转移的，也是任何人也无法阻挡的。当今世界范围内出现的人道危机、生态危机以及其他各种类型的危机，其背后基本上都是以资本逻辑为发展动力的资本主义文明或资产阶级文明所呈现出来的真实一面，也是资本主义在其发展过程中所展现出来的野蛮特征。在资本主义的发展过程中，其野蛮的特性逐渐在削弱与抹杀其文明的一面，资本主义制度，这个人类社会曾经最文明的社会制度，现在已无法代表人类文明的前进方向，其给人类文明的发展所带来的有利的一面已远远小于其给人类文明发展所带来的不利的一面。在人类文明的前进中，如再不改变这种文明的发展本性，不转换人类文明发展的道路，这个仍占据着人类文明发展主航道的旧形态，必然将人类文明带入至暗时刻。

人类文明发展要避免至暗时刻的到来，就需要开辟新的发展道路，就需要实现发展形态的变革与发展轨道的转换。新的文明形态取代旧的文明形态，这是人类文明与人类历史发展的必然，但其人类文明新形态取代人类文明旧形态的历史进程并不是一件人的意志可以随心所欲的事情。正如马克思在《〈政治经济学批判〉序言》中所指出的那样：“无论哪一个社会形态，在它所能容纳的全部生产力发挥出来以前，是决不会灭亡的；而新的更高的生产关系，在它的物质存在条件在旧社会的胎胞里成熟以前，是决不会出现的。所以人类始终只提出自己能够解决的任务，因为只要仔细考察就可以发现，任务本身，只有在解决它的物质条件已经存在或者至少是在生成过程中的时候，才会产生。”① 人类文明新形态代替人类文明旧形态，这是人类文明发展的必然，但这个必然本身也有一个自然的历史过程，当人类文明新形态诞生的历史条件还不具备时，人类文明新形态是不会产生的，当人类文明旧形态消亡的历史条件还没形成时，人类文明旧形态也是不会灭亡的。社会主义文明要取代资本主义文明，就必须展现其新的特征与比资本主义文明更先进的地方。在这样一个人类世界正经历百年未有之大变局的时代，在这样一个人类文明发展道路大转变的历史时期，社会主义文明，特别是社会主义文明的最新发展形态——中国特色社会主义文明理应肩负起这个伟大的历史使命。

二、人类文明新形态的指向问题

在关于人类文明新形态的指向问题上，学术界在这个问题的理解上有所不同。有的学者似乎是把它当作一种新的人类文明发展新理念来建构，抑或是可能开启的一种新文明类型②，而并没有把它看作是一种现实的人类文明新形态。而有的学者则不仅把其看作是一种新的文明发展理念，还把其视为是一种现实的人类文明新形态，例如，袁祖社教授认为：中国“开创人类历史和发展新纪元的现代化实践”，正在“开创一种系统性的全新的文明形态”。③ 当学者们把其看作是一种现实的人类文明新形态的

① 《马克思恩格斯选集》第2卷，人民出版社2012年版，第3页。

② 参见吴晓明:《马克思主义中国化与新文明类型的可能性》,《哲学研究》2019年第7期。

③ 袁祖社:《中国“文明新形态”发展理念的演进逻辑》,《理论探索》2016年第4期。

时候，它就必定有其现实的指向。对于人类文明新形态的现实的指向，学术界在认识上并不是一致的，比如，有学者认为生态文明与人类命运共同体，都具有新文明性，都属于新文明的范畴。[①] 但纵观学者们的观点，主要的观点有两种：一种是指向社会主义文明，另一种是指向生态文明。

首先我们来分析第一种指向，即社会主义文明就是人类文明新形态。人类文明作为人的实践活动发展到一定历史阶段的产物，其不仅在本质上是实践的，其还有历史性的特征。在唯物主义历史观与马克思主义文明观的视野中，人类社会从野蛮时代进入到文明时代，标志着人类社会开启了一个新的、文明的阶级社会的人类历史新时代，也标志着人类社会从部落（氏族）时代进入到国家时代、从野蛮时代进入到文明时代。人类文明随着阶级社会的各种对抗而进步，也随着社会生产力的不断发展而不断演进。从人类文明演进的历史形态而言（主要是居于人类社会经济形态的划分视角），其经历了奴隶社会文明、封建文明、资本主义文明与社会主义文明几个历史形态。这四个文明形态也是一个比一个更高级、一个比一个更先进。人类文明的四种形态告诉了我们，人类文明是一个不断从低级形态向高级形态演进的过程，也是一个新形态不断取代旧形态的历史过程。如果要从新旧的角度讲，社会主义文明是最新的人类文明形态，也是人类文明发展到现在最为先进的发展形态。因此，在当下，“人类文明新形态的建构是共产主义社会取代资本主义社会的必然过程”[②]。故而，把人类文明新形态指向社会主义文明，从历史发展逻辑的角度讲，没有什么大问题。这种指向虽不存在什么大问题，但从世界共产主义运动史与社会主义发展史的角度讲，在人类历史上，社会主义不仅存在多种发展形式，还存在一些发展形式失败与陨落的问题。当我们结合我们这个时代来谈论这个

① 参见付清松、李丽：《生态文明和人类命运共同体的时代相遇与交互式建构》，《探索》2019 年第 4 期。

② 白刚：《〈资本论〉与人类文明新形态》，《四川大学学报》（哲学社会科学版）2017 年第 5 期。

话题的时候，大家在理解与把握这个指向时，似乎有其特定的内涵与特定的指向，这个特定的内涵或特定的指向，应该是指向社会主义文明的最新发展阶段及其典型代表——中国特色社会主义文明，而不应该指向其他的形式。

其次，我们再来看第二种指向，即把生态文明看作是人类文明的新发展与新形态。但如果把人类文明新形态指向生态文明，有些问题我们还必须在理论上把其理顺。众所周知，生态文明，作为一种新的文明发展理念和发展形态，是人们在对资本主义工业文明的反思与批判的基础之上所提出来或产生的。因此，这种新的文明发展理念与最早的实践并不是开始于社会主义国家，虽然它与社会主义意识或马克思主义在资本主义国家的传播与发展有着十分紧密的关系。生态文明的理念与实践，一些资本主义国家是走在前面的，这是历史事实。因而，如果把人类文明新形态指向生态文明，理论如何自洽，又如何与第一种指向形成一致，这确实不是一道易解的数学题。就像在论及人类文明新形态的第一种指向时所论述的那样，在新时代提出这个命题，其本身就是有特点的内涵与所指的。这个问题虽然难解，但不是无解。在唯物主义历史观与马克思主义文明观看来，在旧的文明形态中孕育新的文明理念与新的文明形式，这是人类文明不断向前发展时所呈现出来的具有规律性的历史现象，因此，在资本主义文明或资产阶级文明中提出或一定程度上践行新文明理念，并不是一件什么不可思议的事情。但历史的事实告诉我们，生态文明虽然是一些资产阶级的知识分子首先提出来的文明发展新理念，也在一些资本主义国家得到一定程度的实践，然而人类的生态危机与环境危机以及引发的其他危机，并没有因为这个理念在资本主义国家的实践而得以根本的改善。这个存在了几十年的新文明发展理念与发展方式，也没有因为资本主义国家的实践而结出像样的文明成果。之所以如此，原因就在于，生态文明建设在资本主义社会更像资产阶级文明或资本主义文明发展的一块遮羞布，而不会被资本家阶级视为资产阶级文明或资本主义文明建设的实质之所在。生态文明与以资本为主导的工业文明本身，作为两种性质不同的文明理念与文明发展方式，二者在实践中是很难相容的。资本对利润最大化与剩余价值占有最大化的追求本性决定着其不可能在保护生态与获取利润之间保持平衡。生态文明虽是在对资本主义工业文明的反思与批判中，提出的新的文明发展理论与发展形态，但只要在资本主义文明的发展框架之中，生态文明就无法成长为人类文明新形态，虽然在少数发达的资本主义国家，其本国的生态文明建设在现代生态科技支撑下取得了一些成就，但整个资本主义世界，生态文明建设并没有取得革命性的成就，也没有使资产阶级文明发生革命性转变。生态文明只有与社会主义制度相结合，才能开创灿烂而丰硕的文明成果。

毋庸置疑，虽然两个指向在表述上存在很大的差异，但二者在本性上还是一致的。生态文明作为人类文明新形态，在理解方式或把握视角上与前一种指向有着很大的不同，其是从生产方式与交换方式的角度来理解与认识人类文明的发展与演进的，也是一种更为深层次的理解与把握，因而也最能体现新文明的实质。因此，从生态文明的角度讲，社会主义文明建设只有以生态文明建设为核心内容与根本内容，社会主义文明才能更好地展现人类文明的新发展与新高度。

三、人类文明新形态之“新”

探索人类文明新形态的哲学意蕴，就是必须探索人类文明新形态之“新”。只有科学地把握与理解了人类文明新形态之“新”，我们才能如何更好地去创建人类文明新形态。从唯物主义历史观与马克思主义文明观的角度讲，人类文明新形态之“新”，主要新在四个方面，具体来讲就是，人类文明新形态其赖以生存与发展的社会方式与交换方式应该是新的，其选择的发展道路应该是一条不同于以往人类文明发展的道路，其所要建设的社会制度应该是新的与先进的，其所蕴含的文化与价值观也应该是新的与进步的。

在人类文明发展的历史上，资本主义文明相对于封建文明而言，之所以是新的文明形态，根本原因就在于资本主义文明所赖以存在的生产方式与交换方式相比于封建文明所依赖的生产方式与交换方式而言，是一种全新的生产方式与交换方式。建立在同一性质的生产方式与交换方式的文明形态，无论其表现形式有如何差异，但必定是同一性质的文明形态。这种同一性质的文明形态，在发展程度上会表现不一样，在表现形式上也会有所不同，即便在其基础之上产生了新的表现形式或新的发展形式，但从本质或实质的角度讲，其仍是同一性质的文明形态，换句话讲，我们虽然可以把其看作是一种新的文明表现形式，但很难把其称为一种全新的人类文明形态。因此，从唯物主义历史观与马克思主义文明观的视角来看，人类文明新形态，从根本上讲，新就新在其所赖以建立与存在的生产方式与交换方式是新的，当然也要是先进的。就拿资本主义文明而言，它存在着多样的表现形态，但我们无法得出晚于美国的资本主义文明的日本的资本主义文明，相对于美国的资本主义文明而言，是一种全新的人类文明发展形态。我们可以说日本的资本主义文明相比对于美国的资本主义文明而言，是资本主义文明的一种新的资本主义文明发展形态，但无法从文明性质的角度来判断，日本的资本主义文明相对于美国的资本主义文明而言，是一种全新的人类文明发展形态。因此，从这个意义上讲，无论是社会主义文明，还是生态文明，新的生产方式与交换方式必然是生存与发展的社会基础。

人类文明新形态，其必定是建立在新的生产方式与交换方式之上的。而新的生产方式与交换方式又取决于新的生产力与新的生产关系。新的生产力，从其物化的对象来讲，就是新的生产工具。当一个社会的生产工具发生了变革之后，社会生产力会获得新的发展，而新的生产力要实现发展，就必要对社会的生产关系有新的要求：新的生产力呼唤新的生产关系来适应其发展。不同的社会生产力会产生不同的社会生产关系，不同的社会生产关系，会形成不同的社会经济形态与社会制度，因而也会产生不同文明形态或表现形式。“随着新生产力的获得，人们改变自己的生产方式，随着生产方式即谋生的方式的改变，人们也就会改变自己的一切社会关系。手推磨产生的是封建主的社会，蒸汽磨产生的是工业资本家的社会。”① 手推磨产生的不仅是封建社会，在其基础之上还形成了封建文明。同样蒸汽磨产生的不仅是资本主义制度，也在其基础之上形成了资本主义文明或资产阶级文明。随着资本主义生产工具的不断变革，资本主义文明也在不断发展，不断产生新的表现形态。但无论资本主义文明的花园里有多少资本主义花朵，或新生了多少资本主义花朵，它们都属于资本主义文明的范畴。因此，在界定人类文明新形态时，我们必须明确其是一种全新的人类文明发展形态，还是已有的人类文明发展形态的一种新的表现形式。二者在说法上可能相似，但内容上则截然不同，不可相互混淆。在当前，一些学者关于人类文明新形态的把握与认识上，对于这二者的界定，是存在界限模糊的情况的。

在当下，社会的生产力发展已进入一个新的阶段，这个新的发展阶段，是以生产工具的变革为依据的。随着人工智能、5G 技术、量子通信、生命科学等高科技的快速发展，生产工具也正在发生重大变革，而生产工具的变革，必然会对社会的生产方式与交换方式产生深刻的影响，也必然会引发社会生产方式与交换方式的重大变革与深远变化。而生产工具的变革以及由此所引发的生产方式与交换方式的变革，必然会进一步推动与推进人类文明的发展与演进，也必然会在其基础之上推动人类文明新形态更上一层楼。从生产工具正在发生重大变革的角度讲，人类文明已在向新的更高的发展阶段演进与发展。在社会主义文明建设中，注重生态文明建设，是社会主义文明作为人类文明新形态的必然要求。虽然生态文明是建立在对资本主义工业文明的反思与批判的基础之上的，但真正意义上的生态文明建设更与社会主义文明建设相一致，也就是生态文明更与社会主义

① 《马克思恩格斯选集》第 1 卷，人民出版社 2012 年版，第 222 页。

文明的本性相一致。建设好生态文明，社会的生产方式与交换方式必须要实现革命性的变化。真正的生态文明建设，必然是建立在不同于资本主义工业文明所赖以存在的生产方式与交换方式的基础之上的，也必然是一种比资本主义工业文明所赖以存在的生产方式与交换方式更为先进的新的生产方式与交换方式。因此，从生产方式与交换方式的变革的历史角度来讲，新的生产方式与交换方式就是社会主义社会的生产方式与交换方式。由此可见，建设生态文明与建设社会主义文明是具有内在的一致性的。对于社会主义国家而言，只有把生态文明建设好了，才能更好地建设社会主义文明。

人类文明新形态之“新”，还新在其所生存与发展的基础与人类文明旧形态存在本质的不同。对于过去的一切旧的文明而言，其基础“是一个阶级对另一个阶级的剥削”，其“全部发展都是在经常的矛盾中进行的”①。在马克思和恩格斯看来，随着人类社会从原始社会进入到新的阶级的文明社会，人类文明发展的都遵循着“没有对抗就没有进步”的发展规律，对抗或者斗争，是阶级与私有制存在的文明社会中，人类文明发展所遵循的规律，也是推动人类文明向前发展的主要动力。因此，如果一个阶级对另一个阶级的剥削仍是人类文明新形态生存与发展的基础的话，那么人类文明新形态与过去一切旧的人类文明发展形态在本质上仍具有一致性，它只不过是旧的文明形态的基础之上所产生的一个新类别，仍与过去的一切旧文明属于同一类性质的文明。在当今社会，资产阶级文明或资本主义文明，可以说是建立在“一个阶级对另一个阶级的剥削”基础之上的最后一个文明发展形态。因此，从唯物主义历史观与马克思主义文明观的角度讲，我们要构建的人类文明新形态，应不是建立在“一个阶级对另一个阶级的剥削”的基础之上的，它所建立的基础应该与之有本质的区别。那么，从唯物主义历史观与马克思主义文明观出发，现在我们所倡导与构

① 《马克思恩格斯选集》第4卷，人民出版社2012年版，第194页。

建的人类文明新形态其建立的基础是什么？答案应该是无疑的。如果仅是从经济基础的角度讲的话，人类文明新形态应建立在现代公有制的基础之上的。

人类文明新形态必然是建立在新生产方式与交换方式的基础之上的，这是决定文明形态是新形态还是旧形态的根本依据。但一个文明有一个文明的发展道路，就算是性质相同的文明，在其现实的发展过程中也存在发展道路上的差异性。从文明发展道路的角度讲，新的文明形态相对于旧的文明形态而言，其发展道路应该是新的。人类文明新形态，要在发展方式或发展道路上有别于过去一切旧的文明形态，就必然要选择一条异质于旧文明特别是异质于旧文明的最高发展形态的资本主义文明的发展道路。社会主义文明作为一种人类文明新形态，其在发展道路上必然要不同于资本主义文明。如果社会主义文明选择资本主义文明的发展道路，社会主义文明就很可能演变为资本主义文明。中国特色社会主义发展道路，是社会主义文明在其发展的进程中所正在践行的新的发展道路，在中国特色社会主义发展道路上，社会主义文明不仅获得了新的发展，还产生了新的发展形态，这个新的具有世界历史意义的发展形态，就是我们现在正在建设的社会主义文明新形态。在中国特色社会主义发展道路上，社会主义文明必然会绽放新的文明花朵，结出新的文明果实，铸就人类文明新的发展高度。中国特色社会主义道路，不仅为社会主义文明的新发展提供了新的发展道路，也为人类文明的新发展提供了中国方案。在学者们看来，主张和平发展的中国特色社会主义道路，在推进构建人类命运共同体的伟大实践中，其必将把人类文明发展推向新的历史高度与新的历史征程。

人类文明新形态，不仅新在其发展道路上，还新在其所要建立的社会制度上。从社会制度角度讲，人类文明新形态，必然是一种新的制度文明，或者说其必然蕴含着人类制度文明发展的新形态。这种新的制度文明，不仅在制度的性质上是新的，还表现在其制度的形式上也应是新的。中国特色社会主义制度，既是一种在性质上比资本主义制度更新更先进的社会制度，也是在形式上比资本主义制度更新的社会制度。社会主义制度，作为一种新的社会制度，在其探索与建设的实践中，发展出多种表现形式，但最具活力与生命力的表现形式就是中国特色社会主义制度。中国特色社会主义制度，不仅是社会主义制度的最具活力与生命力的表现形式，也是社会主义制度最新的发展形态，是最具现实性与最具代表性的社会主义制度。其在表现形态上与其他社会主义国家的社会制度相比，也是一种全新的社会主义制度，也是最能反映社会主义制度优越性的一种现实的社会主义制度。因此，从社会制度的角度讲，或说从社会制度文明的角度讲，社会主义制度，都是一种全新的社会制度文明，也是人类社会制度文明的最新与最先进的发展形态与表现形式。而在当今世界，社会主义制度的典型代表就是中国特色社会主义制度，因而中国特色社会主义制度文明，也必然是社会主义制度文明的最新发展形态，是社会主义制度文明的最新代表形态。可以说，建设与完善中国特色社会主义制度文明，就是在建设与完善一种新的社会主义制度文明，也是在构建一种新的人类文明发展形态或说是在构建人类文明新形态。

在唯物主义历史观的视野中，文化的历史虽然要比文明的历史长久得多，但从文化与价值观的角度讲的话，一种新的文明，必然蕴含着一种新的先进的文化，也必然蕴含着一种新的进步的价值观体系。对于在判断一种文明是否是人类文明新形态，可以从其是否蕴含着一种新的先进的文化，是否蕴含着一种新的先进的价值观体系入手。换句话讲，我们可以把文化或价值观作为判断新旧文明的依据与尺度。从文化的角度讲，在当今世界，社会主义新文化，就是最新的和最为先进的文化发展形态，也是比资本主义文化更先进的人类文化新形态。而社会主义新文化的最新代表与主要呈现形式就是中国特色社会主义文化。因此，建设中国特色社会主义文化，也是在建设社会主义文明。在唯物主义历史观与马克思主义文化观的视野中，文化在本质上是实践的，但文化的内容则是精神的，思想观念与价值观构成了文化的核心内容。一种新的文化，事实上就是一种新的价值观。对于社会主义新文化而言，社会主义核心价值观是其核心内容，也是其在性质上不同于资本主义文化的重要体现。要建设好社会主义新文化，就应培育与践行社会主义核心价值观，就应以社会主义核心价值观来引领社会主义新文化建设。因此，从文化的角度讲，建设社会主义新文化，培育与践行社会主义核心价值观，就是在建设社会主义文明，就是在构建一种新的人类文明发展形态。

四、建设人类文明新形态对世界历史发展的意义

在黑格尔的世界历史逻辑中，世界历史既有它的日出时刻，也有它的日落时分。世界历史就是世界精神通过对象化为不同的民族精神而回到自身的过程，因而世界历史的演进过程，实质上就是世界精神的自我发展与自我实现的过程。在世界历史的不同发展阶段，走向世界历史中心的不同民族，在其民族精神的形成的过程中创造着人类文明，并使得人类文明从一种形态向另一种形态转变。黑格尔的世界历史思想，虽不足以科学解释人类文明的演进与发展，但下一个走向世界历史中心的民族，其必然会在世界历史的中央构建一种新的人类文明形态，而一个新的人类文明新形态也必然会形成一个新的世界历史发展阶段。因此，从这个意义上讲，人类文明新形态对世界历史发展的意义是非比寻常的。当人类文明新形态以其成型的方式进入我们视野时，也意味着世界历史迈进了新的发展阶段。

在唯物主义历史观看来，随着生产工具与交通工具的大变革，随着大工业与世界贸易的建立与发展，世界历史得以形成与发展。在世界历史的发展逻辑中，有两条相互交叉的发展逻辑：一条是资本主义的发展逻辑，一条是共产主义运动的发展逻辑或社会主义的发展逻辑。从资本主义的发展逻辑来讲，在世界历史形成与发展，事实上是资本主义文明的形成与发展的展现，是资本主义以及资本主义文明主导世界历史与世界文明发展的过程。世界历史形成以来的人类文明新形态就是资本主义文明或资产阶级

文明，如果撇开阶级与意识形态而言，世界历史形成以来的人类文明新形态就是现代工业文明新形态，一种不同于农耕文明的人类文明新形态。在世界历史的演进中，由资本逻辑所主导的现代工业文明或资本主义文明，已经发展到其文明发展的边界，过度发展已是其主要的呈现方式。资本主义文明经过几百年的发展，其前进的步伐不仅慢了下来，还由正常发展走向了过度发展的新阶段。换句话讲，就是过度发展的趋势已经阻碍了其向前发展的步伐。在这样一个资本主义文明放缓发展甚至是停滞发展的历史阶段，不仅世界历史走到了百年一遇的历史大变革时代，人类文明也走到了需要新的文明发展形态来取代旧的文明发展形态的历史时期。世界历史的另外一条的发展逻辑以及由这条发展逻辑所内生的人类文明形态，它给人类文明的新发展带来新的希望。人类文明如何从过度发展的资本主义文明向前发展与演进，这需要构建一条新的人类文明发展道路，也需要有一种新的人类文明形态来引领世界历史与人类文明的发展。这种新的文明发展方向与新的文明发展形态就是社会主义文明以及其最新的发展类型。

在共产主义运动史上，在世界历史形成与发展过程中，共产主义也从地域性的共产主义向世界性的共产主义演进与发展。共产主义运动在世界的兴起以及马克思主义在世界的传播，使得新的人类文明新形态从理论变成现实。俄国十月革命的胜利以及第一个社会主义国家——苏联的建立，在人类文明发展的历史进程中，一条新的人类文明发展道路被开拓出来，一种全新的人类文明新形态开启了其实践的过程。社会主义文明虽然从苏联开始，但苏联在社会主义新文明的探索与建设中，并没有把社会主义文明带上健康发展的道路，而是带入类似于帝国主义的霸权主义发展道路，并最终使社会主义文明遭受了巨大的挫折，并葬送了人类历史上的第一个社会主义国家。社会主义文明作为一种人类文明新形态，不仅在于其形态上比资本主义文明新与先进，还在于其在发展道路上也要找到一条与自身的性质相一致的发展道路。如果社会主义文明作为一种人类文明新形态而采用资本主义的发展道路，其必然会过早地凋谢。苏联包括东欧一些社会主义国家，虽然让社会主义文明这种人类文明新形态走进了世界历史的大舞台，但不幸的是其并没有让其得以很好地展开并过早地凋谢了。如何建设社会主义文明，如何让社会主义文明既开花又结果，这个重要的历史任务落到了社会主义中国身上。建设社会主义文明，建设人类新型文明形态，这是世界历史与人类文明发展所赋予社会主义中国的历史使命。让社会主义在中国开出新文明之花，让社会主义在中国结出新文明之果，对于世界历史的向前发展与人类文明的不断演进具有非同寻常的历史意义。在世界共产主义运动的发展进程中，社会主义国家的建立，使得世界历史的发展以及世界历史的发展结构出现新的变化与新的形势，但随着东欧剧变与苏联解体，世界历史的发展开始出现新的变数以及世界历史的发展结构再度出现新的变化，资本主义文明这种旧的文明形态又一次活跃起来，社会主义文明这种人类文明新形态在其发展进程中再次出现发展的危机。在社会主义文明已有的道路走不通的情况下，如何开拓出一条新的适合中国社会主义的发展道路，就成了世界历史发展与人类文明演进给予中国的新的历史任务。新的发展道路与新的发展理念，必然要开拓出一条新的社会主义文明发展道路，也必然会形成一种全新的社会主义文明发展形态。这种新的社会主义文明发展形态，既是社会主义文明的最新发展形态，也是人类文明的最新发展形态，同时也是世界历史发展的新道路与所呈现出来的新形态。正如吴晓明教授所认为的那样："如果说，中华民族的伟大复兴在完成其现代化任务的同时将开启出一种新的文明类型，如果说在我们面前展开的历史性进程正到处提示并标识这种现实的可能性（而非抽象的可能性），那么，以马克思主义中国化来定向的中国道路，尤其是中国特色社会主义道路，就开始展现出它的世界历史意义了。"①

作者单位：华中师范大学马克思主义学院

---

① 吴晓明：《马克思主义中国化与新文明类型的可能性》，《哲学研究》2019 年第 7 期。

传统文化的当代价值

——2019 年传统文化创造性发展和创造性转化研究综述

李双套

围绕着传统文化的创新性发展和创造性转化这一主题，2019 年，学界成果丰硕。根据中国知网检索，相关 CSSCI 论文达到 400 多篇，分析这些成果，可以发现，学者们主要探讨了传统文化创造性发展和创造性转化的定位、机制、领域和作用等问题。定位主要回答了什么是传统文化创造性发展和创造性转化，机制主要回答了传统文化如何实现创造性发展和创造性转化，领域主要回答了哪些传统文化需要或者可以创造性发展和创造性转化，作用主要回答了传统文化创造性发展和创造性转化有何价值。

一、整体概况

党的十八大以来，习近平总书记从实现中华民族伟大复兴和建设中国特色社会主义伟大事业的战略高度出发，通过一系列重要讲话对中国传统文化的传承发展进行了全面深入阐述，提出了具有纲领性和战略性的文化发展新思想，他强调："弘扬中华优秀文化，要处理好继承和创造性发展的关系，重点做好创造性转化和创新性发展。"①

① 《习近平谈治国理政》，外文出版社 2014 年版，第 106 页。

围绕着传统文化的创新性发展和创造性转化这一主题，2019 年，学界成果丰硕。通过对 CNKI 中国期刊全文数据库、读秀中文学术搜索、万方数据知识服务平台的检索，围绕“传统文化”这两个主题，2019 年共发表学术论文 21000 多篇，与 2017 年相比，接近于翻倍，其中核心期刊论文 2732 篇，CSSCI 期刊论文 2150 篇；出版学术专著 703 部，撰写学位论文 2826 篇，其中博士学位论文 110 篇。2018 年“传统文化”研究整体上在研究数量、研究力度、学术传播、学术影响等方面同比均有较大增幅。当然，以“传统文化”和“创造性发展”两个词为主题，直接相关的论文数量不多，不过探讨“传统文化”主题的论文很大一部分论文涉及传统文化的创造性发展和创造性转化问题。

分析这些成果，可以发现，围绕这一主题，学者们主要探讨了传统文化创造性发展和创造性转化的定位、机制、领域和作用等问题。定位主要回答了什么是传统文化创造性发展和创造性转化，机制主要回答了传统文化如何实现创造性发展和创造性转化，领域主要回答了哪些传统文化需要或者可以创造性发展和创造性转化，作用主要回答了传统文化创造性发展和创造性转化有何价值。

二、主要内容

（一）传统文化创造性发展和创造性转化的定位

传统文化创造性发展和创造性转化的定位主要是回答了什么是传统文化创造性发展和创造性转化，分析现有研究成果，可以认为学界主要从文化自信视域、现代化进程和马克思主义中国化三个角度去认识传统文化创造性发展和创造性转化。

1. 文化自信视域中的传统文化创造性发展和创造性转化

有学者从文化自信的角度去看待传统文化，认为传承和弘扬中华优秀传统文化，是中华民族伟大复兴的应有之义。因此，我们要认清坚定文化自信、传播中华文化的重要性，多元化、多途径传播中华优秀传统文化，提升文化软实力，同时重视在国际文化交流中的文化安全。充分利用丰厚的文化资源，把我国建设成文化强国。

刘春荣认为社会主义先进文化不是凭空来的，它处在既定的历史条件和现实条件中。坚定文化自信，要不忘初心，从历史中、从中华优秀传统文化的脉脉相承中，找寻文明进步的动力，实现传统文化的当代转化与创新。他指出要充分认识中华优秀传统文化的内在价值，中华优秀传统文化是中华民族凝结不散的纽带，相较于其他古老文明，中华文明是唯一没有中断的活的文明，历时五千多年而不衰，其中一个重要原因就在于中华优秀传统文化能够“立根”、“铸魂”。中华优秀传统文化讲究家国情怀，“大道之行也，天下为公”、“修身齐家治国平天下”、“先天下之忧而忧，后天下之乐而乐”、“天下兴亡，匹夫有责”等思想，数千年来穿越时间长河、跨越城乡分割、纵横五湖四海，从始至终都没有停息过，不仅各个朝代先贤关注国家兴亡、民族振兴、崇尚民族大义，普通的市井百姓也均是如此。这种家国文化，造就了一个割不断的“文化中国”，使得中国人对国家对民族的情感上升到很多民族无法企及的高度，为中华儿女“舍小我、为大义”注入了不竭的力量源泉。我们回首中国近代史，无数仁人志士舍生取义，探索民族复兴的道路，其中内在的力量就是这种家国情怀。中华优秀传统文化中的价值理念、道德规范和治国智慧，是历史形成的，其生命力就在于包容性和创新性，我们在挖掘、继承传统文化时，也不能食古不化，而是既要广泛吸收借鉴世界各国家民族创造的一切有益经验和智慧，按照新时代的特点和要求，对传统文化进行时代转化和创新发展。①

姜珂认为若要正确认识中华优秀传统文化的当代价值，就需要明确何谓传统文化，以及传统文化同中华优秀传统文化之间的关联。那么，传统

① 刘春荣:《文化自信的传统文化根基与渊源》,《理论视野》2019 年第 4 期。

文化是什么，传统又是什么呢？希尔斯在《论传统》一书中这样定义传统："传统是人类行为、思想和想象的产物，并且被代代相传。"由此就可以发现传统最显著的特征就是代代相传，并且希尔斯还进一步明确了"代代相传"的时间界限，即三代以上。基于以上限定，可以这样理解传统的内涵：传统是从过去延续到今天的、传承三代以上的、被人类赋予价值和意义的事物。而传统外延包括了三大构成，分别为：器物构成如文物古迹、典章制度，行为构成如风俗习惯，精神构成如伦理观念、生活信念等。而传统外延包括了三大构成，分别为：器物构成如文物古迹、典章制度，行为构成如风俗习惯，精神构成如伦理观念、生活信念等。而"精神构成"的传统又可以被看作"狭义"的传统，或者"文化传统"。那么，中华优秀传统文化与传统文化之间的关联是什么呢？显然，传统不是静止的，而是流动的；不是完美的，而是有瑕疵的。所以传统文化中既有衰落、滞后的"旧文化"，也有新生、进步的"新文化"。希尔斯在谈及传统变迁的时候提出了一个概念，即"传统的改进"。他认为传统能够唤起人们改进其的愿望，不断地被优化就是传统存在的一种形式。所以中华优秀传统文化就是传统文化之中那些不断得到改进的、进步的且在当下仍旧熠熠生辉的优质文化，是传统文化的精华。①

2. 现代化进程中的传统文化创造性发展和创造性转化

有学者认为，当下中国正处在社会转型时期，即由传统社会向现代社会转换期。社会转型也就是社会未定型，既有传统和对既有传统的超越都对社会发展起着重要作用。因此，既要强调传统的连续性，又要强调超越传统的创新性。强调传统不仅仅是为了"厚古"，更重要的是为了"鉴今"。但是，何谓传统，如何从传统中寻求当今中国社会发展道路的现实境遇和未来走向，以建立传统和现代的关联，这都是需要重新审视的。

① 姜珂：《守望、融合与革新：从中华优秀传统文化透视提升文化自信之路》，《河南社会科学》2019 年第 5 期。

王成等认为，我们提倡弘扬中华优秀传统文化，推动传统文化现代化，但绝非从整体上复兴“旧”的文化体系。可以看到，传统文化是历史的产物，其中的许多内容必然带有无法克服的局限性，但作为马克思主义者绝不能像费尔巴哈对待黑格尔哲学那样，把孩子和洗澡水一同倒掉，毕竟中国传统文化博大精深之中蕴含着不尽的可资借鉴的珍贵成果，而这些成果往往又是精糟混杂、瑕瑜互见的。只有自觉接受马克思主义的指导，才能使其现代化成为可能。同时，中国传统文化中亦折射出唯物主义与辩证思维，存在与马克思主义相通互连之处，对于构建中国特色的当代文化体系无疑是大有裨益的，只是如何区别对待其中的内容，使相成相济者、相得益彰者转变为符合时代要求的内容呈现，还需以马克思主义为指导。唯有如此，构建当代中国文化新体系才能不沦为一句空话。①

李双套认为，传统文化的现代化是伴随着中国社会转型而出现的，在政治、经济和社会转型的同时，文化也有转型的问题。文化的现代化集中体现为中国哲学的现代化，中国哲学的现代化包括形式现代化和实质现代化两方面。在形式上，西方哲学采用逻辑分析方法，更为理性化，中国哲学的现代化主要是采用西方的术语、逻辑分析方法来解释中国哲学的概念、原理（如用西方哲学中的“本体论”来说明中国哲学中的“道”），使之更精准，更理性。冯友兰就认为新的现代化的中国哲学，只能是用近代逻辑学的成就，分析中国传统哲学中的概念，使那些似乎是含混不清的概念明确起来。在实质上，中国哲学的现代化就是从现代化的角度汲取传统文化的资源，使传统文化符合现实发展的需要，成为解决现实问题的有力工具，以应对自然、社会和人生问题。②

3. 马克思主义中国化视域中的传统文化创造性发展和创造性转化

学者们认为社会转型是20世纪中国的主题，伴随着经济、政治的现

① 王成、丁凌:《马克思主义中国化对传统文化现代化的指导向度》,《理论探讨》2019年第6期。

② 李双套:《传统文化现代化：何谓、为何与何为》,《江淮论坛》2019年第4期。

代化，传统文化也有现代化的问题。中国的文化建设面对的主要思想资源除了传统文化以外，还有马克思主义。传统文化有现代化的问题，马克思主义则有一个中国化的问题，两者相互交织。

王梦认为，马克思主义作为中国共产党的理论指导和思想信仰，它在中国人民革命斗争和社会主义建设事业中所发挥的实际作用是巨大的，并已成为中国执政党和当前社会的主流意识形态。时至今日，马克思主义既要和中国土生土长的传统文化发生撞击，也不可避免要在这种撞击发生后适度调和与相容，并最终实现统一。马克思主义也好，中国传统文化也好，其是否结合、怎样结合，都必须体现在具体作用的发挥上，即必须有利于国家社会在新时代的发展，有利于中华民族伟大复兴目标的实现。用一个最简单的公式来计算，那就是要达到 1+1 ＞ 2 的效果，这是马克思主义和中国传统文化结合的又一必然的趋势。要发挥二者结合的更大作用，首先要认清中国当下和未来的目标任务，如建设具有中国特色的社会主义社会，实施科技为第一生产力的现代化强国战略，实现华夏文明复兴等。毫无疑问，在新时代中国特色社会主义建设的伟大战略当中，不仅包含着中国人民对实现强国的自信，也包含着社会主义的核心价值观念，中国特色社会主义发展道路必将畅通无阻；不仅描绘了国家社会的美丽前景，也预示了公民个体生存与发展的美好生活。毫无疑问，马克思主义的科学观点和方法论有利于中国社会发展的道路选择、制度完善和理论发展；中华优秀传统文化的思想、智慧和价值精神也有利于社会主义核心价值观的倡导和践行；如果说国家社会美丽前景的到来得益于马克思主义的科学的理论指导，那么公民个体美好生活的实现就得益于中华优秀传统文化的有益的价值引领。当然，马克思主义和中国传统文化并非各自独立或平行地发挥作用，而是“一元主导”、“多元兼容”的和谐、相容与互促；基于国家社会发展层面的马克思主义中国化，将顺应时代背景、稳步发展，而基于个体修养与价值观层面的中国传统文化之上的马克思主义也更具指导能力和本真精神，将会更有利于国家、社会及个人的综合全面发展。①

王成等认为，在中国传统文化现代化过程中，马克思主义自始至终是立场、观点、方法的供给者。马克思主义中国化成果则为传统文化现代化的内涵转换、立足根本、筛选分流、兼容创新分别提供了理论指导、认识指导、选择指导和发展指导，进而为中国传统文化的复兴注入了现代性活力。②

李双套认为，要以面向中国问题为核心实现传统文化现代化和马克思主义中国化的会通，这是实现传统文化现代价值的目的。我们研究传统文化，除了要保存历史文明以外，更重要的在于它对当今和未来社会发展的积极作用。过去的不一定都属于传统文化，许多过去的东西在整个历史长河里只是一瞬间。传统犹如人体基因，它具有重复性和可复制性。传统文化不可能被简单地消灭，也难以作彻底的“决裂”。因此，从对当今社会发展影响的角度来看，可以将传统文化定义为能够对当今甚至未来发生影响的价值、行为和规范，以及与此相关的历史条件。传统文化对当今及未来的影响都是以解决中国问题为中介的，这与马克思主义中国化是相通的。马克思主义中国化的要义就在于运用马克思主义基本原理来认识、分析和解决中国问题，在解决中国问题的过程中实现传统文化的现代价值，也推动马克思主义的发展。③

（二）传统文化创造性发展和创造性转化的机制

传统文化创造性发展和创造性转化的机制主要回答了如何实现传统文化的创造性发展和创造性转化，分析现有研究成果，可以认为学界主要从

① 王梦：《马克思主义与中国传统文化结合路径研究》，《人民论坛·学术前沿》2019年第12期。

② 王成、丁凌：《马克思主义中国化对传统文化现代化的指导向度》，《理论探讨》2019年第6期。

③ 李双套：《传统文化现代化：何谓、为何与何为》，《江淮论坛》2019年第4期。

传统文化创造性发展和创造性转化所依赖的思想资源、传统文化创造性发展和创造性转化的路径和新媒介手段对传统文化创造性发展和创造性转化的贡献三个角度分析了传统文化创造性发展和创造性转化。

1. 传统文化创造性发展和创造性转化所依赖的思想资源

传统文化是存在于过去的文化，但是它并不是与现在无关的文化。任何一个国家的发展都不能超脱自身的传统文化，都必然把传统文化作为它自身发展的文化资源。传统文化创造性发展和创造性转化的前提是传统文化中蕴含着解决当代问题的思想资源，那么哪些思想资源可以为当代所用呢？围绕着这个问题，学者们从不同角度进行了探讨。

周文彰等认为，“天人合一”、“忠恕之道”、“家国一体”是儒家传统文化中处理人与自然、人与人、个人与国家关系的重要思想。“天人合一”是儒家处理人与自然关系的重要思想。我们可以从本然、应然和实然三个层面理解“天人合一”思想。其中，“天人之际，合而为一”是“天人合一”的本然状态；“天人二分”是“天人合一”的实然状态；“民胞物与”是“天人合一”的应然状态。“天人合一”思想为我们处理人与自然关系的一系列活动提供了坚实的哲学基础。它有助于我们理性地分析当今生态危机之实然现状，重新审视人与自然之间的本然关系，明确生态文明建设的应然方向。“忠恕之道”是儒家处理人际关系的重要思想，贯穿于儒家思想体系中，成为人应当终身行之的行为准则。“忠恕之道”是一种超越时空、具有共时性的伦理规范，它所蕴含的人是关系性的存在、人是平等的、人心是可通约的这一系列存在论前提，以及所展现的“己所不欲，勿施于人”、“己欲立而立人，己欲达而达人”、“人所不欲，勿施于人”等行为准则对我们当今正确认识和处理人际关系、进行社会实践具有规范意义。“家国一体”是儒家处理个人、家庭和国家关系的重要思想。但是，由于“家国一体”是适应于传统社会的一种政治思想，因此它在当今社会遭到诸多诟病。然而，“家国一体”思想所隐含的个人、家庭与国家三者之间在存在论意义上、伦理意义上和政治意义上的关系对我们正确认识和处理个人、家庭与国家之间的关系，进行新时代中国特色社会主义现代化建设具有重要意义。在新时代传承和弘扬“天人合一”、“忠恕之道”、“家国一体”思想，既需立足传统、匡清要义，又需直面现实、予以发展，充分发挥它们在改变人们对人与自然、人与人、个人与国家这三大关系的认知，规范人们在生产活动、日常生活和政治实践中的行为等作用。①

邓智平探讨了传统文化在基层社会治理现代化中的作用，他认为作为一种博大悠久的文明样态，中华传统文化不仅包含着丰富的治理智慧，更是本民族代代相传的性格基因，是中国人追求善治的精神土壤。中国社会治理的现代化，不是另起炉灶、摈弃“本土化”的现代化，更不能简单地等同于“西方化”。本土化的实质是巩固民族性，现代化的实质是适应时代性，二者是相辅相成的一体两面。谋求当今中国社会治理的创新，必须自觉走出“现代化”与“本土化”的对立思维，以优秀传统文化固基，以世界先进文明成果为用，对既有社会治理体系因革损益，作出符合国情的创造性转化和创新性发展。他认为传统文化在当今社会治理中具有五大作用，即道德教化、凝聚共识、规范行为、发掘乡贤、整合资源。毛峻凌则探讨了中华优秀传统文化的传承与国家话语的对外传播的关系，他认为中华优秀传统文化是国家话语对外传播的精神基因和价值标识。赋予优秀传统文化崭新时代内涵，彰显中华优秀传统文化永不褪色的时代价值，有助于创新国家话语的内容和形态，为中国打造国家话语提供精神指引。只有转传统文化资源优势为国家话语传播优势，才能增强中国国家话语的国际引领力、传播力、影响力，加强国际传播能力建设。赵越则探究了传统文化中的教育资源，中华优秀传统文化内涵深厚，蕴含着丰富的教育资源，是新时代开展青年思想政治教育的精神宝库。将中华优秀传统文化融入青年思政教育，使理论教育与传统文化教育相得益彰，引导新时代中国青年

---

① 周文彰、郭蓉:《论儒家传统文化及其当代价值》,《北京联合大学学报》(人文社会科学版)2019 年第 1 期。

树立崇高理想、锤炼品德修为、增强责任意识、练就过硬本领，积极担当时代赋予的使命。①

2. 传统文化创造性发展和创造性转化的路径

学者们认为当代中国实现文化的传承与创新，关键的一点是合理推进传统文化的现代转化。合理推进传统文化的现代转化，既是当代中国应对全球文化竞争态势的现实需要，又是解决文化发展相对滞后问题的迫切需要，更是中华文化现代转型的内在要求。

郗戈等认为，要使传统文化现代转化落到实处，必须有相应的措施。第一，加强传统文化与现实生活的有效结合。在中国历史上，传统文化历来是和人们的日常生活方式、日常行为习惯密切结合在一起的。文化往往以潜移默化的方式渗透到人们的生活之中，对人们的意识和行为起着“润物无声”的导引作用。在新的历史条件下，要振兴传统文化，同样必须使优秀传统文化走入生活。这就是要让优秀传统文化必须重新扎根于社会生活，使之在人们中间“内化于心、外化于行”，既使“敬天厚德”、“民胞物与”、“诚至中和”等价值观念成为人们进行身心修养和追求内在超越的道德律令，又使“孝悌”、“友爱”、“诚信”、“廉耻”等价值观念变成人与人之间进行交往的行为规范。应当指出的是，传统文化不仅要走入人们的日常生活方式，而且要融入整个社会生活，如融入社会主义核心价值观的建设中，在核心价值观的国家层面（富强、民主、文明、和谐）、社会层面（自由、平等、公正、法治）和个人层面（爱国、敬业、诚信、友善）发挥应有的积极作用。只有这样，传统文化才会富有活力、富有当代意义，才能有效发挥社会历史功能，促进其现代转化。第二，阐扬传统文化的现代价值。传统文化是建立在传统农耕文明基础上的，与现代工商文明难免不相一致，但是它所形成的一些思想观念和理想追求也具有一定

① 邓智平:《文化育和谐：传统文化在基层社会治理现代化中的作用》,《中国矿业大学学报》(社会科学版)2019年第1期。

普遍性的价值，或者说具有现代价值，对今天的文化发展和社会发展具有重要意义。因此，在传统文化现代转化过程中，应当结合时代和社会发展的需要，充分挖掘和阐扬传统文化的现代价值。第三，推动传统文化面向世界。传统文化要走向当代，必须面向世界。面向世界，就是既要关注当代世界发展的新变化，又要注意吸收借鉴世界先进文化。我国民族文化的特色并不是封闭起来形成的，也不是完全土生土长发展起来的，而是在儒家文化的基础上兼收并蓄，一步步确立起来的。建设中国特色社会主义文化，无疑离不开对中华优秀传统文化的继承，但也离不开对外来文化优秀成果的吸收。在全球化条件下，文化交流越来越频繁，漠视外来文化绝不是明智之举，开放、互鉴、吸收已成为文化发展的必要条件。①

宋小霞认为，中华优秀传统文化代表着中华民族独特的精神标识，是中华民族生生不息、发展壮大的丰厚滋养，是中国特色社会主义植根的文化沃土，是当代中国发展的突出优势，在新的时代背景下，中华优秀传统文化必须扬弃继承、转化创新，才能获得新生命力。推动中华优秀传统文化的创造性转化和创新性发展，应做好研究梳理的基础性工作，取其精华、去其糟粕，将其融入日常生活和文化创造，还要与其他文明加强交流互鉴。同时，要抓住我国互联网科技和新媒体飞速发展的契机，推进科技创新与文化发展的深度融合②。

董泽芳等则专门探讨了大学弘扬中华优秀传统文化的路径，她认为大学既有弘扬中华优秀传统文化的重要职责，也是弘扬中华优秀传统文化的重要场所。大学应采取正确的策略和路径大力弘扬中华优秀传统文化。第一，坚持一条原则。即坚持以历史唯物主义和辩证唯物主义为指导原则。第二，克服两种倾向。一方面，要克服历史虚无主义的倾向；另一方面，要克服简单照搬、过分美化，甚至顶礼膜拜的倾向。第四，重视四条途

① 郗戈、陈鑫：《传统文化现代转化的现实路径探析》，《理论视野》2019年第6期。

② 宋小霞：《中华优秀传统文化创造性转化与创新性发展的路径》，《东岳论丛》2019年第2期。

径。一是重视课程设置。二是加强“两课”建设。三是渗透专业教学。四是融入校园文化。①

李双套认为，实现传统文化的现代化，首先就要消解传统文化现代化面临的挑战，也就是要超越传统与现代、中国文化和西方文化的二元对立，避免传统文化和现代化的弊端叠加。在消解挑战的基础上，审视传统文化的现代价值。实现传统文化的现代价值需要避免传统文化糟粕的影响，肯定其中的精华部分，以面向中国问题为核心实现传统文化现代化与马克思主义中国化的会通，在占有资本文明的基础上实现传统文化和资本文明的优势叠加②。

3. 新媒介手段对传统文化创造性发展和创造性转化的贡献

中国传统文化之所以在发展中展现永久魅力，永葆青春活力，其背后也离不开每一个时代的传播媒介。无论何种优秀传统文化，在延续与传承中都势必借助媒介的力量，丰富的媒介手段可以让大众更为直观地进行沟通交流，文化的传播面临诸多新问题，如何迎接这些挑战，抓住新机遇，是亟待研究的重要课题。

舒坤尧探讨了人工智能在传承创新传统文化中的作用，他认为伴随新技术对文化产业驱动力增强，新文创战略应运而生，人工智能与文化产业融合，将助力传统文化更好地继承、发展、创新与弘扬。当前，传统文化发展遇到一些问题，计算机视觉技术、AR 技术、深度学习技术、大数据技术将成为传统文化发展的助推器，助力传统文化朝着大众化、数字化、个性化、精准化方向发展，赋予传统文化新的生机，延续传统文化新的生命。李喜云持类似观点，他认为现代信息技术的快速发展对传统文化产业在资源属性、要素配置、市场适应、经营管理和传播方式等诸多方面构成冲击，具有解构作用，但又有利于传统文化产业进行转型升级，在同其他

① 董泽、芳黄燕:《论大学弘扬中华优秀传统文化的价值与路径》,《国家教育行政学院学报》2019 年第 2 期。

② 李双套:《传统文化现代化：何谓、为何与何为》,《江淮论坛》2019 年第 4 期。

文化产业的竞争中求生存求发展。针对现代信息技术的这种双重效应，应积极利用现代信息技术，加强对传统文化资源的整理和保护；提升传统文化产业的文化创意能力，加强其在国内外市场的竞争力；加强新媒体传播平台建设，培育传统文化产业品牌；针对网络媒体新环境，健全知识产权法律保护体系；充分利用信息技术市场整合优势，培育文化产业消费市场。①

卢伟敏等则以戏曲电影为例，探讨了新媒介视域下中华传统文化的现代传播。他认为中国戏曲电影作为民族记忆的一种方式，既是中华优秀传统文化与美学精神的载体，也是实现中国电影民族化的重要途径。在现代传播媒介下，戏曲电影的创作需与时俱进，在充分了解现代传播媒介特性的基础上，利用传播优势对自身创作理念进行新构建，以此探索出一条未来戏曲电影的传播之路。叶艳宁以“儒风大家”微信公众号为例，探讨了移动互联时代中国传统文化的传播路径，他认为中国传统文化内涵丰富、博大精深，其中所包含的仁爱、和谐、诚信、团结等核心理念对于推动中国社会进步、构建中华民族的性格特征具有不可替代的作用。新时代，中国传统文化的丰富内涵与核心理念能够为社会主义现代化建设提供强大的智力支持，是中国人民能够实现创新发展的智慧源泉，更是引领中国未来发展方向的重要精神因素。随着微博、微信、网络短视频、移动 APP 等社会化媒体的不断发展，信息传播由 PC 端转向了移动端，微信公众号等移动端社会化媒体已经成为新时代弘扬中国传统文化、传播社会正能量、树立民族自信的重要方式。近年来，以“儒风大家”微信公众号为代表的自媒体不断丰富着中国传统文化的传播形式，通过抓准用户群体，开发微信公众号的多种功能，为中国传统文化的传播做出了贡献，但还存在着传播内容单一、传播体系不健全等问题。为此，需要不断创新传播形式，生产优质的传播内容，推动中国传统文化的传播与发展。②

---

① 舒坤尧:《人工智能在传承创新传统文化中的作用》,《人民论坛》2019 年第 28 期。

② 卢伟敏、郑艾倍:《新媒介视域下中华传统文化的现代传播——以戏曲电影为例》,《江西社会科学》2019 年第 10 期。

（三）传统文化创造性发展和创造性转化的领域

传统文化创造性发展和创造性转化的领域主要回答了哪些领域的传统文化可以或者需要创造性发展和创造性转化，分析现有研究成果，可以认为学界主要从少数民族传统文化的创造性发展和创造性转化、乡村传统文化的创造性发展和创造性转化和区域性传统文化的创造性发展和创造性转化三个角度分析了传统文化创造性发展和创造性转化。

1. 少数民族传统文化的创造性发展和创造性转化

少数民族传统文化是传统文化的重要组成部分，围绕着少数民族传统文化的创造性发展和创造性转化，学者们提出了许多有价值的观点。

陈烨等以内蒙古达斡尔族、鄂温克族、鄂伦春族传统文化为例，探讨了人口较少民族传统文化在当代社会的价值。他首先指出了人口较少民族传统文化保护的重要性，民族及其传统文化本身即为贯穿历史和未来的恒久价值。人口较少民族在现代社会发展中相对处于弱势地位，他们的传统文化对自身来说显得尤为重要，因为一旦失去传统文化根脉的滋养，他们就会淹没在汹涌的大民族的浪潮中。民族无论大小，其传统文化本身就是这个民族存在的价值，这种价值甚至不需要其他外在的赋予。所谓民族传统文化的当代价值无非是民族传统文化价值自身的延续和升华。在文化多样性成为全球共识的时代，人口较少民族的传统文化无论对其自身还是对其所处的社会，其价值都不容小觑。其次，他探讨了达斡尔族、鄂温克族、鄂伦春族三个人口较少民族传统文化的当代价值，他认为这三个民族传统文化中敬老文化蕴含的社会伦理价值、饮食文化蕴含的人类食物多样性价值、狩猎文化蕴含的保护物种多样性价值，以及其语言文化对于其自身和当代社会均具有不可或缺的价值内涵。①

① 陈烨、王毅:《人口较少民族传统文化在当代社会的价值——以内蒙古达斡尔族、鄂温克族、鄂伦春族传统文化为例》,《黑龙江民族丛刊》2019 年第 6 期。

杨继富等则研究了仡佬族优秀传统文化中德育资源的开发应用研究。他认为仡佬族人民在千百年的发展历程中，创造了丰富多彩的物质文化和非物质文化，这些文化在中华民族多元文化的园圃中散发着独特的馨香。通过查阅文献并结合实地考察，他分别从仡佬族英雄史诗、节日文化、民族信仰、谚语俗语、英雄文化等方面深入挖掘仡佬族传统文化中所蕴含的德育资源及其价值。[①] 刁乃莉则以赫哲族伊玛堪为例，研究了中华民族传统文化的科学价值。从民族性、大众性、历史性等多个视角探讨中华民族传统文化在推动中国特色社会主义文化建设中的科学价值，旨在推进非遗伊玛堪抢救保护工作开创新局面，提高新水平。[②] 舒心心研究了蒙古族传统文化的生态智慧及其当代价值，他认为蒙古族传统文化中的生态智慧具有丰富的内涵，渗透在观念形态、物质形态、制度形态以及日常生活行为习惯的诸多方面。在当今我国生态文明建设过程中，加强对蒙古族生态文化的研究，挖掘其中蕴含的建设生态文明社会所需要的文化资源和生态智慧，对于保护草原生物多样性、维持地区生态平衡、维护生态安全，实现人与自然和谐发展，具有重要的价值和意义。[③]

2. 乡村传统文化的创造性发展和创造性转化

乡村振兴与农村文化资源传承创新之间是一种辩证统一的关系，二者统一于村落社区整体发展的实践过程中。围绕这个问题，学者们进行了一些探讨。

余俊渠等探析了乡村振兴与农村传统文化资源传承创新的村落社区机理。他认为随着乡村振兴战略的持续推进，学术界也开始关注农村传统文

① 杨继富、黄小娜、黄胜:《仡佬族优秀传统文化中德育资源的开发应用研究》,《民族教育研究》2019 年第 5 期。

② 刁乃莉:《关于中华民族传统文化科学价值的思考——以赫哲族伊玛堪为例》,《黑龙江民族丛刊》2019 年第 4 期。

③ 舒心心:《蒙古族传统文化的生态智慧及其当代价值》,《中南民族大学学报》(人文社会科学版)2019 年第 3 期。

化资源传承创新机理的问题，学者们从乡村整体性和社区发展两个不同切入点进行了探讨。一是以乡村整体性为切入点的研究，强调文化的整体性原则，以整体化思维和模式，化解农村文化传承创新中的问题和困境。这类研究通常将乡村社会设定为一个整体，针对农村文化现状提供一套系统解决方案，或从特定学科视野出发，从特定角度解决关键问题，从而实现农村文化传承创新。二是以社区发展为切入点的研究，强调从人类学社区研究传统出发，将社区作为人类文化基本单元，通过村落社区发展实现农村文化传承创新的目的。在社区发展上，民族社区和一般社区由于所拥有的文化资源类型不一样，通过社区发展促进文化资源传承创新的方式也有所差异。他从乡村振兴战略需求出发，探索以村落社区为载体的农村文化资源传承创新机理表现，构建了乡村振兴战略背景下农村传统文化资源在村落社区传承创新的可行路径，以促进农村文化资源传承创新与乡村振兴的有机衔接。①

蔡新良等研究了乡村振兴视角下民族传统文化资源的旅游创新转化。他认为我国少数民族地区，经济发展水平较低，传统文化资源丰富，在乡村振兴的视角下，开发和利用少数民族传统文化资源，对其进行创造性转化和创新性发展，将有效推动乡村振兴和旅游业发展。他认为传统文化资源在少数民族地区乡村振兴中的作用包括提供就业岗位、增加居民收入、优化人居环境、提升公民素质、构建和谐社会等五个方面，在此基础上，他提出了少数民族传统文化资源在旅游业中的创造性转化和创新性发展策略。② 朱玉福等以西藏边陲南伊珞巴民族乡才召村珞巴族文化为例，探讨了传统文化在人口较少民族地区乡村振兴中的作用，他认为由于受自然地理条件和发展基础薄弱等制约，大部分人口较少民族地区面临脱贫攻坚、

① 余俊渠、秦红增:《乡村振兴与农村传统文化资源传承创新的村落社区机理探析》,《云南民族大学学报》(哲学社会科学版)2019 年第 3 期。

② 蔡新良、虞洪:《乡村振兴视角下民族传统文化资源的旅游创新转化研究》,《农村经济》2019 年第 5 期。

全面建成小康社会和乡村振兴等多重任务，类似南伊乡才召村传统文化浓郁的人口较少民族地区，有效配置好优秀传统文化资源，统筹协调好优秀传统文化力量，以传统文化为基础，依托优秀传统文化促进经济发展，以振兴优秀传统文化为主线推进乡村振兴战略，是人口较少民族地区乡村振兴的出路所在。① 郭丽萍等对赫哲族地区景观设施中民族传统文化元素融入进行了研究。他认为使赫哲族传统文化元素与景观设施融为一体是新时期优秀传统文化传播的新载体。②

3. 区域性传统文化的创造性发展和创造性转化

局域性传统文化如何创造性发展和创造性转化，学者们围绕着这个问题展开了一些探讨，当然，这个探讨与少数民族传统文化和乡村传统文化是分不开的，因为少数民族传统文化和乡村传统文化大多也都是区域性的。

宗少鸽等以敦煌“数字供养人”计划为例，研究了丝绸之路沿线传统文化数字化发展路径探析。19 世纪，德国著名地质地理学家李希霍芬在其著作《中国》一书中将我国“公元前 114 年至公元前 127 年间中国与河间地区（中亚阿姆河与锡尔河之间的地带）以及中国与印度地区以丝绸贸易为媒介的这条西域交通路线命名为 Seidenstrassen，即丝绸之路（Silk road）。他认为当前我国丝绸之路上的传统文化缺少与当代科技及互联网的有效结合。敦煌“数字供养人”计划，是腾讯公司与敦煌研究院联合推出的一项基于新文创战略和互联网思维的数字化文保项目。项目针对敦煌壁画和丝绸之路文化的传承，用“科技 + 文化”的形式衍生出数字化保护、公益、游戏、音乐、文创等多元化发展模式。该项目上线后，受到互联网用户，尤其是年轻用户的广泛关注，大批受众参与其中，成为敦煌文

---

① 朱玉福、廉潘红:《论传统文化在人口较少民族地区乡村振兴中的作用——以西藏边陲南伊珞巴民族乡才召村珞巴族文化为例》,《西藏民族大学学报》(哲学社会科学版)2019 年第 1 期。

② 郭丽萍、薛洋飞:《赫哲族地区景观设施中民族传统文化元素融入研究》,《黑龙江民族丛刊》2019 年第 3 期。

化当代的“数字供养人”。他认为互联网时代下，敦煌“数字供养人”计划衍生出更多创新驱动方式，整合腾讯公司的不同产品及服务能力，从敦煌文化的内容、意义入手，切合现代市场发展规律，打破了传统文化的传播壁垒。同时，变单向发展为融合发展，为传统文化注入新时代互联网活力和科技动力，提高内容服务质量，提供多方共享平台，让传统文化与人们实现内容共创、意义共建。敦煌“数字供养人”计划的有效推动，让当代年轻人对丝绸之路文化实现认知重塑。[①]

潘兰芳等探讨了桂西北“民族传统体育进校园”中的传统文化教育，他认为在桂西北民族传统体育教学中进行传统文化教育，其教学内容应包括民族传统体育的本体文化和相关文化。其教学策略主要是：采用“土著”视角，审视传统文化；以价值观引导，教授传统文化；厘清人文背景，解读传统文化；依托技术教学，内化文化精神；跳出体育本体，讲解传统文化。[②] 李静等以青海河南县那达慕为例，研究了游牧民族传统文化的变迁与调适，他认为青海河南县那达慕是文化重构过程中民族传统体育活动转化为体育赛事的重要形式。其意涵和形式的变迁是人们在民族交往基础上，通过对传统文化进行重新诠释和再造，使传统文化嵌入到现代生活的文化再生产过程。那达慕赛事仪式中的文化展演与互动通过对文化标记物——赛马的高度关注，在对比赛的情感激发中形成了高度情感联结，从而促进了民族社区内部团结和民族文化自信并为多民族交往交流交融提供了重要平台。那达慕的意义变迁过程体现在多民族多种形式的交往互动中，实现民族传统文化与现代市场间的协调，建立文化、社会与经济发展一致性的文化资本转化过程。[③] 此外还有，阿卜杜凯尤木·麦麦提等研究

① 宗少鸽、刘子建:《丝绸之路沿线传统文化数字化发展路径探析——以敦煌“数字供养人”计划为例》,《出版广角》2019 年第 23 期。

② 潘兰芳、孙庆彬、周家金、梁浩波:《论桂西北“民族传统体育进校园”中的传统文化教育》,《西安体育学院学报》2019 年第 2 期。

③ 李静、于晋海:《游牧民族传统文化的变迁与调适——以青海河南县那达慕为例》,

了“一带一路”背景下中华优秀传统文化与新疆中小学美术课程教学融合路径。① 郭永平研究了太行八陉与山西传统文化景观构成等等。②

（四）传统文化创造性发展和创造性转化的作用

传统文化创造性发展和创造性转化的作用主要回答了传统文化创造性发展和创造性转化的价值，分析现有研究成果，可以认为学界主要从传统文化创造性发展和创造性转化对教育的促进作用、传统文化创造性发展和创造性转化对经济发展的促进作用和传统文化创造性发展和创造性转化对社会主义核心价值观的促进作用三个角度分析了传统文化创造性发展和创造性转化。

1. 传统文化创造性发展和创造性转化对教育的促进作用

关于传统文化创造性发展和创造性转化对教育的促进作用，学界分别研究幼儿园、小学、初中、高校等不同年龄段的情况。

耿书霞研究了以优秀传统文化为课程资源的幼儿园感恩教育，他认为感恩是一种可后天培养的道德品质，是个体完美人格的重要组成部分，对幼儿的感恩教育要注意协同培养其感恩认知、感恩情绪和感恩行为。我国优秀传统文化中有大量关于感恩的内容，借助优秀传统文化实施感恩教育，可以有效促进幼儿感恩品质的形成。幼儿园在建构感恩教育课程体系时应结合感恩教育的内在机制和幼儿学习特点，形成良好的感恩教育课程框架，细化感恩教育课程内容，并通过丰富课程实践方式和创设感恩教育情境推动感恩教育的实施。③

《青海社会科学》2019 年第 2 期。

① 阿卜杜凯尤木·麦麦提、钱初熹:《“一带一路”背景下中华优秀传统文化与新疆中小学美术课程教学融合路径研究》,《课程·教材·教法》2019 年第 1 期。

② 郭永平:《太行八陉与山西传统文化景观构成探析》,《广西民族大学学报》(哲学社会科学版)2019 年第 2 期。

③ 耿书霞:《以优秀传统文化为课程资源的幼儿园感恩教育》,《学前教育研究》2019 年第 5 期。

汪军探讨了统编义务教育小学语文教科书传统文化内容中的自然美与社会美。他认为美育是小学语文教育的任务之一。要想更好地在小学语文教育中开展美育，首先要对教科书内容中的美育资源有一个宏观的、整体的认识。传统文化内容作为教科书内容的一个重要方面，包含着自然美、社会美、艺术美等丰富的美育资源，在统编义务教育小学语文教科书中的呈现方式主要有诗词、谚语、儿歌、成语、对联等，在编排上体现了文质兼美、循序渐进以及与其他内容紧密结合等特点。教科书传统文化内容中的自然美，主要表现在山川之美、风物之美等方面；社会美则主要表现在田园之美、风俗之美与情怀之美等方面。认识与把握这些美育资源，不仅有利于培养小学生的审美情趣，提高其审美水平，而且可以促进其人格的完善，激发其创造力，从而实现小学语文教育中美育与德育的完美融合。①

李群等探讨了中小学需要怎样的传统文化教育，他认为中小学开展传统文化教育应处理好内容选择、教学落地、价值定位的问题。在内容选择方面，优秀传统文化必须反映正确的价值观，具有广阔的视野，符合学生认知规律，与现代学科教育体系相吻合；在教学方面，授课教师应具有较高的文化素养，在教学中注重调动学生的情感体验，深挖文本情境背后的文化内涵，并呈现多样的认知方式等；提倡文化自信，反对文化自卑和文化自负，是培养文化人的立足点，也是开展中华优秀传统文化教育的内在旨归。②

葛丛栩研究了中华优秀传统文化如何融入高校思想政治教育，他认为中华优秀传统文化传承与发展是国家进行文化建设的重要方向，在社会发展各个方面发挥了积极作用，高校思想政治教育既需要针对学生现实情况进行教育引导，同时也要从中华优秀传统文化中汲取养分。在推进文化自

① 汪军:《统编义务教育小学语文教科书传统文化内容中的自然美与社会美》,《课程·教材·教法》2019 年第 4 期。

② 李群、李凯:《中小学需要怎样的传统文化教育?——基于北京市中小学“中华优秀传统文化”课程与教材建设的思考》,《中小学管理》2019 年第 1 期。

信道路建设的进程中，高校思想政治教育应承担起责任与担当，发扬与传播中华优秀传统文化，创新理论课程，加强对大学生中华优秀传统文化教育。此外，还有学者探讨了传统文化中的德育元素等问题。

2. 传统文化创造性发展和创造性转化对经济发展的促进作用

如何弘扬文化自信，关键在于如何在中国特色社会主义的新时代激活优秀的传统文化更好地让人们接触，更深刻地了解中华优秀传统文化的精髓，为人们提供精神上的指导，提高文化自信心，促进中国文化产业进一步发展，并以此为契机，将传统文化推向市场经济。

张凯以新时代下雄安新区为例，研究了优秀传统文化视域下经济增长的机制。他认为区域经济与文化相辅相成，新时代下雄安新区上有国家政策支持下有自身传统文化的优势，利用优秀的传统文化来促进该区域发展。归根结底要归功于优秀的传统文化下为经济发展所带来的收益。新时代下雄安新区恰好提供了一个很好的示范，坚持以人为本的发展理念，真正地让优秀传统文化成为区域经济发展的关键要素。雄安新区对于优秀传统文化的发掘为我国对于优秀传统文化的传承与创新起到了良好的带动示范作用，相辅相成，在政策支持下得以发展，在发展中使我国关于优秀传统文化的政策更加健全。①

刘昂以山东民间艺术的文化经济价值与产业开发为例，研究了传统文化的现代重构，他认为民间艺术是中华文化传承的活态密码。山东民间艺术资源在历史发展进程中不断衍化，显示了强大的生命力和丰富的文化经济价值。针对山东民间艺术的特点，坚持保护与产业开发并重，探索民间艺术产业开发的“民间艺术＋旅游”、“民间艺术＋制造”、“民间艺术＋演艺”等模式，使民间艺术“活”在当下，从而作为模式效应统一推动区域文化发展。②

① 张凯:《优秀传统文化视域下经济增长的机制分析——以新时代下雄安新区为例》,《法制博览》2019 年第 25 期。

② 刘昂:《传统文化的现代重构——山东民间艺术的文化经济价值与产业开发》,《艺术

3. 传统文化创造性发展和创造性转化对社会主义核心价值观的促进作用

围绕着传统文化与社会主义核心价值观的关系，学者们从不同角度切入，对此问题进行了探讨，有人从一般意义上研究了两者的关系，有人研究了传统文化对大学生、对企业家等群体价值观塑造的作用，有人挖掘了少数民族传统文化对社会主义核心价值观的促进作用。

吕晓芹等认为，价值观在文化构成诸要素中居于核心地位，社会主义核心价值观是中国特色社会主义文化的核心要素，它代表了中国先进文化的前进方向，社会主义核心价值观的根基是中华优秀传统文化。社会主义核心价值观与中华优秀传统文化的辩证关系可以概括为“四个坚持”：坚持积极扬弃；坚持全面理解；坚持发展；坚持创新。①

王桂兰等认为，中华传统文化不仅是涵养社会主义核心价值观的重要思想文化资源，更是其产生和形成的重要文化基因，是其重要的民族文化源流根脉。中华传统的家国情怀与“和合”理念是社会主义核心价值观关于国家价值目标的思想文化根脉与民族特色。中华传统的人文追求与社会治理理念是社会主义核心价值观关于社会价值取向的民族文化基因与内涵特色。中华传统的人文精神和修身文化是社会主义核心价值观关于公民价值准则的民族精神根脉与内涵特色。②

韩美群认为，社会主义核心价值观就其生成和发展逻辑而言，是一个长期的自然历史过程和客观的社会实践过程，它立足于中国特色社会主义伟大实践，反映了广大人民根本利益，承接了中华优秀传统文化，同时吸收和借鉴了西方思想有益成分，具有鲜明的理论特色、实践特色、民族特色和时代特色。从文化发展的连续性和传承性上看，构筑强大的

百家》2019 年第 2 期。

① 吕晓芹、刘文清、张旭敏：《社会主义核心价值观与中华优秀传统文化的辩证关系》，《理论视野》2019 年第 11 期。

② 王桂兰、刘建国：《社会主义核心价值观之传统文化根脉及民族特色》，《河南师范大学学报》（哲学社会科学版）2019 年第 5 期。

价值体系，建设社会主义核心价值观，离不开中华优秀传统文化的“涵养”、“滋养”和“营养”。中华优秀传统文化与社会主义核心价值观之间存在着一种相互关联、内在统一的逻辑联系，它们之间是融通互动的关系。①

周颜玲基于认同性、道德性、实践性等维度，对中华优秀传统文化视域下大学生社会主义核心价值观教育的必要性进行了多重辨析，提出了坚持正确导向，突出思想引领；挖掘历史渊源，传承道德精髓；扎根现实世界，融入生活实践等基本策略。以基本策略为指导，应从立足传统文化，建设高校大学生意识形态教育“全”体系；回归现实生活，创设社会主义核心价值观教育“新”范式；结合学生需求，推动社会主义核心价值观传播“多”维度等方面大力加强高校大学生社会主义核心价值观教育。②

郭长伟研究了社会主义核心价值观与少数民族传统文化的契合逻辑，他认为从属性上看，社会主义核心价值观与少数民族传统文化同属意识形态范畴，都具有以人民为中心的先进性以及不断发展的实践性，而且在国家、社会和个人三个维度的内涵上也具有高度的契合性。而这种属性和内涵上的一致性又决定了他们在实践目标上具有极大的互促性和共生性，即他们之间存在着相辅相成、共生互补的逻辑关系。正确理解二者的这种内在逻辑关系，对于培育和践行社会主义核心价值观，保护和传承少数民族传统文化乃至于中华民族伟大复兴“中国梦”的实现都具有重要的现实意义。③

① 韩美群:《社会主义核心价值观与中华优秀传统文化的关联与融通》,《思想理论教育导刊》2019 年第 5 期。

② 周颜玲:《中华优秀传统文化视域下大学生社会主义核心价值观教育辨析》,《江苏高教》2019 年第 5 期。

③ 郭长伟:《社会主义核心价值观与少数民族传统文化的契合逻辑》,《贵州民族研究》2019 年第 12 期。

三、主要特点

（一）突出指导思想与问题意识

从2019年的研究来看，该领域的研究自觉将习近平新时代中国特色社会主义思想作为理论创新的指导思想，既关注重大理论的深度阐释，又兼顾当下实践的问题回应。在理论层面，关注长期争论的问题，如对传统文化创造性转化和创造性发展的内涵理解、对传统文化创造性转化和创造性发展机制的探索，等等，形成了一系列较具创见性的观点，这些都为进一步研究提供了学理支持；在实践层面，着力解决现实实践中遇到的亟待理论回应的重大问题，如传统文化创造性转化和创造性发展的实现路径、新媒介手段在传统文化创造性转化和创造性发展中的作用等。

（二）坚持经验总结与规律探索

纵观近年来传统文化的学术景象，可以看出，该领域的研究正在经历“描述性研究—阐释性研究—分析性研究—创新性研究”的转化历程。2019年的研究已经实现了研究范式的合理转型，注重从历史纵深中总结传统文化创造性转化和创造性发展的基本经验和重要规律，增强学科的科学性，这意味着该领域的研究触角已经深入到了本质的层面。

（三）注重应用研究和实践价值

对传统文化创造性转化和创造性发展的作用分析是2019年的研究热点，学习传统文化的目的在于发挥传统文化的当代价值，围绕着传统文化当代价值的实现，学界展开了诸多有意义的探讨，笔者认为这将是未来一段时间的研究热点。

作者单位：中共中央党校马克思主义学院

专 题 二

现代性与中国道路

中国国家治理现代化的独特意蕴、理论资源与推进理路

——对2019年国内学界相关研究成果的综述

陈培永、喻春曦

自2013年中国共产党第十八届中央委员会第三次全体会议提出“全面深化改革的总目标是完善和发展中国特色社会主义制度，推进国家治理体系和治理能力现代化”以来，国家治理现代化就成为包括马克思主义哲学在内的中国哲学社会科学各学科研究的热点问题，且保持了热度不减的趋势。2019年，国内学界又出现了一批成果，仅出版的著作（多为论文集）就有多部，① 依据中国知网的不完全统计，公开发表的直接相关文章有70多篇，涉及马克思主义理论、哲学、历史学、政治学、社会学等多个学科。这些著作和文章探讨了国家治理的内涵以及中国的国家治理的独特意蕴，深度挖掘了国家治理现代化的马克思主义、中国传统文化、西方治理经验的理论资源，尝试性地提出了国家治理现代化的进路。对这些成果的分析，有助于我们进一步深化国家治理现代化问题的研究，为国家治理现代化的中国实践提供学理支撑。

① 包括：王浦劬等:《新时代的政治与治政研究》，人民出版社2019年版；王浦劬主编:《国家治理现代化研究》（第三辑），中国社会科学出版社2019年版；魏礼群:《中国社会治理现代化之路》，社会科学文献出版社2019年版；涂小雨:《新时代国家治理逻辑研究》，河南人民出版社2019年版；等等。

一、关于国家治理内涵及中国国家治理独特性的研究

同样是讲国家治理，但不同的学者理解不同，对国家治理的内涵及其在当代中国的独特意蕴一直是国内学者研究的重点问题。个别学者是从广义层面来理解国家治理的，他们把治理理解为古已有之的人类活动。许耀桐就认为，治理是人类有组织地处置自身的社会公共事务的活动。在他看来，原始社会解体后，随着国家的出现，人类就进入了国家治理时期，其本质就是以政治上层建筑为中心，从维护统治阶级的根本利益出发，对社会公共事务进行的安排和处理。人类社会的国家治理先后经历了四个阶段，即奴隶制国家治理、封建制国家治理、资本主义国家治理、社会主义国家治理。① 罗诗钿实际上也是从宽泛的意义来理解治理的，他认为国家治理一直存在，而现代国家治理的本质是理性的重构问题，体现为治理理念变迁和政府、社会、公民等诸社会主体间权力关系的制度性重构两个层面，这两个层面的变化使得现代国家治理有了不同的样态，表现为理想理性、公共理性和交往理性等类型。②

大部分学者是从狭义层面来理解治理的，他们把治理看作现当代的范畴，并看作是从西方引入的范畴，在这个基础上，他们着重探讨了中国国家治理的特殊内涵。陈进华认为，治理体系现代化，是一种包括政府、市场和社会公众等多元主体通过协商、对话和互动，达成管理日常事务、调控资源、履行权利的行动共识，以缓解冲突或整合利益、实现公共目标、满足人民生活需要的结构、过程、关系、程序和规则的体系性活动。③ 唐亚林认为，“治理”概念引入中国后，是以解构国家和政府的统治权威，

---

① 许耀桐：《马克思恩格斯的社会主义国家治理思想——学习〈法兰西内战〉的认识》，《党政研究》2019 年第 5 期。

② 罗诗钿：《现代国家治理中的理性重构与理性困境——卢梭、韦伯、罗尔斯、哈贝马斯理性治理的比较研究》，《广西社会科学》2019 年第 7 期。

③ 陈进华：《治理体系现代化的国家逻辑》，《中国社会科学》2019 年第 5 期。

主张通过政府、市场、社会组织、公民等多元主体参与公共治理并形成多中心治理模式的方式，实现了在中国的转换生根。但他对从以政府为唯一治理主体的治理模式向以政府、市场、社会组织、公民为多元主体的“共同参与治理模式”或者“多中心治理模式”转变的说法并不同意，因为中国国家治理的多元共治必须考虑中国共产党的领导和政府主导这两个重要的因素。①

俞可平的观点是，“国家治理”概念没有统一的英文译法，没有西方语境的完全对应，这表明它本身就是一个具有中国特色的概念。他比较了中西方的不同，在治理主体上，中国包括各级政府组织，也包括各级党的领导机构，而西方国家通常是政府机构；在治理范围上，中国包括中央或全国性公共权力机构的管理活动，也包括地方公共权力机构的治理，西方则主要是全国层面。他认为中国的国家治理模式有八个明显的特征，包括以党组织为主导的多元治理结构，基于“路径依赖”之上的增量改革道路，“以点带面”的治理改革策略，典型、样板引领的治理改革路径，相对选举民主更加重视协商民主，稳定压倒一切的核心价值，法治与德治同时起着重要作用的治理方式和条块结合的治理格局。② 可以说这是对中国国家治理的独特性特征进行的比较全面的总结。

李修科认为，国家治理不能认为完全是从西方传入的范畴，但也不能说是完全中国特色的范畴，它本身就是中西结合的产物。“治理”一词在汉语和西语的使用上有异曲同工之处，汉语是从治水中，英语是从行船中，各自最终都发展出关于控制、统治和治理国家的丰富思想。学术界在延续治理的汉语古典意义的同时，也注入了新的意涵，其本质上是关于公共政策的制定。与西方多用“公共治理 (public governance) ”不同，中国更多使用的“国家治理 (state governance) ”，因此必须追问中国国家治理

① 唐亚林:《新中国 70 年: 政府治理的突出成就与成功之道》,《开放时代》2019 年第 5 期。

② 俞可平:《国家治理的中国特色和普遍趋势》,《公共管理评论》2019 年第 1 期。

中“国家”的含义。在他看来，中国的国家治理有三重内在规定性和诉求：一是从根本性质上是马克思主义的国家治理观，必须坚持和巩固中国共产党的领导地位，这是讨论国家治理现代化的前提和基础；二是它有着现代性的诉求，即建构一个现代国家；三是国家在治理中处于核心地位。①

王浦劬和汤彬认为，当代中国治理的特点在于，在组织形态上，它呈现为立体网络结构。在价值取向上，它体现为执政党意识形态的主导性。在治理方式上，以“归口管理”、设置“党组”、“党管干部”等组织措施，作为落实执政党对政府体系的全面领导、实现对其组织融入和功能整合的主要路径。在治理特性上，形成了党政机构职能相辅相成的均衡结构，有效覆盖了边界分明的科层制所无法触及和覆盖的空间，实现了国家与社会的“整体性治理”。②

燕继荣从与国家统治、国家管理的比较中把握中国国家治理的概念和特色，他认为，新时期中国国家治理的概念是对国家统治与国家管理两个概念的扬弃，并继承了二者符合时代潮流的部分，比如以服务公众、维护公众利益为目的，但也有新的内涵，比如强调国家政权需要向国家所有者即全体公民负责并可以被问责，强调国家政权所有者、管理者和利益相关者等多元行动主体共同参与国家管理，政府、市场和社会等多元力量协同治理。国家治理体系和治理能力现代化，淡化了“国家治理社会”“国家主义”“国家中心主义”等概念，从而把市场治理、社会治理等部分纳入国家治理的范畴。改革开放以来中国国家治理，呈现出了四个方面的特色，一是追求多重治理机制的协同效应，即坚持党的领导、人民当家作主和依法治国的有机统一；二是坚持以经济建设为中心的发展战略；三是实

① 李修科：《国家治理中的“国家”：场域抑或主体？》，王浦劬：《国家治理现代化研究》（第三辑），中国社会科学出版社2019年版，第55—70页。

② 王浦劬、汤彬：《当代中国治理的党政结构与功能机制分析》，《中国社会科学》2019年第9期。

行试点式改革和逐步对外开放的方法；四是坚持集中力量办大事的原则。①

这些研究成果基本讲清楚了治理、国家治理以及中国国家治理的内涵，尤其是对中国国家治理特征的总结已经较为全面，基本都强调了当代中国国家治理的独特性意蕴，而且都实际上暗含了与西方治理范畴不同的必然性和正当性，这有助于我们准确理解中国国家治理的内涵、特征与内在结构。只是目前学界尚未形成一致性看法，而且也大都强调了中国国家治理的独特性，却缺少对中国与西方发达国家以及其他国家治理的共同性或普遍性的分析。无论是中国的国家治理，还是其他任何一个国家的国家治理，只要作为治理，就应该有一定的共同性，在总结中国国家治理独特性的同时，也应该强调其与其他国家的国家治理的共同性，以增强各国学界在这个问题上的对话，在实践层面上推动国家治理经验的互鉴。

二、关于国家治理的马克思主义理论资源的研究

国家治理离不开理论的指导，在以马克思主义为指导思想的中国，必然要求坚持马克思主义的国家治理思想。挖掘马克思主义国家治理思想的资源，从经典文本中找到借鉴和启示，是国内学界努力的一个重点方向。国内学界梳理总结了马克思主义关于国家治理的论述，并尝试从经典文本中寻求具有启发性的思想。

许耀桐分析了马克思在《法兰西内战》中描述的巴黎公社所实行的国家治理，认为巴黎公社作为新型的社会主义国家，其措施可为中国当前的治理提供启示。这些措施具体包括：在国家的经济治理方面，公社初步实行了生产资料公有制度，实现了绝大多数人在经济地位上的平等，由此保证了每一位公民在政治和社会生活上的平等，为人民大众参与民主政治创

① 燕继荣:《中国治理：经验、问题与挑战》，王浦劬:《国家治理现代化研究》(第三辑)，中国社会科学出版社2019年版，第3—20页。

造了有利条件；在国家的政治治理方面，公社的规定体现了人民大众拥有民主选举、民主决策、民主管理和民主监督的权利，形成了比较完善全面的选举制度、监督和罢免撤换制度；在国家的教育科学文化治理方面，公社全面清除封建的、宗教的文化教育思想痕迹，实行一系列旨在培养一代新人的文化教育措施；在社会治理方面，公社既保持国家集中统一的权威，又规定地方自治，使人民群众在社会各项管理事业中，发挥积极性和主动性。①

陈志刚梳理了马克思主义经典作家关于国家治理的主体、原则、方式、机制、目标的论述：在治理主体上，主张人民和政党的统一。在无产阶级政党夺取政权后，必须实现真正的人民民主，使人民成为社会的主人，广泛地参与国家治理。在治理原则上，主张自由、平等、民主和效率的统一。无产阶级专政国家必须在生产资料公有制的基础上实现真正的自由和平等，实现人的自由全面发展，不仅要实现民主，还必须追求治理的效率。在治理方式上，主张民主和集中的统一。马克思和恩格斯认为，要实现国家的治理，既要民主，也要有权威。这一思想经由列宁发展而提出了民主集中制原则。在治理职能上，主张管理职能和经济社会职能的统一。社会是一个有机体，政治、经济、文化等各个方面是相互促进、相互制约的，没有稳定的经济基础、意识形态、社会意识，就难以实现政治统治，所以，国家的治理职能包括了政治和社会两个层面，且随着国家的消亡，国家的政治统治职能也会消亡，但其社会服务职能则不会消失。②

陈晓斌分析了毛泽东的"民主新路"战略对国家治理现代化的历史启示，认为其包含社会主义和人民民主的双重逻辑：一方面，人民民主必须建立在社会主义的经济基础之上，才能避免把人民民主错误地理解为各种

① 许耀桐:《马克思恩格斯的社会主义国家治理思想——学习〈法兰西内战〉的认识》,《党政研究》2019 年第 5 期。

② 陈志刚:《马克思主义国家治理思想及其发展——从马克思到习近平》,《人民论坛》2019 年第 12 期。

利益集团获取政治领导权的博弈过程；另一方面，社会主义国家的治理体系必须充分体现人民民主，才能避免形成一个脱离人民群众的官僚利益集团，并由此逐渐实现“人类解放”这一社会主义的应有价值。这对国家治理现代化的启示意义是，一是努力创制和形成有利于实现“人民当家作主”的基础性社会经济结构。二是创制出能够保障人民群众享有更多民主权利、能够容纳人民群众高涨的参政需求的现代化国家治理体系，为此既要更突出提升基层民主建设的政治意义，又要更突出群众路线“孵化”人民民主的政治作用。[①]

还有一部分学者集中挖掘了马克思主义社会治理思想的内涵与价值，探讨了中国共产党对社会治理理论的创新性发展。曹胜亮和胡江华分析了马克思的社会治理思想，指出它来源于对空想社会主义的扬弃、市民社会本质的认识和对巴黎公社社会治理的经验总结，理论核心是协调各种社会利益关系，价值目标在于实现以人民为中心的自主治理，体现公平正义、实现人的自由全面发展。实现社会治理的条件和途径，包括增加生产力总量、坚持人民群众主体地位、满足民生需要以及各项制度的完善等。[②] 桂翔和张景泊从马克思主体性理论角度解读了其对探索社会治理路径的启示意义。认为马克思对人做了双重界定——“自由有意识的活动”和“社会关系的总和”，它要求对现实社会关系必须坚持批判性的向度，实践地变革或改革现实的社会关系，为人的主体性释放，为人确证自身的创造性活动，从而为人的本质力量的展开创造现实的条件。而探索社会治理的新路径，本质上就是探索如何进一步解放人的主体性路径。[③] 李戈从社会治理

① 陈晓斌:《社会主义与人民民主的“双重互构”逻辑——毛泽东“民主新路”探索及其新时代启示》,《现代哲学》2019 年第 1 期。

② 曹胜亮、胡江华:《马克思社会治理思想及其当代意义》,《江西社会科学》2019 年第 6 期。

③ 桂翔、张景泊:《马克思主体性理论与我国社会治理创新》,《西北大学学报》(哲学社会科学版)2019 年第 5 期。

的对象、目标和主体三个方面分析了毛泽东社会治理探索中的三重辩证逻辑：第一，以大社会与小社会为社会治理的出发点和落脚点，社会治理在政策层面的落脚点是狭义上与经济政治文化相并列的小社会领域的民生建设和关系的理顺，但出发点则是勾连方方面面的大社会革命与改造。第二，以社会结构优化与社会价值更新的相互补充与支撑构成社会治理的层次目标。第三，在社会治理主体上，坚持人民主体性和党的领导。其现实启示是：其一，进一步处理好大、小社会的辩证法，加强社会治理的顶层设计和整体性；其二，进一步处理好社会结构优化与社会价值更新的辩证法，摒弃社会治理的刚性思维，推动社会在结构性变迁和核心价值观念凝练的有机互动中走向进步；其三，进一步处理好党与群众的辩证法，打造共建共治共享的社会治理格局。①

充分理解习近平总书记关于推进国家治理体系和治理能力现代化的系列重要论述，是认识和推进国家治理现代化的理论前提，学界也对其思想内涵、内在逻辑与理论创新做了解读。方俊认为习近平关于国家治理的重要论述主旨在于对国家治理目的是为了谁、应以谁为中心，国家治理的标杆是什么、目标指向何在，以及应如何实现公权的有效约束三个核心问题的回答，由此构建了以人民为中心的治理价值观，以实现国家治理现代化为目标的治理指向观，以实现有效约束为前提的公权监督观。②

何显明对习近平总书记相关论述的重大创新意义进行了解读。首先，它科学回答了中国发展起来以后如何实现党领导人民有效治理国家的重大历史课题，即如何以制度体系的成熟化、定型化，有效破解长期超常规发展积累的众多社会问题，进而推动国家治理步入常态化轨道问题。其次，它实现了对马克思主义国家治理理论的重大创新发展：一是明确提出“不断提高运用中国特色社会主义制度有效治理国家的能力”的战略目标，科

① 李戈：《毛泽东社会治理探索的三重辩证法》，《求索》2019 年第 2 期。

② 方俊：《习近平新时代中国特色社会主义思想的国家治理观》，《经济社会体制比较》2019 年第 3 期。

学界定中国特色社会主义政治的基本规定，拓展了马克思主义经典作家关于社会主义国家政权建设的思想内涵；二是系统阐述无产阶级政党在社会主义国家治理体系中总揽全局、协调各方的核心领导地位，丰富发展了马克思主义的无产阶级政党学说，全面深化了共产党执政规律的认识；三是深刻论述政府与市场、社会的关系，丰富发展了马克思主义关于社会主义国家职能及国家治理结构的理论，深化了党对社会主义建设规律的认识；四是明确提出“依法治国是党领导人民治理国家的基本方式”，系统阐述了社会主义法治国家建设的基本方略，全面深化了马克思主义关于社会主义国家治理方式的思想理论；五是深刻阐述了选举民主与协商民主相统一的中国特色社会主义民主政治形式，充分彰显了人民群众在国家治理中的主体地位，丰富了马克思主义的社会主义民主理论；六是明确提出共商共建共享的全球治理观和构建人类命运共同体的构想，深刻揭示了全球化时代国家治理与全球治理的内在关联，丰富了马克思关于历史转化为世界史的思想，深化了我们党对人类社会发展规律的认识。最后，建构了中国特色社会主义国家治理话语体系：一是突出党在国家治理体系中总揽全局的核心领导地位，充分彰显中国特色社会主义国家治理制度体系的政治优势；二是突出以人民为中心的国家治理准则，充分彰显社会主义国家治理的人民属性；三是探索人类共同价值的有效实现形式，充分彰显中国国家治理体系创新实践努力探索更加美好的社会制度，积极促进人类文明进步的进取精神；四是深刻认识国家治理制度体系演进的内生逻辑，理性地汲取中国传统国家治理的有益经验，充分彰显国家治理及其创新的中国智慧。①

这些研究成果广泛涉猎了马克思主义理论中的国家治理思想，侧重于对其思想的解读、总结和逻辑分析，挖掘了其现实意义，对我们理解国家

① 何显明:《习近平国家治理体系和治理能力现代化重要论述的理论创新意蕴》,《观察与思考》2019 年第 1 期。

治理思想、寻求有益成分提供了参考。中国国家治理是以马克思主义为指导的，必须充分研读马克思主义的经典著作，以问题为导向从中寻找更多关于国家治理的思想，并依据国情做创新性继承、转化，给出与时俱进的解读；同时，也要充分总结我国和其他社会主义国家的国家治理实践中的成功经验与失败教训，为当下的实践提供历史参考。目前学界在这方面的研究是较为局部的、碎片的，且研究成果更多集中在管理学、行政学和法学领域，较少从哲学角度给出系统深刻的诠释，做出更深入洞察和分析是学界需要努力的方向。

三、关于国家治理现代化的传统文化资源的研究

中国国家治理现代化需立足中国国情，充分挖掘中国传统文化的资源。国内学界从多个方面探索了国家治理与中国传统文化、中国哲学的结合点，路径主要是探寻传统思想文化中的有益成分，从传统儒家文化中寻找可借鉴的内容，论述其对当代中国国家治理现代化的启示。

郝耕指出，中国哲学中蕴含的思想对于国家治理现代化有重要借鉴，具体来说有四点：第一，民惟邦本，心系苍生是国家治理现代化的基石。国家治理现代化，就是制度设计和执行要合规律性，而客观规律的核心内容是符合人民性。民为国之本、立国当为民是我国传统政治架构的基本关系。以民为本要求统治者在治国理政中重民权、顺民意、施仁政，仁政精神所强调的爱民、教民、富民、恤民，与国家治理现代化所遵循的规律性高度契合。第二，德法互济、礼刑结合是国家治理的基本模式。面对高度复杂性和高度不确定性的现代风险社会，采取德治或法治的单一治理方式都有其局限性，而我国有长期的人治历史，因而德法互济更适合我国实际。第三，道治盛行、和谐大同是国家治理的理想目标。道治就是按照规律治理一切社会事务，《黄帝四经》中提出了以人为本、予取得当、公正无私、平衡合度四种道治原则。而行政之道就是要应天时、合法度、顺

民意。《礼记·礼运》中则描述了社会和睦、各得其所、政治民主等特征的和谐大同世界，这与当下建设和谐社会的要求相吻合。第四，社群至上、舍生取义是国家治理的价值取向。儒家学说通过提倡“仁、爱、礼、忠、孝及天道”以实现“治国”、“平天下”的价值诉求，并形成了“社群至上”的伦理主张，强调国家意志对社会秩序建构的普遍影响，社会关系、社会活动和利益分配要服从这一基本立场。另外，儒家追求的“成仁成圣”理想人格和“修齐治平”道德实践以及“以天下为己任”的奉献精神，对于建构国家治理体系和优化国家治理能力产生重要的积极影响。①

孔新峰总结了国家治理可实现创造性转化和创新性发展的六个方面的历史遗产。一是“大一统”思想与中国共产党的坚强领导：中国有珍惜统一、政在得人的政治传统，形成了坚强有力的具有先进性的执政集团作为政治担纲者的制度惯性。二是“选贤与能”思想、吏治实践与干部队伍建设：传统政治人才选拔和吏治思想，具有现代“贤能政治”意义，可在当代干部选拔任用、教育培训、锻炼考验、监督管理等环节中予以发展。三是“民本”思想与人民主体地位、人民立场及群众路线：民惟邦本、政得其民。“人民立场”是我党的根本政治立场，“群众路线”则是我党的生命线和根本工作路线，特别是有利于防范历史上儒者脱离人民、成为特权分利集团的教训。四是“为政以德、正己修身”、“礼法合治、德主刑辅”思想与思想建党、制度建党、依法治国：儒家认为治理必须依靠好的政道。执政集团必须制定守护敬天爱民的大政方针，以出色的政治路线、严谨的组织路线、明确的思想路线、严格的内部监督和问责保持执政地位。五是“观乎人文化成天下”、“壹是皆以修身为本”思想与核心价值体系建设：儒家注重以柔性的人文化育手段实现“近悦远来”、“官民一体”的王道政治理想，讲究内得于心，外得于人，对建设社会主义核心价值体

① 郝耕：《论中国哲学在国家治理现代化进程中的积极作用》，王浦劬：《国家治理现代化研究》（第三辑），中国社会科学出版社2019年版，第21—30页。

系有借鉴意义。六是“寓封建之义于郡县之中”思想与民主集中、统分结合：传统中国实行简约化的中央集权治理，在地方也广泛使用半正式方法，从而实现集权与分权的统一、领袖与官僚的协同合作。这种经验在公共决策体制机制上，又可表现为广泛、真实、多层次的协商民主，实现统分结合的开门决策，避免所谓“否决政体”的混乱与低效。①

刘毅分析了传统礼法秩序中诸多可供国家治理现代化吸收借鉴的内容，主要有三方面：从立法角度来说，借鉴汉唐以后“引礼入法、礼法结合”的立法经验与传统，在现代立法与法律制度建构过程中，避免简单地形式化、空洞化立法，消除“恶法”，摒弃“坏法”，减少“空法”，警惕“异法”。从司法层面来说，中国传统的“天理、国法、人情”观念可予以创造性地转换。“天理”可以不再是具有前现代神判色彩的“天意”或“天命”，而是具有普遍进步意义的政治观念和公共价值；现代意义的“人情”当然也不是传统儒家的纲常名教，而是道德人伦意义上的“人同此心、心同此理”。在宏观国家治理层面，应发扬儒家的精英政治实践，抑制现代社会民粹主义的泛滥；发扬儒家文教立国的思想，克服现代社会金钱至上、物欲泛滥的虚无主义倾向；发扬儒家尊重传统的保守主义政治观念，避免现代性之狂飙突进式的激进主义消极影响。同时也要发扬法家之平等主义和现实主义的治国理念，消除身份特权和权贵利益，提倡法律面前人人平等，但不仅是“王子犯法与庶民同罪”，而是所有人都在宪法和法律之下，所有人都不能逃避法律的监督和惩罚。②

沈湘平分析了儒家“君子以人治人”思想对国家治理现代化的启示性意义。他认为这一思想的核心洞见在于：治理之道要承认和尊重被治理者的具体情况，以他们所能知能行的实际来进行治理，要懂得和依照被治理

① 孔新峰：《习近平关于推进国家治理体系和治理能力现代化重要论述的历史逻辑与科学内涵》，《当代世界社会主义问题》2019 年第 1 期。

② 刘毅：《论礼法秩序与国家治理现代化》，《中共中央党校》（国家行政学院）学报 2019 年第 9 期。

者的尺度，即“其人之道”。这种具体实际在现代体现为分众化的趣味和利益、阶层化的政治立场、圈子化的关系互动和垂直化的认识差异等特征。基于这些情况，提供的启示意义有五个方面：一是走向基于大数据的服务型治理，基于网络大数据分析就能大致摹状出治理对象的总体状况，感性地呈现出那个看不见、摸不着的、“以其人之道还治其人之身”的“其人之道”；二是突出社会基层组织的主体性治理，在民众与政府之间增加一个缓冲地带，避免二者的对立；三是寻找公共善或横向理性是当代政治治理的要害，在不同群体的美好生活需要之间寻找最大公约数；四是注重公共性批判和建立反思性机制，以此达到公意来维护共同利益；五是凸显公民的自我启蒙和教育。通过公民作为主体的自我教育，实现合理化，走向现代化。①

这些研究成果充分挖掘了中国传统文化和古代治理理念中可值得借鉴的部分，涉及了国家治理的价值立场、治理模式、治理方法和治理原则等多个方面，且充分考虑了当下治理实际，强调要结合现时代条件实现创新性继承和转化，对发挥传统文化在中国国家治理现代化中的作用、实现古今融合、探寻适合中国的治理道路和办法有重要意义。只是学者们挖掘的多是正面和积极的部分，较少总结传统国家治理的理念和实践中的失败案例和有弊端的部分，从而发挥其“以史为鉴”的功能，为国家治理现代化清除历史积弊、避免重蹈覆辙提供鉴戒。而且，这个维度的研究，也容易陷入传统文化无所不包、本身存在着国家治理现代化的智慧和方案，似乎国家治理现代化的任务在回到传统、挖掘传统中就能完成的观念误区中。走向未来，从过去中汲取经验教训是必要的，但不可把未来的希望寄托给过去，面向未来大胆探索，对传统文化的创新性发展、创造性转化是更为重要的。

---

① 沈湘平:《“君子以人治人”的当代阐释》,《武汉科技大学学报》(社会科学版)2019年第2期。

四、关于国家治理现代化的西方经验教训的研究

国家治理现代化是人类社会发展的共同趋势，西方发达国家比中国更早进入现代化的历程，积累了很多理论、经验和教训可供中国借鉴。对此，学者们研究分析了西方国家治理的理论利弊以及实践经验，一些成果也提出了对于推进中国国家治理现代化的启示。

围绕着西方国家的治理理论的利弊，杨光斌认为，西方的治理理论和善治理论并未带来良好的治理结果，相反在众多国家都存在着问题，出现经济衰退和政治混乱等现象。原因在于这种理论的“一般性假设”，即基于公民社会假设的治理理论本身是有问题的，它并不能带来善治。不同社会有异质性，并非都是公民社会。因此只有弄清楚不同质的社会，才能探索出能对治理实践产生积极作用的治理理论。①

罗诗钿分析了“理想理性”、“公共理性”和“交往理性”三种理念指导下的西方现代国家治理模式的内容、特点和困境。在他看来，“理想理性”模式的特点是治理主体的精英主义、治理理念的完备主义和治理关系的单一主义，这种实践的困境体现在个体理性和公共理性冲突上。“公共理性”模式基于对“理想理性”的反思，提出要在“理性重构”基础上建立一个组织良好的社会。其代表性人物罗尔斯通过将道德完备主义的“善的原则”转化为政治自由主义的“正义原则”，从而尝试建立“公共理性”，但是这种建构呈现出简化主义和理想主义的色彩，且在实践中被解读为工具理性和价值理性。“交往理性”是哈贝马斯基于对传统“理性”以及晚期资本主义的政治合法化危机的反思而提出的理论修正，即通过“生活世界”的范式革命和“主体间性网络”、“商谈原则”的方法论创新来重构治理的理性关系，这种交往理性的实践根基犹在社会真空，因而有

① 杨光斌:《发现真实的“社会”——反思西方治理理论的本体论假设》,《中国社会科学评价》2019 年第 3 期。

一定的乌托邦性质。①

张劲松强调中国国家治理需要借鉴海外中国研究的理论和方法。他认为，国家治理现代化概念中的核心概念“现代国家”及其“治理”均首发于西方国家，步入现代国家后，传统中国的国家管理经验，在许多方面无法指导现代化的中国社会主义建设，吸收西方文明有益成果，是中国国家治理的应然选择，而马克思主义的国家理论更多发挥政治站位功能，因而需要借鉴海外中国研究的理论和方法来补充其不足之处，因为它们契合了当代中国政府现代化、社会治理、社会主义市场经济建设、人民中心论等方面的国家治理道路的现状、需求和实践。文章虽然强调了借鉴海外成果要以我为主，但整篇对中国传统的和马克思主义的理论和方法的否定居多。②

在西方国家治理的实践经验与教训方面，张金亮、李萍分析了英国福利治理所蕴含的责任伦理的逻辑演变，指出其福利责任经历了从一元化的“社会责任”、“市场责任”和“政府责任”治理，到多元化的治理，再到政府主导的多元平衡式福利的治理，进而缓和了福利危机和社会矛盾。这种演变过程可以为中国以改善民生为主的福利治理的改革提供借鉴。③刘国力分析了美国的治理现代化的进程、经验和当前面临的一些政策挑战。由于美国抵制政府权威的政治文化和分权制衡的制度设计，使得其治理现代化的改革缓慢而艰难。美国当前面临的治理挑战突出表现在财政困境和政治两极分化，在可持续发展上也面临福利负担加重、经济不平等、教育负担加重、资源过度消耗的挑战。④

---

① 罗诗钿：《现代国家治理中的理性重构与理性困境——卢梭、韦伯、罗尔斯、哈贝马斯理性治理的比较研究》，《广西社会科学》2019年第7期。

② 张劲松：《论海外中国研究在中国国家治理道路中的嵌入》，《国外社会科学》2019年第3期。

③ 张金亮、李萍：《责任伦理视域下的英国福利治理逻辑与启示》，《广东社会科学》2019年第2期。

④ 刘国力：《国家治理现代化与美国政治发展》，王浦劬：《国家治理现代化研究》（第三辑），中国社会科学出版社2019年版，第73—95页。

孙珠峰和卢少云分析了“新韦伯主义国家”的特点，新韦伯主义是用来形容欧洲国家政治行政改革的新特征的词汇，这些国家被认为将韦伯主义原则运用到现代国家和组织，用以改进官僚体制，其精髓和价值在于强化国家的作用，让国家和政府居于主导地位，掌控国家治理的局面，从而推进反腐和促进经济发展。对中国的国家治理现代化来说，这种模式的启示意义是，作为发展中国家，面对新公共管理和治理思潮的冲击，既不能对其完全排斥，也不能急于求成，而是首先需要加强官僚制建设，强化国家的控制力，在稳定的基础上寻求变革之道，在保持和完善官僚制的传统价值的基础上，在善治要素的指引下，在政治精英的认同和理性推动下，有选择地、渐进地推进各种适合国情的变革。①

薛福岐还分析了俄罗斯国家治理的困境和产生困境的原因。自 1991 年独立以来，俄罗斯呈现出政治稳定而经济不发展的困境，具体体现为普京政权对政局长期的绝对的掌控力和较低的经济增长速度。为探索这种困境产生的原因，作者通过引入国家、资本和社会关系的分析框架，指出俄罗斯的国家与资本结为一体且倾向于长期维持这种现状，社会受到抑制，同时国家也缺乏发展的意愿和能力，是导致其国家治理困境的主要原因。②

无论是对西方国家治理理论的分析，还是对其治理实践的分析，这些研究成果实际上都是基于中国国家治理的角度，有一种比较的视野，且自觉地落脚于中国国家治理如何汲取经验、避免教训上，无疑对中国的国家治理实践有所启发。推进国家治理现代化，离不开坚持和发展具有中国特色的科学社会主义理论，离不开根据中国基本国情、经济社会发展水平、传统文化基础等方面坚持和完善具有中国特色的国家治理制度，要以中国问题为中心，既看到西方国家治理理论与实践对中国有借

① 孙珠峰、卢少云:《新韦伯主义国家的内涵、起因和评价研究》,《国外理论动态》2019 年第 1 期。

② 薛福岐:《当代俄罗斯国家治理的困境及其原因》,《国外理论动态》2019 年第 4 期。

鉴意义的部分，也要看到其“水土不服”之处，在中西对比视野中充分吸收，扬长避短，建构起符合中国国情的富有解释力的国家治理理论。这方面需要进一步强调。

五、关于推进国家治理现代化理路的研究

研究中国国家治理现代化，必然落脚于如何推进国家治理现代化上。从学术介入国家治理现代化的实践，应该在学理分析的基础上为国家治理现代化的进路提供学理支撑。一些研究成果在提炼和论证中国国家治理结构和方法的内生性和独特性的同时，实际上从学理上提出了进一步推进国家治理现代化的路径。

王浦劬和汤彬认为，当代中国治理的结构呈现为党政结构，即党的集中统一领导和这种领导下党政一体的复合结构。这种结构在具体的国家治理实践中体现为执政党“政治”因素与科层制“行政”因素的辩证统一，具体表现为政治引领、统筹、融通行政三个层面。当代中国治理的长效发展，要求在政治与行政结构和机制之间建立起结构性均衡关系，以政治引领性优化行政的制度性，以行政制度性强化政治引领性。具体的调适路径就是要加强法治建设。一是在国家治理体制内部，一方面以依法执政的基本原则和实践举措实现和深化其法治维度，从而抑制行动性治理机制对于既定制度架构的溢出和创新冲动，将国家治理所体现的“政治”要素纳入法治化和制度化的发展轨道；另一方面执政党切实贯彻依法执政和依法行政的原则，合理界定功能范围，在积极发挥其国家治理优势的同时，防止其遭遇科层制逻辑的侵蚀，从而维持科层治理与弹性治理之间的结构性均衡。二是在执政党组织和科层体系之间，通过依规治党引领依法治国，确保党对国家政治生活各领域法治发展的全面领导，从而将“政治”与“行政”统一于国家治理的法治化进程，并以法治化为支点，推动国家治理现

代化发展。①

黄宗智认为，中国国家治理的一个独具特色的传统是，国家与社会是一种二元合一的互动模式而非对立关系，二者之间始终存在着“第三领域”，即介于国家与市民社会之间的半正式的治理实践，它广泛存在于国家与市民社会之间，并集中体现在司法领域，在不同历史时期依托于不同的社会组织和社会角色，在基层治理的教育、调解纠纷、维护秩序等方面发挥重要作用。这套治理模式可概括为“集权的简约治理”，即中央的高度集权、基层治理的高度简约。基于“第三领域”的独特作用，未来可在多方面承继、更新中国比较特殊的国家和社会携手的低成本第三领域机构和组织，使其在国家治理中释放更大能量。②

何显明分析了新中国成立 70 多年来中国国家治理体系的建构和演进的逻辑和独特经验。他认为这个过程包含着三重逻辑：一是国家治理体系的现代化是适应现代技术、经济、社会及观念变革的现代政治体系的建构过程；二是中国国家治理体系现代化是运行了两千多年的中国传统国家治理模式在治理结构和治理方式上的整体转型过程；三是作为社会主义实践的重要组成部分，国家治理体系现代化寄寓着超越资本主义国家治理弊端，充分彰显社会主义制度优越性的内在要求，必然要在国家治理目标及制度安排上呈现出一整套社会主义的政治价值取向。这一历程中形成的最重要的成功经验是不迷信、不盲从、不僵化，始终坚持问题导向，聚焦实现国家的有效治理。能够实现基于有效治理的创新，关键在于中国共产党发挥的总揽全局、协调各方的作用，以及长期执政地位的保持。要坚持以有效性作为国家治理体系建设的基本准则，打破对特定治理模式及其制度形式的迷信，以开放包容的心态，吸纳国家治

① 王浦劬、汤彬：《当代中国治理的党政结构与功能机制分析》，《中国社会科学》2019 年第 9 期。

② 黄宗智：《重新思考“第三领域”：中国古今国家与社会的二元合一》，《开放时代》2019 年第 3 期。

理的一切有益经验，同时始终坚持从自身实际出发，尊重国家治理体系的内生演进逻辑，不断完善国家治理的制度体系，以有效应对国家治理面临的各种现实挑战。①

陈进华认为，国家主导是治理现代化的内在逻辑，要坚持坚守治理体系现代化进程中的国家逻辑，实现以合法性与能力性为维度的治理体系现代化国家逻辑的高质量发展。首先，需要始终坚持以统揽全局的战略思维。推动改革发展的辩证思维，源于实践又指导实践的创新思维的中国化马克思主义为指导的党的领导。其次，批判性借鉴西方治理理论的合理成分。比如西方国家治理理论对社会公共领域的关注，对国家逻辑在治理体系中越界现象的批判、失败原因的考察、功能模式的探讨等都可为我们提供启示。再次，必须立足于我国本土来寻求解决改革开放进程中中国社会呈现的特有矛盾和现实问题的相应方法、工具和途径，来建构治理体系与现代国家建构的本土学术概念、话语系统和理论分析框架。最后，以复合思维促进治理体系现代化的国家逻辑，即要将国家逻辑、市场逻辑、社会逻辑等因素有机结合起来，以国家逻辑保障秩序，以市场逻辑提供动力，以社会逻辑创造意义。②

宋朝龙认为，中国国家治理体系的特色在于制度根基，即中国特色社会主义制度，要继续推进国家治理体系现代化，完善国家治理体系的体制，需要借鉴其他时代或其他社会条件下的制度文明成果，更需要在中国特色社会主义制度基础上，对这些制度文明成果进行创造性转化。首先，要借鉴中国古代制度文明的成果。一是重主权的统一；二是发展主权统一下的行政性分权制度、选官制度、官员考核制度、监察制度、回避制度等；三是强调“善治”和政治正当性。其次，要借鉴西方制度文明成果，比如法权自由体系确立了个体的价值、契约精神、程序正

① 何显明:《70 年来中国现代国家治理体系的建构及演进逻辑》,《浙江学刊》2019 年第 5 期。

② 陈进华:《治理体系现代化的国家逻辑》,《中国社会科学》2019 年第 5 期。

义、公权受限等原则，这对克服封建主义时代的社会关系和观念有进一步意义，对社会主义国家调整社会关系也有一定的参考价值。最后，要在中国特色社会主义的制度基础上扬弃其他制度文明成果。既不能封闭自守，也不能全盘接受中国古代或西方制度文明，而要对这些要素进行创造性转化。① 作者讲清楚了国家治理的制度基础，讲清楚了中西各种制度的关系处理等问题。

鲁绍臣分析了《资本论》及其手稿对理解国家治理中资本问题的启示性意义。他认为，对《资本论》的解读应该关注到马克思对资本与国家权力之间关系的揭示，这将使我们重新发现中国特色社会主义市场经济与新自由主义资本主义的根本区别。中国特色社会主义作为一种新型现代文明，反对资本仅仅依靠国家权力和货币权力而对社会财富进行掠夺和占有，但对于有利于人的自由与发展的使用价值的生产与利润的获取有正相关性的资本，则是引导和保护的。就具象的国家治理而言，非资本主义的国家治理将以人和劳动力的再生产为目标，有效克服资本逻辑对使用价值和人的真实需要的忽视。资本与使用价值在国家治理的前提下，是可以实现协调与互动的。这一矛盾的克服是以引导和驯服的方式来展开的，而不是以简单通过打击私营企业，甚至是取消商品、消灭私有制和货币来实现的。② 这个观点实际上是对中国国家治理一个很重要的问题，那就是如何审视和对待资本的问题的回应。

这些研究成果所进行的宏观性的、学理性的思考，强调了中国国家治理应该看到和坚持中国共产党的领导作用、应发挥好国家和其他各种主体的作用，坚持充分借鉴吸收的制度基础，探索以有效治理为原则的治理方式等问题，无疑是有重要启发意义的。在这方面需要努力的方向是，对治

① 宋朝龙：《治理现代化的制度之基与体制之鉴》，《人民论坛 · 学术前沿》2019 年第 22 期。

② 鲁绍臣：《从启蒙政治到国家治理视角的转变——〈资本论〉政治哲学的当代意义与新现代文明类型的探讨》，《四川大学学报》（哲学社会科学版）2019 年第 3 期。

理的主体、原则、路径等问题有更进一步的拓展研究。比如，在国家治理中，中国共产党、政府、市场、社会组织和公民等众多主体各自的地位、角色和功能究竟应该如何定义，共同参与治理过程中应遵循什么样的原则，在遇到利益冲突时该如何处理等等。

作者单位：北京大学马克思主义学院

现代性问题的中国马克思主义哲学再探讨

赵泽林

“现代（modern）”人类社会历史实践的不断展开和延续，使人们目前还很难对这样一个尚未完全消逝的历史进程做出足够全面而充分的理解和阐释。可能也正是如此，有关现代人类社会历史的种种探讨，始终是这个时代不同领域学者不得不重点关注的问题之一。2019 年，中国马克思主义哲学界的现代性（modernity）问题研究者，紧紧围绕“现代性”的理论与实践，与来自文学、社会学、历史学、政治学等不同领域的学者一道，从理论阐释和实践分析两条基本路径，除了继续对哈贝马斯、马尔库塞、福柯等西方学者的现代性理论进行批判性分析之外，更加重视对马克思、恩格斯等经典马克思主义作家有关文献的重新理解，更加重视对中国现代化实践进程的哲学分析，取得了不少新成果。这些研究成果既为国内外学界推进“现代性问题”的理论研究，深刻把握马克思主义经典文本的现代性要义，贡献了中国智慧，也为推进中国特色社会主义的现代化建设，构建更加美好的人类社会，提供了理论支撑，更让我们感受到了中国马克思主义哲学研究者破解现代性难题高度的历史使命感，以及对马克思主义经典文本与中国现代化实践进程不断增强的学术和理论自信。当然，实践在发展，理论也需要在实践中不断创新和发展。2019 年中国马克思主义哲学界的现代性问题研究也表明，现代性问题依然是我们这个时代需要积极揭示的重要谜题。

一、中国马克思主义哲学视域下的现代性问题理论透视

2019年，中国马克思主义哲学界主要从以下几方面展开对现代性问题的理论透视：一是不同学者继续从马克思和恩格斯经典文献的分析中，揭示马克思主义视野下的“现代性”，从而展现出中国马克思主义哲学研究者对“现代性”的新理解；二是不同学者持续开展了马克思和恩格斯与其他学者有关现代性思想的比较研究，从而展现出中国马克思主义哲学研究者对“现代性”的理解；三是部分学者在更为广阔的视野中，探讨现代性与伦理、人与自然关系等问题，并在这些问题的探讨中阐述了自己对现代性的理解。这些研究都为继续推进现代性问题研究提供了重要的理论借鉴和重要支撑，同时也从不同侧面展现出现代性问题本身的多样性和复杂性。

继续深化马克思和恩格斯经典文本解读，从马克思和恩格斯的经典文献中吸取养分，展开现代性问题的理论透视，依然是中国马克思主义哲学界研究现代性问题的重要内容。罗骞认为，现代性批判是马克思思想的核心主题，马克思在历史唯物主义的思想视域中以“资本”为本质范畴展开的现代性批判，颠覆了黑格尔以“理性”为核心的现代性批判范式，重建了现代性批判的规范基础，为现代性的经济基础、基本原则、根本动力、主要特征、最终出路等方面提供了核心框架。历史唯物主义视野中的政治经济学批判可以看成是现代性批判的基础存在论，而不是一种还原主义的经济决定论，马克思为现代性批判奠定了历史唯物主义的思想基础，资本全球化带来的危机和困境迫切呼唤对马克思思想的重新阐释，使之焕发出新的批判潜力。[①] 何建津认为，马克思对现代性问题的批判相较于以往更具有明确性和彻底性，其明确之处在于把发展后问题归结于资本主义，其

---

① 罗骞:《现代性的存在论批判：论马克思的现代性批判及其当代意义》，人民出版社2019年版。

彻底在于他以唯物史观这把手术刀，对资本主义社会尤其是其社会存在领域中的资本生产方式作了全面解剖，将发展后问题的病理分析得淋漓尽致、入木三分。① 孙颖、韩秋红认为："马克思唯物史观对思辨形而上学'头足倒置'的颠覆实现了思维方式的全新变革和全面超越，成为其现代性思想一以贯之的统摄轴线。在唯物史观的视域下，马克思政治经济学立足于资本主义社会现实，通过剖析资本逻辑对主体本质外化的严重捆缚，揭示现代社会进步与毁灭共存的制度机理，成现代性内涵的规约原则与基础；马克思哲学所蕴含的辩证法精神为现代性悖谬探寻原理，揭示了现代性批判的价值旨趣与逻辑路向；科学社会主义思想作为唯物史观的前进动力，为主体异化的现代性危机指明可行的解救方案，在实现人的全面自由发展的终极价值追索中完成理论回路。由是，马克思唯物史观在科学地认识人类社会发展客观规律的基础上，对资本主义社会现实的深刻批判和'改变世界'的实践行动成为其合理解构与真切建构的有机统一，真正实现理论与实践的结合，构成卓越于其他现代性理论的具有超越意义的整体逻辑。"② 刘军、侯春兰认为："马克思从物质生产实践的'原本'出发，深入现代社会的物质生产领域，揭示资本逻辑决定的现代性矛盾；同时，马克思批判作为现代性'观念副本'的现代资产阶级意识形态，揭示了被现代资产阶级奉为圭臬的现代'理性'、'自由'等只不过是资本逻辑的观念粉饰。马克思现代性批判理论蕴含了丰富的方法论特征：不论是以辩证法为核心的总体性批判，还是以改造世界为指向的实践性批判，或是以世界市场为视角的世界历史性批判，抑或以共产主义为理想的现代性超越，都指引着马克思揭开现代性的迷雾。马克思现代性批判思想具有鲜活的时代生命力，对新时代中国特色社会主义现代化建设具有重大的理论和实践意义。"③ 汪信砚、

① 何建津:《资本现代性批判与发展观变革》，社会科学文献出版社 2019 年版。

② 孙颖、韩秋红:《唯物史观视域下的现代性思想逻辑》,《教学与研究》2019 年第 9 期。

③ 刘军、侯春兰:《马克思现代性批判思想的双重维度和方法论特征》,《南京师大学报》(社会科学版)2019 年第 2 期。

刘建江在《马克思现代化批判的三个基本维度——以〈1844年经济学哲学手稿〉为中心的考察》中认为："在《1844年经济学哲学手稿》中，马克思从哲学、经济学和政治学三个基本维度展开了对现代性的批判。通过对黑格尔哲学的批判，马克思以现实的主体批判了黑格尔所谓的绝对的主体、以对象性的活动批判了黑格尔所谓的'纯粹的活动'、以感性的现实的异化批判了黑格尔所谓的抽象的哲学思维的异化，展开了对作为现代性基本原则的主体性的批判，彰显了现代性批判的哲学之维。通过对异化劳动和私有财产的批判，马克思揭示了异化劳动和私有财产的内在关联，揭露了统治现代世界的抽象主体——资本，披露了支撑现代世界运行的资本逻辑的实质在于抽象劳动对人的统治，展开了对统治现代世界的资本原则的批判，彰显了现代性批判的经济学之维。通过对粗陋的共产主义和政治的共产主义的批判，马克思阐述了真正的共产主义的本质内涵，提出了人的解放的政治任务，展开了对现代资本主义私有制的批判，彰显了现代性批判的政治学之维。这三个基本维度之间是相互关联、内在贯通的，它们构成了马克思现代性批判的总体图式，体现了其现代性批判的独特范式。"① 舒远招、吴雪认为："在恩格斯的哲学理论视阈中，历史唯物主义不仅作为现代资本主义社会的批判理论而获得现代性，而且作为'现代唯物主义'哲学的一个有机组成部分而被赋予现代性。这种现代性主要体现在唯物主义的彻底性、思维方式的辩证性、理论旨趣的实践性、理论品格的科学性等方面。从恩格斯有关历史唯物主义现代性的论述来看，他的思想具有极为丰富的理论内涵，因而能够同时兼容不同的维度。"②

对法兰克福学派等具有广泛影响的西方现代性思想的关注与批判性分析，依然是中国马克思主义哲学研究者对现代性问题展开理论透视的兴奋

① 汪信砚、刘建江：《马克思现代性批判的三个基本维度——以〈1844年经济学哲学手稿〉为中心的考察》，《学术研究》2019年第1期。

② 舒远招、吴雪：《恩格斯哲学视阈中历史唯物主义的"现代性"》，《湖北大学学报》（哲学社会科学版）2019年第2期。

点。2019 年 3 月，在华中科技大学召开的“法兰克福学派：现代性批判理论”学术研讨会上，与会者认为：“法兰克福学派从不同角度深入探讨和分析了文化工业、资本主义合法性、意识形态、形而上学等问题，这为我们在当代中国语境中进一步深化现代性问题研究提示了致思路径，提供了丰富的学术理论资源”。[①] 王晓升在分析法兰克福学派与解答现代性问题的三种思路时认为：“启蒙运动摧毁了传统社会用来整合社会的力量——宗教，并试图用理性来达到这个目标。但启蒙运动之后，理性变成了工具理性，社会整合变成了功能整合，人变成了功能系统中的一个要素。法兰克福学派的几代学人都致力于解决功能整合所产生的问题。他们吸收了保守主义、(后) 现代主义以及黑格尔左派的思想来解决这个问题。保守主义试图借助于传统的力量来整合社会，但是却导致文化多元主义而加剧了社会冲突。(后) 现代主义试图借助于审美的力量把人从功能结合体中解救出来，但是却失去社会整合的标准。左派黑格尔主义主张用人的理性的自我反思来克服理性的工具化，这也成为他们的主要思路。法兰克福学派所提出的社会整合的思路对于我们重构历史唯物主义具有重要意义，因为历史唯物主义重视人和人之间的功能联系，而对人和人之间的社会性联系重视不够。重构人们之间的社会性联系对于克服当今社会中人和人之间相互冷漠的状况具有重要意义。”[②] 王晓升还认为：“法兰克福学派的第一代学者揭示出工具理性在社会整合中所产生的副作用，强调用否定辩证法、感觉的解放、爱欲的解放等克服这种副作用。哈贝马斯认为：我们不能简单地否定工具理性，而只能否定工具理性对于文化领域所产生的副作用。他期待通过人们之间的理性交流而达成一定的社会规范体系，并借助于这种规范体系来实现社会整合。而霍耐特则认为，我们不仅需要规范体系来实现社会整合，而且要在对每个人的

① 袁博：《法兰克福学派现代性批判理论学术研讨会综述》，《山东社会科学》2019 年第 4 期。

② 王晓升：《法兰克福学派与解答现代性问题的三种思路》，《江汉论坛》2019 年第 8 期。

特殊性的承认中实现社会整合。”① 汤明洁在分析福柯的现代性思想时认为：“福柯从康德的启蒙概念中提炼出了一种不同意义的‘现代性’，这种‘现代性’被他看作后康德时代现代哲学的根本。要理解这两种‘现代性’以及福柯对它们截然相反的态度，我们必须区分康德‘对他者的错层式不完全批判’与‘建构自我服从的先验批判’。福柯区别于历史学、哲学史和历史哲学的历史—哲学实践，就体现在他对康德理性批判的历史批判和对康德启蒙概念的哲学继承上。”② 步蓬勃认为，马尔库塞试图通过生态向度的伦理重建，激活人原初的、生动的、鲜活的感受力，在审美意义上超越此在“非本真的存在”状态，对发达工业社会理性结构错位、道德意识结构倒错进行矫正，在人类生存单元的道德层面突出自然对人类的价值，恢复生活世界的意义，拆除观念世界和生活世界的分隔，使人重回与自然和谐共生的诗意栖居状态。③

韩秋红从“背反的自由与自由的背反”切入，分析了西方马克思主义的现代性话语，她认为：“西方马克思主义对‘自由’的探讨既秉承了康德先验‘自由’意义上的西方哲学形而上理想追问，又以下沉到资本主义工业文明现实生活的方式展示出自由的尘世境遇，显示其独树一帜的理论风格与批判特质。与马克思对自由的现代性批判相比，西方马克思主义选择退回到哲学文化层面进行理论批判，对马克思现代性批判做出自我解读，以及在批判资本主义制度与付诸变革实践上的不彻底性，成为与马克思现代性批判相距甚远的原因所在。”④ 骆婷在分析麦金泰尔的现代性思想时认为，麦金太尔运用马克思主义的理论资源，讨论现代性的话题；推崇德性的探究传统，解读现代性的危机；构想共善的社会主义模式，重建现

① 王晓升：《黑格尔与法兰克福学派的现代性批判理论》，《社会科学战线》2019 年第 1 期。

② 汤明洁：《反思批判：论福柯的现代性启蒙哲学》，《哲学研究》2019 年第 9 期。

③ 步蓬勃：《马尔库塞生态伦理思想的现代性阐释》，人民出版社 2019 年版。

④ 韩秋红：《背反的自由与自由的背反——西方马克思主义的现代性话语》，《东北师大学报》(哲学社会科学版)2019 年第 2 期。

代性的秩序。由此，形成了麦金太尔独特的现代性批判，为人们提供了研究现代性的新视角、研究麦金太尔的新认识、研究马克思主义的新维度。①

此外，中国的马克思主义哲学研究者还从伦理与道德、社会福利保障、日常生活、文化现代性等层面揭示了不同日常场景中的现代性。马新宇在分析康德哲学的现代性筹划中认为："作为现代性思想重要来源的康德哲学，在其现代性筹划中，将道德和知识置于同一理性的不同领域。康德尽管在知识论方面通过先天直观和先验逻辑分别为数学知识和自然科学知识的客观有效性做了辩护，但在道德哲学中为科学主义的克服留下了逻辑缺口；对道德法则的敬重感拒斥和科学主义相互缠结的理性主义；善意志证明行为的道德价值无涉物理世界的因果法则，并由此使其独立于科学。因此，康德对道德和科学及两者间关系的思考，是对现代性科技哲学进行深入研究的思想资源。"② 叶舒凤和韩璞庚则针对现代性视域中的规范伦理学与德性伦理学之争，主张在"互镜"中寻求"合作"。他们认为："面对现代社会的各种道德危机，尤其是在解决现代人如何安身立命的重大生存论问题上，规范伦理学与德性伦理学究竟处于何种关系，亟待从理论层面加以澄明。对之把握，需要摒弃'二元对立'的抽象思维，立足现代道德生活的完满诠释与理解。现代道德生活既追求社会秩序，又崇尚道德理想，希冀幸福生活。由此，现代道德生活既需要能够守住道德底线的规范伦理学，也需要能够满足人们对美好生活热烈追求的德性伦理学。不管是规范伦理关于道德的外在约束，还是德性伦理从主体内在阐发的幸福期待，都旨在回应现代人道德生活的重大问题。"③

① 骆婷：《A. 麦金太尔的现代性批判思想研究》，人民出版社 2019 年版。

② 马新宇：《康德现代性筹划中道德与科学的不同面向——一种对科学主义的反思》，《自然辩证法通讯》2019 年第 12 期。

③ 叶舒凤、韩璞庚：《在"互镜"中寻求"合作"——现代性视域中的规范伦理学与德性伦理学之争》，《伦理学研究》2019 年第 6 期。

董才生和丛新在对吉登斯福利社会与现代性二元结构社会分析中认为:“吉登斯关于现代性问题研究影响着整个现代西方哲学。其第三条道路是针对传统福利思想中的消极救助问题确立起来的。随着风险类型的转变，他改变了传统福利思想中的以国家为救助主体对个体所遇到的风险进行的后补性救助，转而采取一种解放主体、发挥主体能动性去积极应对风险的方案。这种积极应对的方案彻底转变了福利国家中对人的界定，并以此为基础确立起一套保障人之自我实现的制度。通过这一制度，人所达到的并不仅是一种生存的满足，而是在生活的自觉中实现人的全面发展。”① 王海萍和李晓晴认为:“人的需要和日常生活问题是东欧新马克思主义理论家阿格妮丝·赫勒早期思想中的两个焦点，它们集中表现为赫勒以‘多元需要’‘多元生活方式’为出发点，从微观结构探索日常生活人道化的理论研究。”基于此，王海萍和李晓晴结合赫勒后期思想的理论要点，“通过解读并梳理现代性条件下‘家’‘日常生活’以及‘需要选择’三者的特殊含义及其内在关联，重新审视、思考和探查日常生活的多元化背景下，现代人是如何对其生活方式（需要）作出理性选择，进而过上既幸福又有意义的生活的”②。彭成广在对东欧新马克思主义文化现代性理论的本土化研究与反思中认为:“文化现代性理论是东欧新马克思主义哲学、美学和文化社会学的重点主题之一，它集中体现了东欧新马克思主义的‘人道主义’总体理论特色，体现了对人之生存现实的集中关注。对此，中国学界进行了自觉而丰富的研究，凸显了其文化现代性理论的学理价值。但从已有的研究现状来看，依然存在着研究主题和对象有待拓展、艺术本体论维度缺失、学理探究与鲜活体验的严重失衡，本土化路径有待进一步加强等诸多问题，值得学界进一

---

① 董才生、丛新:《吉登斯福利社会与现代性二元结构社会分析》,《社会科学战线》2019 年第 1 期。

② 王海萍、李晓晴:《现代性视域下日常生活与个体需要的选择》,《学术交流》2019 年第 3 期。

步深入思考并推进相关研究。”①

二、中国马克思主义哲学视域下的现代性问题实践分析

对现代性问题的实践分析，始终是中国马克思主义哲学研究者的重要旨趣。2019年，既是新中国成立70周年，也是全面建成小康社会、实现第一个百年奋斗目标的关键之年。这一年，中国马克思主义哲学研究者主要从三方面展开对现代性问题的实践分析：一是对习近平新时代中国特色社会主义新发展理念、城市转型、空间治理等现代性实践问题展开哲学分析，为推进新时代中国特色社会主义提供哲学支撑；二是在比较与借鉴中，积极反思中国的现代性实践逻辑、话语体系等内容，致力于探索中国特色社会主义的“新”现代化道路；三是积极开展人类命运共同体的哲学分析，为解放全人类积极贡献中国智慧。这些研究既使我们看到了与西方不一样的中国现代性实践展开过程，也使我们对现代性问题有了更全面、系统的揭示，从而为人类社会走向新的历史阶段提供了重要的理论支撑。

秉承马克思主义的基本立场、观点和方法，对习近平新时代中国特色社会主义新发展理念、城市转型、空间治理等现代性实践问题展开哲学分析，为中国特色社会主义建设提供哲学支撑，是中国马克思主义哲学界展开现代性实践分析的重要内容。袁祖社在对“现代性”发展观念及其生存逻辑的深刻弊端与历史反思中认为：“启蒙以来人类精神生活之至关重要的主题性之思，无一例外是围绕着‘发展与生活’的关系得以展开的。20世纪50年代以后，发展理论的成果表明，一方面，由于深刻的‘制度性因素’的嵌入，发展绝对不是一种纯粹的‘经济现象’（经济行为和过程）。制度蕴含着传统、理论、文化、价值以及意识形态等多重因素于其

---

① 彭成广：《东欧新马克思主义文化现代性理论的本土化研究与反思》，《西北民族大学学报》（哲学社会科学版）2019年第1期。

中，构成并实际规定着特定发展实践的边界、特质、模式和方向。脱离制度的发展，是不切实际的抽象。另一方面，不同制度下的发展实践，客观上不断造就并实际带来对于生活本质、生活意义的差异化的主体性理解、选择与体验。就规范理性而言，不同的生活价值观无疑有合理与不合理之分。五大发展理念的提出，为处在新一轮文明转型与变迁时代的人类的制度变革与生活方式的选择，提供了一种具有时代性高度的前瞻性典型示范引领和现实指导意义的新的方案。”① 王鑫和袁祖社在分析绿色消费与美好生活内在耦合的实践与价值逻辑时还认为：“消费社会及其消费主义所表征的，是后现代社会的文化与价值观，它以‘我买故我在’这一本质上异化的生存与生活逻辑，主张任何事物都是可以被消费的。这是一种对自然资源和物质财富无节制消耗和无忌惮挥霍的消费异化的价值观。消费主义的蔓延，颠覆了传统以及现代性社会所确立的自我与共同体的关系质态，导致了一系列深刻的危机：使现代人陷入虚假的自我认同、加速生态环境的破坏等。现代社会要实现人们对美好生活的追求，就必须摒弃消费主义的异化消费观，倡导推广以适度、节制、合宜为核心的绿色消费。绿色消费旨在引导人们在人与自然的和睦相处中形成对美好生活的期许。绿色消费与美好生活目标的实现，还需要全社会共同的努力：培育公民绿色消费的价值自觉，诉诸政府层面的制度性设计，逐步实现由增长型经济向稳态型经济的转向。”②

潘泽泉和刘丽娟在从空间生产与重构视角探讨城市现代性与中国城市转型时认为：“对于城市现代性的空间转向研究，学术界主要存在‘结构与功能范式’的城市现代性、‘行动与意义范式’的城市现代性以及‘资本与权力范式’的城市现代性三种解释范式和知识谱系。城市现代性的

① 袁祖社：《“现代性”发展观念及其生存逻辑的深刻弊端与历史反思——新发展理念的制度实践与美好生活的价值创构》，《思想战线》2019 年第 3 期。

② 王鑫、袁祖社：《绿色消费与美好生活内在耦合的实践与价值逻辑——现代性“消费社会”的深刻危机及破解》，《湖北大学学报》(哲学社会科学版)2019 年第 2 期。

空间实践体现了资本、权力和社会互动下的城市现代性与空间生产逻辑。在空间生产、城市现代性与中国城市发展风险话语体系建构体现了空间的资本化过程与风险经济话语、空间的政治化过程与风险政治话语、空间的文化表征实践与风险文化话语以及空间的主体性实践与风险生活话语等。基于空间重构与城市现代性的中国城市未来发展体现为优化资本重组与空间再造：构建城市现代性中新的资本运作逻辑；构建新的空间政治与包容性城市治理，推动城市现代性中的多元主体协作共治；实现空间正义与公民权利维护，营造公平公正的城市社会；强化空间认同与城市文化表征，在城市现代性中培育城市共同体意识。”① 杨嵘均在阐述网络空间治理体系与治理能力的现代性制度供给时认为：“在当代技术背景下，网络空间治理体系与治理能力现代化建设应该理性选择由现代性与技术二者相互建构而形成的现代性制度供给的路径。在理性选择制度主义路径的理论前提下，网络空间治理体系与治理能力现代性制度供给的逻辑在于遵循由网络空间的开放性、公共性与虚拟现实性共融共生的合规律性，而其所发挥的功能体现在社会动员与政治整合、利益分配以及维持政治和社会秩序稳定等方面。为此，应该科学定位网络空间治理体系与治理能力现代性制度供给的实践：就其过程而言，应不断提升网络空间治理体系与治理能力现代性制度供给的意愿和能力，并努力克服制度供给的滞后性和偏差性；就其供给质量而言，应努力将外在的制度约束转化为人们的内心服从和行动自觉；就其实际操作而言，应力求协调并平衡强制性制度供给与自发性制度供给、特定制度供给和散布性制度供给以及正式制度供给与非正式制度供给之间的关系，确保各类型的制度供给能够相宜相生、相辅相成、相得益彰，以增强制度的效能与效用。”②

---

① 潘泽泉、刘丽娟：《空间生产与重构：城市现代性与中国城市转型发展》，《学术研究》2019 年第 2 期。

② 杨嵘均：《论网络空间治理体系与治理能力的现代性制度供给》，《行政论坛》2019 年第 2 期。

回顾近现代百年中国、新中国70年、改革开放40年，揭示与分析中国“新”现代性的实践道路、中国逻辑及其世界意义，是2019年中国马克思主义哲学研究者展开现代性问题实践分析，探索更加美好的人类社会的重要理论贡献。任平在总结和反思新中国70年的中国发展道路及其世界意义时认为：“贯穿新中国70年历史的一条红线，就是新现代性发展道路的出场逻辑。在新现代性革命道路成功实现中国人民‘站起来’的历史目标之后，作为这一道路的伟大继续，新现代性的发展道路递进实现了人民重托的‘富起来’和‘强起来’的目标，因而是新现代性的中国道路的完成。新现代性发展道路既要超越资本经典现代性发展逻辑，也要超越苏联经典社会主义现代性的发展道路，需要把马克思主义进一步中国化、时代化、大众化，因而表现为中国特色社会主义现代性道路。这一道路是共产党领导人民在经济、政治、社会、文化和生态等各个领域奋力实践、全面开拓的综合结果，是在世界复杂现代性语境中对后发国家走向现代化道路之问的中国解答，更是引领新全球化时代人类新文明发展的中国方案。对新现代性发展道路深层意蕴的哲学表达，呼唤着唯物史观的中国逻辑。”①任平在审视五四运动以来中国百年历史中的现代性时认为：“站在新时代历史方位上，以唯物史观深望伟大的五四运动以来的百年历史及期间开创的新现代性的中国道路，具有重大意义。新现代性的中国道路，即中国新现代性道路，包括中国新现代性的革命道路和发展道路，即新民主主义革命道路和中国特色社会主义现代化道路。新现代性的中国道路之‘新’在于以中国方案深刻解答了‘马克思之问’和‘列宁之问’，它不是套用西方资本逻辑支配下的经典现代性道路的模板，不是苏联社会主义的经典现代性道路的翻版，更不是鸦片战争以来现代性的中国道路的再版，而是形成了鲜明的新现代性方案，在新世界历史场域中创造着人类新

① 任平：《新中国70年：新现代性的中国发展道路及其世界意义》，《武汉大学学报》（哲学社会科学版）2019年第6期。

文明道路，其内蕴的中国逻辑书写着中国化的唯物史观。”① 陈曙光在探讨现代性建构的中国道路与中国话语时认为：“现代性起于西方，是全人类未竟的规划，也是当代中国无法回避的事业。随着‘人类和地球的欧洲化’成为世界历史的主导逻辑，中国早期现代性之路无不以欧美为参照，西学东渐实质启发了中国的现代性事业。然而，实践不会迁就任何先验的逻辑，西方现代性话语不是‘终极词汇’，回到中国自身，才是中国现代性建构的唯一正确方向。中国道路的成功代表了一种新的现代性文明的出场。现代性的中国话语，超越了西方的现代性逻辑，注入了中国的原创性内涵，承载着复杂的现代性使命。中国新现代性在现代性文明谱系中独树一帜，人类从此不再将其身家性命‘系泊于某种单一的现代性’。”②

袁祖社认为：“中国社会 40 年的体制变革与全面改革开放实践，始终围绕‘国家’与‘社会’的关系展开。正是在这一过程之中，中国社会、中国民众关于全新的市场化体制的价值思维智慧，才获得了直接的现实场域和稳固、可靠的根基。‘价值与世界’之‘社会’本位的思考逻辑的确立，奠定了中国政府、中国社会顺应人类文明形态变革之需要，以共同体的立场，倡导、践行‘和谐世界’‘美丽中国’‘一带一路’‘新发展理念’以及‘人类命运共同体’‘美好生活’等全新的价值性生存方略的基调。其所表征的，是中国政府、中国社会以及中国知识界立足文明新形态创制的高度，努力矫正现代性文化观念强势支配着的弱肉强食世界之种种非公正和非美好现实的‘中国方案’与‘中国智慧’。”③ 胡绪明在分析习近平新时代中国特色社会主义思想与现代性的中国方案时认为：“中国特色社会主义进入了从站起来、富起来到强起来的历史新方位，受到了国际社会

① 任平：《论新现代性的中国道路与中国逻辑——对五四运动以来百年历史的现代性审思》，《江苏社会科学》2019 年第 2 期。

② 陈曙光：《现代性建构的中国道路与中国话语》，《哲学研究》2019 年第 11 期。

③ 袁祖社：《“社会”的发现与“价值”的自主生成——现代性变革的中国逻辑及其意义》，《学术研究》2019 年第 3 期。

的广泛关注并引发了新一轮以求解‘中国成功之道’、解密‘中国奇迹之谜’为核心议题的‘中国模式热’；‘中国凭什么强起来’‘中国强起来意味着什么’‘强起来的中国将走向何方’等。面对激辩性的舆论场和竞争性的思想场中出现的极富挑战性的‘现代性话语’，中国学界理应对其作出学理澄清并加以积极回应：中国道路正以何种现代性书写中国特色社会主义现代化的新篇章；中国道路基于何种思想的原则高度彰显了中华民族伟大复兴的现代性质；中国道路究竟能够在多大程度上为人类开启一种新文明类型的可能性。习近平新时代中国特色社会主义思想构建了以‘五位一体’总体布局和‘四个全面’战略布局为基本架构的建设现代化强国的总体方略，书写了紧扣时代主题、符合中国实际、具有中国特色、普惠人类福祉的现代性新篇章，从而为当代人类求解‘现代性问题’提供了中国方案，为走出‘现代性困境’贡献了中国智慧。”①

站在全人类的高度，积极审视中国现代性实践以及全球现代性问题，推进人类命运共同体理论与实践，体现出中国马克思主义哲学界秉承马克思主义解放全人类的高度历史使命感。陈立新在探讨中国经验与现代性的拓展时认为：“西方现代性依其自身原则的运动，越来越多地暴露其弊端，其存在的合理性不断遭到追问，绽露了多元现代性的存在理由。中国特色社会主义的伟大实践，为解决西方现代性难题贡献了中国智慧。为此，要处理好中国与西方、传统与现代、科学与人文的三重关系，即在中西文化博弈中建构新型现代性、在古为今用中确立社会发展新路、在科学与人文的张力中建构美好生活，同时提炼中国道路所开启的新型现代性，为解决西方现代性难题提供智慧和经验。”② 刘同舫在分析全球现代性问题与人类命运共同体智慧时认为：“启蒙理性开创的资本主义现代性世界体系，潜伏着资本主义现代性矛盾困境的生发性祸端，在全球化时代昭彰为资本主

① 胡绪明:《习近平新时代中国特色社会主义思想与现代性的中国方案》,《东北师大学报》(哲学社会科学版)2019 年第 2 期。

② 陈立新:《中国经验与现代性的拓展》,《社会科学辑刊》2019 年第 2 期。

义现代理性统辖的‘虚假共同体’及抽象对立的价值体系。‘虚假共同体’中的现代人生活状态愈发显露出‘单向度的人’与‘陌生人’社会之间的病态关系，全球现代性的危机在深层次上指向人类前途命运和人的生存危机。面对全球的现代性危机，西方学者提出了重塑真正共同体的多种拯救方案，但这些理论假想囿于立场偏向和先验预设，脱节于现代性问题的新变化；马克思通过对现代性方案的辩证分析，揭示了资本主义现代性的总体历史进程，进而潜入世界历史发展的深处提出了人类社会通向‘真正共同体’的深刻洞见和基本方案。构建人类命运共同体的理念既契合中国特色社会主义现代化发展道路的现实关切，又把握住了全球化时代的发展趋势和普遍规律，为建立人类共同价值体系、化解全球现代性危机提供了独特的中国智慧和实践方案，彰显出对马克思世界历史理论的方法论自觉和人类命运的终极关怀。”①

李逢铃在分析现代性辩证法与“人类命运共同体”时认为：“无论是从‘类’还是‘共同体’角度论证‘人类命运共同体’都不够完整。只有回到使两者发生根本性改变的现代性视野中才能更好地理解‘人类命运共同体’。在资本和理性双重动力下生成的现代性，使人类的存在状况实现了‘现代’定在，即区别于传统社会。它形成了鲜明的‘类’意识与共生共存的民族国家体系，这构成了实现‘人类命运共同体’的前件。但又在资本与理性的负作用下导致生命共同体的破坏和不同民族共同体之间的冲突，即产生现代性的自我否定或危机，使人类的命运陷入困境。这种危机促使现代性反思的形成，构成了现代性潜在的否定之否定力量。其中，社会主义作为一种独特的现代性反思力量，启发我们要改变资本主义生产方式和重构现代理性，调整资本生产与人类、自然之间的关系，进而推动‘人类命运共同体’的生长。”② 卢德友和杨士喜认为：“西方资本主义塑造

① 刘同舫:《全球现代性问题与人类命运共同体智慧》,《福建论坛》(人文社会科学版)2019 年第 9 期。

② 李逢铃:《现代性辩证法与“人类命运共同体”》,《教学与研究》2019 年第 6 期。

的现代性强势话语，在现实社会展现的危机中遭受普遍质疑，引发了关于现代性多元路径的期许。中国特色社会主义现代化建设中开辟的‘中国道路’，既是对西方一元论现代性范式的现实突破，更是探索新型现代性方案的有益尝试。在中国现代性构建的历程中，马克思主义的历史担当始终不可忘却。”①

三、现代性问题的中国马克思主义哲学前瞻

当然，2019 年中国马克思主义哲学界对现代性问题的研究，远远不止本文所述。不过，我们已经能够从上述那些研究中，发现中国马克思主义哲学界对现代性问题的研究正在逐渐走向新的广度和深度，正在体现新的特点和趋势。这主要表现在：一是中国马克思主义哲学界对现代性问题的理论阐释和实践分析，正在客观上将现代性问题推向另一种更具根本性的“前提性”讨论中；二是如果真的存在着“现代性”，探索不同于西方现代性的人类解放路径，日渐成为中国马克思主义哲学界现代性问题研究的重要取向；三是马克思的现代性思想仍是解决现代性问题的重要思想资源。这些研究既体现出中国马克思主义哲学界，解释世界和改造世界的马克思主义本真精神，又体现出中国“新”现代性实践的“世界性”，凝结着当代中国马克思主义哲学无数学人的心血与智慧。

现代性的复杂性日益被揭示，对现代性本身更具根本性的“前提性”研究日益走上历史舞台。在很长时间以来，我们几乎从未质疑过现代社会以及“现代性”的历史存在。但是，汪行福在分析拉图尔的现代性思想中认为：“拉图尔试图通过‘物的符号学’超越以往的现代性宪章的主客二元论。他把一切事物都视为行动者，视为网络关系中的存在。人与非人都是行动者，也都处于关系的网络之中，有着与其他事物相互作用的复杂

---

① 卢德友、杨士喜：《“中国道路”与新型现代性构建》，《天津社会科学》2019 年第 2 期。

轨迹。”[①]“哈贝马斯把现代性视为‘未完成的计划’，吉登斯认为我们处在‘晚期现代性’之中，拉图尔却主张‘我们从未现代过’。拉图尔的理论不乏合理内容，但其命题是模棱两可的。并非我们从未现代过，而是现代性从未简单过，并且随着现代社会的发展已变得越来越复杂。”[②]汪行福认为，现代性危机并不能证明“我们从未现代过”，而恰恰是“现代性理论需要再启蒙，把被简单现代性理论与实践抽离的概念和制度‘再嵌入’其历史展开的复杂关系之中，追溯过去的轨迹，探寻未来的方向[③]。”无独有偶，钟晓林、洪晓楠通过分析拉图尔“非现代性”中的人与自然关系，认为“拉图尔通过对盖娅理论的彻底解读，从非现代性角度重新思考人与自然的关系，指出盖娅是自然的世俗形象，其中的行动者都是有生命的，而且盖娅不能称为统一的整体。他进一步批判了现代主义的人类形象和全球概念，创造性地定义了人类世时代的地面人和新气候政权，盖娅影响下的人类与非人类之间的联系是物的议会。拉图尔和新唯物主义都着力于颠覆现代制度的哲学根基，构建反人类中心的科学观，天地境界的人和拉图尔的地面人角色也是非常契合的，这是人类命运共同体的文化价值观。”[④]这些研究表明，有关现代性的理论与实践正在发生某种历史性的转变，这种转变已经涉及从社会存在到社会意识理论与实践的多重复杂逻辑驱动。面对现代性本身的复杂性，很容易导致两种典型的逻辑结果，即要么各说各话，要么走向取消主义的立场。如何从现代性的复杂性中找到其本质特征和内在逻辑，依然是这个时代需要积极揭示的核心谜题。

如果存在着“现代性”，则走出“西方现代性”，探索更适合全人类的现代性道路，始终是现代性问题研究的基本指向，亦是中国马克思主

① 汪行福:《复杂现代性与拉图尔理论批判》,《哲学研究》2019 年第 10 期。

② 汪行福:《复杂现代性与拉图尔理论批判》,《哲学研究》2019 年第 10 期。

③ 汪行福:《复杂现代性与拉图尔理论批判》,《哲学研究》2019 年第 10 期。

④ 钟晓林、洪晓楠:《拉图尔论“非现代性”的人与自然》,《自然辩证法通讯》2019 年第 6 期。

义哲学界现代性问题研究的基本共识。胡大平认为:“现代性发展到今天已处在临界时刻。从其机制看,不断自我否定的反传统沦陷为无确定性保障的‘破坏性创造’过程。从其目标和表现看,远比启蒙更加激进或彻底的生活政治实践将我们推入一种极端状态,然而不断加速的社会变迁却不断侵蚀着进步的意义。从其空间范围看,随着现代化过程的扩大,欧洲之外的国家加入其浪潮,形成了多样的现代性要求,这使得在全球尺度上现代性不再是一个统一的过程。总体上,作为社会结构的现代性已经散裂;作为社会过程的现代性已经陷入僵局;作为生活体验的现代性已经矛盾重重。简言之,作为一种社会想象的现代性成为一个不可能完成的任务,不再成为我们想象力的源泉。”① 夏莹认为:“西方学界从两个不同的路径来界定现代性:其一,现代性作为真实的历史事实,成为现代与古典时期的年代断裂;其二,现代性是启蒙理性所构筑的一种思想幻象。后一界定产生了深远的现实后果。它在其演进过程中逐渐被窄化为一种工具理性,从而将现代性视为一种仅仅关注于可计算的量化演进,强调了一种进步强制,并在自我演进中呈现出一种极限化的发展态势,似乎成为一部发展的永动机。”②“为了遏制这一极限化的发展态势,克服现代性带来的现实恶果,”夏莹“运用福柯对于康德之启蒙思想的继承性解读,从现代性之发展源头探寻一种对现代性发展的限定,以界限意识所构筑的启蒙理性,补充工具理性对启蒙的片面化规定,并将现代性为自我设定界限视为现代性的成熟状态”③。如果现代性有极限,这种现代性指的是“西方”已经经历的现代性还是其他什么样的现代性,抑或是作为一种普遍的人类社会历史过程的现代性必然内在地存在着自我否定式运动等等,都值得我们进一步去深入探讨。这些已有研究和遗问都在一定程度上提醒我们,对“现代性”做出必要的区分并明确其谱系,仍然

① 胡大平:《作为不可能任务的现代性》,《社会科学战线》2019 年第 3 期。

② 夏莹:《现代性的极限化演进及其拯救》,《社会科学战线》2019 年第 3 期。

③ 夏莹:《现代性的极限化演进及其拯救》,《社会科学战线》2019 年第 3 期。

是一项十分重要的工作。

马克思主义哲学依然是探究现代性理论与实践问题的重要思想资源，超越西方已经经历的现代性道路，需要从实践中找到一条“解决现代性问题的真正道路”。胡大平认为：“随着现代性在空间上的扩张和在逻辑上的加强，其在社会历史表象上也就不断极端化，并因此使得其原初的启蒙规划显得过剩。这种极端化表明现代性进入了超级状态或阶段。在这个阶段上，环境的超现实化、生存活动的脱语境化以及人本身的非主体化对人类生存和发展直接提出了终极性挑战。对这种挑战的诊断以及对另类现代性的想象，构成今日哲学之重大任务。以之为参照，自卢卡奇提出现代性的极限以来，由于缺乏替代想象，在话语上，西方激进理论便陷入百年焦虑，后现代以及其他晚期现代性话语都只是这种焦虑的表象。对于当代中国来说，现代化进入新时代，也意味着创造超越西方现代性之疯狂的别样现代性成为时代的直接任务。”① 陶惠娟认为：“面对 19 世纪资本主义的价值危机，马克思将哲学作为宗教政治经济异化来批判，尼采则对宗教展开道德文明批判，从黑格尔的哲学与世界的和解到其体系瓦解命运以及马克思与尼采各执一端的必须改变世界的实践使命与道路，我们可以看出黑格尔现代性批判的不可超越性以及马克思与尼采之间从对峙到互补以及生成新哲学问题域的必要可能，《启蒙辩证法》中的‘自否定’道路就是最好的证明。生硬地将马克思与尼采的批判道路对立开来并不利于 21 世纪复杂而发达的现代性批判理论建构，辩证地研究马克思与尼采面对资本主义价值危机时各自的自我批判式应对路线，并探索两者开拓未来文明的道路之于现代性的意义可以开拓人类生活的价值境界，为未来文化的发展和新文明的创造提供有益的借鉴。”②

胡大平认为：“当‘一切等级的和固定的东西都烟消云散了，一切神

① 胡大平：《当现实走到启蒙的前面——超级现代性的哲学批评》，《哲学研究》2019 年第 10 期。

② 陶惠娟：《现代性视域中的自否定实现道路探索》，《学术交流》2019 年第 4 期。

圣的东西都被亵渎了’成为人们的标准体验，现代性也就变得难以辨识、分析和评判。时代已经超出启蒙规划所能认知和接受的范围，‘过度’‘极端’已经成为我们的时代感受，这便是超级现代性状况。当人类进入超级现代性状态，文明在技术、经济、政治、文化等各个维度都开始面临着严峻的挑战。”① 李维意认为：“资本主义大工业推动了交通工具和通信手段的革命，其直接后果是民族交往向世界交往的跨越。世界交往具有三大空间效应：一是世界交往的时空转换效应。世界交往成功地实现了‘用时间换取空间’和‘用空间集约时间’，推动了资本生产力的长足发展，创造了资本文明的奇迹。二是世界交往的‘空间剥夺’效应。世界交往把资本和劳动的矛盾扩展到整个世界，成功地实现了对落后民族、国家的‘空间剥夺’。‘空间剥夺’是马克思资本主义现代性批判的重要视角和内容。三是世界交往的空间解放效应。资本空间解放虽然创造了文明奇迹，推动了生产力的巨大发展，但是资本主义现代性有着自身的历史局限。无产阶级将取代资产阶级成为空间解放的主体力量，进而颠覆资本空间、解放劳动空间。劳动空间解放的最终目标是实现由‘必然王国’到‘自由王国’的飞跃。”② 冯波认为：“比较西美尔与马克思对现代社会的不同分析，有助于我们更好地理解现代社会、理解卢卡奇以来的西方马克思主义。西美尔的客观化概念与马克思的物化概念看到了现代社会生活相似的问题，即主体与客体之间的疏远或异化。西美尔的疏远概念揭示了比马克思异化概念更严重的现代社会问题，即高度分化的现代生产失去了确证个体主体本质力量的性质和功能，而不论劳动产品归哪个阶级所有。与西美尔相比，马克思的总体性重建具有某种审美的倾向。与马克思相比，西美尔的个人视角主张适应而不是解决这一现代性问题。解决客观化与物化问题，需要综合西美尔的个体主体视角与马克思的共同体视角，将社会生产的总体性最终

① 胡大平：《超级现代性状况及其体验》，《江海学刊》2019 年第 4 期。

② 李维意：《论世界交往的空间效应——基于马克思资本与劳动关系的现代性批判视角》，《哲学研究》2019 年第 10 期。

落脚到对个体主体的确证上，从而找到解决现代性问题的真正道路。”[①]这些都表明，西方已经经历的现代性具有自身的历史局限，这一点再次强化为历史共识。它呼唤新的理论和实践来对这种“西方现代性”做出历史交割，并探索出新的发展道路。在这个意义上，如果现代性是人类社会普遍都会经历的一种社会历史过程，那么，这种历史过程必然是多样性和普遍性的辩证统一。即使是作为普遍存在的现代性，它也是与不同的社会历史环境紧密相关的。因此，任何脱离实践的现代性理论解读与实践探索都应该被抛弃，任何现代性都应当从“实践的方面去理解”，而以“现实的人”为前提的历史唯物主义也将在解决现代性问题，超越现代性问题中更加充分展现其不可替代的理论与实践价值。

综观2019年中国马克思主义哲学界对现代性问题的理论透视与实践分析，它再次表明，现代性问题依然是我们这个时代尚未完全揭示的重要谜题。在今天的语境中，“现代”、“现代性”似乎既为人们所熟知，但又似乎极其陌生。所谓“熟知”，主要是因为文学、历史、政治、哲学等不同领域的学者都曾从不同方面力图揭示某种“现代性”。所谓“陌生”，则主要是在于无论我们如何阐释“现代性”，似乎都难以揭示其全貌。这种对“现代性”的模糊理解，既揭示出现代性问题本身极其难解的复杂性，又在不断地提醒我们，我们对现代性问题依然知之甚少。如果说现代性具有怎样的一种特点，可能最为重要的是不同语境中的现代性均具有不同程度的复杂性和多样性。因此，我们对现代性的哲学、文学、社会学、历史学等方面的多维分析，依然显得十分必要且非常重要。当然，任何与“现代性”有关的讨论都必须立足于实践，只有在历史实践中我们才能真正看到现代性究竟是怎样的。然而，现实的实践永远在发展，而“现代

① 冯波:《客观化与物化——西美尔与马克思现代性社会分析之比较》,《哲学研究》2019年第11期。

性”也在发生着某种改变。这也就意味着，无论是现代性、“超”现代性、“新”现代性、西方现代性、东方现代性、中国现代性或是其他的什么现代性，都将在历史实践中得到合理的揭示。只不过，这个过程并非一蹴而就，而是一个逐步走向更加全面、深入的历史过程。因此，在一个相当长历史时期内，对现代性的理论与实践研究，仍将是马克思主义哲学界乃至整个学术界需要积极揭示的重要课题。

作者单位：华中科技大学哲学系

五四运动百年的哲学反思简述

周　可

2019年恰逢五四运动100周年。五四运动既是新文化运动的重要转折，也是新文化运动中的标志性事件，是中国近现代史上具有划时代意义的重大事件。2019年，五四运动及其所代表的新文化运动再度受到广泛的关注。4月19日，中共中央政治局举行第十四次集体学习，集中学习五四运动的历史意义和时代价值；4月30日，纪念五四运动100周年大会在北京隆重召开，习近平总书记出席大会并发表重要讲话。他指出，五四运动是一场伟大爱国革命运动、伟大社会革命运动、伟大思想运动和新文化运动。在五四百年之际回眸五四运动乃至整个新文化运动，也是2019年国内思想界和学术界的热门话题。由光明日报理论部、学术月刊编辑部和中国人民大学书报资料中心组织评选的“2019年度中国十大学术热点”中，“五四运动百年回顾”位列第四。在这一年的众多五四运动研究著述中，对五四运动百年的哲学反思构成了一道亮丽且独特的风景线。大致而言，这一道风景线由以下几部分组成。

一、反思五四新文化运动的启蒙理性

早在新文化运动发生后不久，围绕新文化运动的性质和意义的争论就没有停息过。五四运动乃至整个新文化运动中最响亮的口号莫过于“民主和科学”，关于五四新文化运动最有代表性的观点莫过于把五四新文化运动理解为中国的文艺复兴运动、宗教改革运动和启蒙运动，从不同角度强调其解放人性、崇尚理性、呼吁自由、批判传统的启蒙意义。尽管如此，20 世纪 70 年代以来，国内外对五四新文化运动的启蒙意义的反思就不绝于耳[①]，并且争论不休。[②] 在五四运动百年之际，这一问题仍然热度不减，受到许多学者的关注。

北京大学赵敦华教授认为:“民主和科学”不是一句口号，它所代表的五四精神是中国式启蒙的时代精神。他厘清了五四精神中的“民主和科学”和“爱国与进步”的内在关联，反驳了那种认为五四运动前后引入各种新学、割裂中国传统文化命脉的观点，主张赋予“民主和科学”以新的时代精神和思想内涵。他着重揭示了五四时期“民主和科学”的不足。他指出，20 世纪初叶，西方思想界的主流是实证主义和功利主义。当中国人从西方引起“民主和科学”观念时，不可避免地把实证主义的科学观和功利主义的民主观带了进来。从历史上看，这两种思潮在后来的发展中与马克思主义分道扬镳，且不能适应中国社会实际。受此连累，“民主和科学”的应用范围受到很大限制，没有普及和发展，也未能真正融化在国民素质之中；就其实质而言，实证主义的科学观和功利主义的民主观有其内在的缺陷。实证主义和功利主义都以预定的目标来限定民主与科学的精神内涵，把民主与科学的功能归结为一些狭隘的手段和方法。正如西方思想家所指出的，实证主义的科学观导致唯科学主义的新教条，功利主义的民主观忽视甚至牺牲社会正义来换取“最大限度的幸福”，其后果或是流于自

① 这方面的代表性著作有：林毓生:《中国意识的危机——“五四”时期激烈的反传统主义》，贵州人民出版社 1988 年版；余英时等:《五四新论——既非文艺复兴，亦非启蒙运动》，联经出版事业公司 1999 年版；许纪霖:《当代中国的启蒙与反启蒙》，社会科学文献出版社 2011 年版。

② 参见沙健孙、龚书铎:《五四运动与 20 世纪中国的历史道路》，人民出版社 2001 年版。

由放任，或是沦为极权专制。进一步而言，尽管实证主义和功利主义也曾想把民主与科学推广到全社会，但是，它们只是把民主与科学作为达到某个预先确定的目标的手段，这就与“民主和科学”的批判创新思维方式和自由开放的价值取向相冲突。基于此，赵敦华教授主张：“我们应该把民主与科学理解为一种动态的机制，渗透于这一机制的精神，从肯定方面说，就是实事求是，即按照事实的变化，不断地设置、调整和修订自身的目的和手段；从否定方面说，这也是自我批判的精神，即不断地主动地清除自身的错误、落后和腐朽的成分。”①

同样是反思五四新文化运动中的启蒙观念，我国台湾学者彭小妍研究员在 2019 年出版的《唯情与理性的辩证——五四的反启蒙》一书中将批判的矛头指向五四启蒙的理性观念本身，揭示出五四启蒙的内在悖论。该书深入探究 1923 年爆发的科学与人生观论战的来龙去脉，考察了五四新文化运动前后唯情论与启蒙理性之间的互动，对长期以来的“五四是启蒙理性运动”的观点提出了质疑。彭小妍研究员指出，早在 1910 年代，梁启超、蔡元培等人就以柏格森的创化论、杜威的经验主义和中国传统学术为基础，在人生观论述提出了反对唯心论和唯物论、主张心物合一的唯情论。在国内，这场唯情论的科学与人生观论战影响深远，不仅波及思想界，更深入到文学界和艺术界；在国际上，梁启超、蔡元培领导的人生观派及美育运动与德国、法国、日本等国的人生观运动相互呼应，共同构成了第二次世界大战前后欧亚的“反理性主义”语境。总之，经由 1910 年代的美育运动及 1920 年代的科学与人生观论战，五四启蒙中唯情与理性的辩证互动关系得以呈现，从而彰显了五四启蒙论述的复杂性：“五四推崇理性的启蒙论述高扬之时，主张情感启蒙及唯情论的反启蒙论述也同时展开；两者实为一体的两面，互为表里。”② 与此同时，通过追溯“人生

① 赵敦华：《百年回首话五四》，《北京大学学报》（哲学社会科学版）2019 年第 3 期。

② 彭小妍：《唯情与理性的辩证——五四的认识论》，《华南师范大学学报》（社会科学版）2019 年第 4 期。

观”、“直觉”、“创造”等“跨文化语汇”由欧美进入日本，进而进入中国的历程，彭小妍研究员还原了联结五四与欧亚反启蒙论述的跨文化网络，表明儒家传统在一片“打倒孔家店”的呼声中因与柏格森等人思想的互动而再生的过程，五四反启蒙的世界意义和当代价值由此得以彰显。

美国弗吉尼亚州立大学荣退教授汪荣祖则以胡适在新文化运动中的功过为例，认为五四新文化运动的实质不是启蒙的理性精神，而是浪漫主义风潮。他指出，五四新文化运动所迎接的西潮其实是流行于西方的浪漫风潮，五四新文化运动对旧文化的强烈批判因救亡而起，并不基于理性，而是基于激情。“五四爱国运动的底蕴是在外力刺激下引发出来的强烈爱国主义——其核心是在 19 世纪已盛行西方的‘国族主义’，由此产生的新文化运动自然具有不能磨灭的浪漫色彩。胡适参与领导的新文化运动——因其革命的本位——所呈现的也就不可能是理性的启蒙精神，而是感性的浪漫激情。”① 因此，“五四”所倡导的科学，实为科学主义，热情多而理性少，所倡导的民主却沦为非理性的“民粹主义”（populism）。

百年来关于五四运动的不同评价，主要分歧来自马克思主义与自由主义两大思潮，这一分歧的实质，并不在于如何看待五四运动的“外争国权，内惩国贼”的爱国之举，也不在于如何看待五四运动同新文化运动所倡导的“科学”与“民主”之间的关联，而在于如何看待五四运动所导致的“社会主义”作为新价值观在新文化运动中的凸显与确立，以及由此而来的中国人对社会主义的选择与追求。对此，武汉大学李维武教授回顾了五四运动后社会主义新价值观的凸显与确立，从俄国十月革命发生的世界历史大背景、巴黎和会这一直接导火索、新文化运动前期的新旧价值之争，以及中国早期马克思主义者作为传播与实现社会主义新价值观的主体等四个方面分析了社会主义新价值观确立的原因，并且通过围绕中国要不

① 汪荣祖:《启蒙还是浪漫？——重评胡适在新文化运动中的功与过》,《文史哲》2019 年第 2 期。

要选择社会主义、中国要选择何种社会主义和中国如何实现社会主义等三个问题的思想争论，展现了社会主义新价值观在中国思想世界得以确立的主要思想环节和五四运动后中国思想世界新变化和新趋势的核心内容。由此，李维武教授回应了20世纪80年代以来出现的“救亡压倒启蒙”① 和“告别革命”② 的观点，认为五四运动后社会主义新价值观在中国思想世界的凸显与确立，延续了新文化运动的“启蒙”精神。“启蒙”的内涵不再只是以“科学”与“民主”为代表的新价值观，批判以孔子、孔教、儒家纲常为代表的旧价值观，而主要是以社会主义新价值观，批判近代以来中国人对西方资本主义价值观的迷信。新文化运动所倡导的“科学”与“民主”的新价值观，在五四运动后并非就被“救亡”所“压倒”，而是或被赋予新的内容，或被加以新的解释，进而在社会主义新价值观里保留下来。例如，陈独秀在经历五四运动转变成中国早期马克思主义者后，其“科学”观念的内容进一步扩大，不仅包括实证自然科学，而且包括马克思主义等实证社会科学，其“民主”观念也被加以新的解释，强调进入20世纪后民主制度的主体正由资产阶级转变为无产阶级。不仅如此，中国早期马克思主义者在自己所主张的社会主义新价值观里，在强调以马克思的社会主义理论改造中国社会、复兴中华民族的同时，保留了新文化运动的“启蒙”精神的积极成果，从而展现了一种中华民族历史上前所未有的新型的社会理想和人生理想。用李大钊的话说，这种理想既包含了人类对个性解放的追求，又包含了人类对大同团结的向往。可见，社会主义新价值观在五四运动后中国思想世界的凸显与确立，不仅具有五四运动的“救亡”性质，而且承继了新文化运动的“启蒙”精神，不能曲解为“救亡压倒启蒙”来加以贬抑或否定。③

① 李泽厚:《中国现代思想史论》，东方出版社1987年版，第25页。

② 参见李泽厚、刘再复:《告别革命》，天地图书有限公司1995年版。

③ 李维武:《五四运动与社会主义新价值观的确立》，《武汉大学学报》(哲学社会科学版)2019年第2期。

“打倒孔家店”无疑是五四新文化运动中最响亮的口号之一。20世纪80年代中期以来，这一口号被当作全盘反传统的激进主义标识，五四新文化运动也因此被贴上了全盘反传统激进主义的标签。不过，华东师范大学陈卫平教授指出，儒学不是传统文化的全部，因“打倒孔家店”而视“五四”为全盘反传统是没有说服力的；事实上，“五四”对于非正统儒学和包括孔子在内的先秦诸子都有肯定。准确地说，“五四”时期的知识分子主张对传统文化持“评判的态度”；当时所要“打倒”的“孔家店”实际上是以“孔教”为主要对象，其历史正当性在于把人们从封建意识形态中解放出来。因此，不能把“五四”的攻击孔教定性为全盘反传统的激进主义，“五四”批判孔教表现了批判封建主义意识形态的彻底精神。[①] 四川美术学院特聘教授杨春时试图在重新理解传统文化的基础上，总结五四“传统文化批判”的历史经验。他指出，五四启蒙运动对传统文化的批判之所以没有完全获得成功，是因为五四时期知识分子从中西比较的角度来认识中国文化的性质，没有深入中国文化的深层结构来把握其根本性质，从而抹杀了中国文化的特殊性倾向。他提出，中国文化的核心是恩德文化，它把施恩和报恩作为根本的价值根据，依次建立了以仁为核心的家庭伦理、社会伦理和政治伦理。这样，“恩德既是一种制度性的控制，也是一种情感性的控制”[②]。它造就了非宗教性的世俗文化，赋予中华文化以浓厚的伦理性和情感性，也以柔性控制的方式桎梏了“仁”的自由和个性，巩固了传统社会。而“五四”知识分子没有自觉意识到传统文化的恩德实质，其身上还残留着恩德观念。他们一方面反对孝道，主张婚姻自主，另一方面在行动上反其道而行之。这就导致了他们对传统文化批判的不彻底，没有批判以恩德为核心的传统文化在情感方面的控制，没有深入批判“仁”等核心范畴、国民对国家的感恩意识，以及朋友、师生关系的恩德内涵。

---

① 陈卫平:《“五四”: 在多元阐释中重建知识叙事》,《文史哲》2019年第6期。

② 杨春时:《五四“传统文化批判”的历史经验》,《上海文化》2019年第6期。

二、重释五四新文化运动的历史意义

在百年之际回望五四新文化运动，不只是为了还原五四新文化运动的真相，也不只是为了批判五四启蒙和五四精神的诸多缺陷，而主要是为了在新的时代语境中重释这场运动的历史意义，特别是阐发五四启蒙和五四精神的当代意义。

尽管赵敦华教授批评了五四“民主和科学”中的实证主义和功利主义因素，但是他并不主张抛弃“民主和科学”，而是提倡在时代精神的层面理解并发展“民主和科学”。在他看来，“民主和科学”不只是分别适用于政治界与科学界的两种分离的思想，也不是只适用于这两个领域的局部观念，而应是适用于全社会的时代精神，应成为全民族的思想素质的要素。同时，民主与科学不能分家。缺乏民主的精神氛围以及民主制度所能保障的思想和学术自由，科学难以发展，甚至会被窒息；而没有科学的开放精神、理性标准、求实态度和创新作风，也不会有真正的民主观念与制度。概而言之，“我们应该把民主与科学理解为一种动态的机制，渗透于这一机制的精神，从肯定方面说，就是实事求是，即按照事实的变化，不断地设置、调整和修订自身的目的和手段；从否定方面说，这也是自我批判的精神，即不断地主动地清除自身的错误、落后和腐朽的成分”①。

中国人民大学哲学院马俊峰教授和王霞也认为，目前对五四精神的挖掘不够深入、利用不够充分，继承和发扬五四精神仍然是我们当今的重要任务。他们重新考察了五四精神的内涵、影响，思考了知识分子的主体地位，充分肯定了启蒙的现代价值。他们指出，狭义的五四运动侧重的是以反对帝国主义为特征的爱国主义，而广义的五四新文化运动侧重的是以反对封建主义为内容的爱国主义。在五四新文化运动时期，救亡与启蒙之间的差异和张力居于次要的方面，二者的相互联系相互促进是主要的

① 赵敦华:《百年回首话五四》,《北京大学学报》(哲学社会科学版) 2019 年第 3 期。

方面。后来，随着救亡任务的凸显，反帝意义上的爱国主义得到充分的肯定，而反封建意义上的爱国主义即与启蒙相关联的爱国主义备受压制，使得五四精神的历史作用没有得到充分的实现，尤其是对作为五四精神实质的“爱国、进步、民主、科学”有所误解。例如，倡导爱国精神的爱国教育效果不佳，出现了民粹主义和义和团式的“爱国浪潮”；作为进步旗帜的共产党在成为执政党后，没有自觉适应角色的转变，在知识分子政策等方面出现了失误；科教事业虽有所发展，但是受政治权力干预，在继承和发扬科学精神方面有所欠缺；虽然在推动共和方面成绩显著，但是民主和法治建设任重道远。历史地看，知识分子无疑是五四运动的中坚力量和主体力量，也是继承和发扬五四精神的主要力量。中华民族的伟大复兴事业也需要知识分子以特有方式参与其中。由于启蒙是与中国的现代化进程紧密结合在一起的，五四新文化运动是在文化层面思考中国的现代化，因此，尽管启蒙精神有其局限性，但是从中国的现代化进程及其特点和历史定位来看，启蒙的任务并没有完成，我们还在启蒙的进程当中，依然需要启蒙。当然，现阶段中国的启蒙并非专指欧洲原初意义的启蒙，而是随着历史的发展而注入了包括马克思主义在内的新内容。①

清华大学任剑涛教授从现代中国的国家建构的角度重审“五四”，为“五四”开辟了新的辩护路径。“‘五四’是中国真正挣脱传统中华帝国牵绊，循辛亥路径正式将中国落定在现代国家框架中的一次社会政治变局；同时是挣脱现代帝国体系控驭，循民族国家的全球化路径建构现代中国的一次尝试。只要现代中国建构的目标仍被确认，那么‘五四’就获得了它深厚的正当性辩护理据。”② 就“五四”的原因而言，从社会政治视角看，“五四”的近因是第一次世界大战后的全球利益分配所激发的中国国家认同激情，远因是明清以降中国所面对的国家转型困局催生的国家重构

① 马俊峰、王霞：《继承和发扬五四精神依然是当今的重要任务》，《湖北大学学报》（哲学社会科学版）2019 年第 5 期。

② 任剑涛：《挣脱帝国的牵绊：“五四”与中国的现代建国》，《江汉论坛》2019 年第 5 期。

焦灼；从社会文化变迁的视角看，“五四”的远因是明清之际对私天下的批判，对公天下的呼吁，近因是《新青年》集群对中国传统文化的猛烈抨击。“五四”的后果也有远近之分：社会政治的直接后果，就是中国在辛亥革命推翻帝制以后，进而在应对列强对中国采取的帝国主义举措之中，自觉意识到中国所必须建构的现代国家特质；其远期社会政治后果，正是力求挣脱古代帝国的自身逻辑，同时力避现代帝国对中国建构民族—立宪民主国家的控驭，让国人据此知晓，中国必须走出古代帝国而转进到现代民族国家，并且在现代国家的民族国家之形式结构基础上确立起立宪民主之实质结构。而终结帝国逻辑与开启民族国家的立宪民主进程，正是“五四”至今仍然绵延着的中国历史大脉络，也是“五四”具有历久弥新价值的理由之所在。作为“五四”精神灵魂之一的“民主”，就是为了促成中国的现代政体建制，从而为中国的现代建国者明确立定了建构现代国家的立宪民主政体的任务。中国实现民族国家和现代民主的历程艰难曲折，任重道远，恰好表明“五四”对中国建构现代国家所具有的不可替代的意义。

中国社会科学院哲学所刘悦笛研究员则主张从人类“大启蒙”的视角审视五四新文化运动的世界意义。“大启蒙”是相对“小启蒙”而言的，后者是指18世纪欧洲启蒙运动所带来的一系列跨文化的启蒙，其核心是倡导理性、科学、人文主义和进步，五四新文化运动就是其影响的余绪。到了20世纪，“小启蒙”的缺憾显露无遗，最主要的就是因理性而塑造的科学所带来的负面影响，它让人类付出了自然与文化的双重代价。“大启蒙”就是要破除这种异化现象，让启蒙理性不再以理性为绝对中心，用东方智慧来平衡西式启蒙的偏颇。进一步而言，未来的全球社会所需要的“大启蒙”，既反对理性中心主义，又不流于唯情是举主义，而是走向了一种既合情又合理的新的启蒙通途。从“大启蒙”的视角来看整个五四新文化运动，就会发现它所代表的中国启蒙其实是一种全面性的建构：一方面，“输入学理”与“整理国故”都是为了通过借鉴西方和继承传统，实现“再造文明”，因而是一个“不破不立”和“大破大立”的双向历史过程，也符合当今中国文明复兴的历史大势；另一方面，中国启蒙遵循“情理合一”的情本思路，以人情来对理性加以均衡，实现了理性与感性之间的均衡发展使得人类获得一种完整的“情理结构”。由此看来，五四新文化运动不只是中国文明内部的一次历史转折，将中国从传统的文明古国带入了启蒙，还带来了对于世界文明的积极贡献，其开启的中国启蒙将人类启蒙拓展到了“大启蒙”的阶段。①

三、探讨五四新文化运动与中国道路的关系

区别于以往从科学与民主、反传统等方面来理解五四新文化运动的启蒙意义，有学者提出从中国道路的视角来阐发五四新文化运动的价值。

在武汉大学何萍教授看来，中国道路既是中国现代化的历史进程，也是中华民族的新精神、新文化的历史开展，应该从新文化运动到中国道路的思想历程中去探寻中国道路的文化品格和理性精神。她指出，作为一个有着特定历史内涵的概念，中国道路具有双层含义：一是指中国现代化所具有的世界历史普遍性，二是指中国无产阶级革命的特殊性。真正提出中国道路的思想和主张的是中国马克思主义者，中国道路的历史起点和思想起源则应该追溯到新文化运动。新文化运动作为近代中国典型的启蒙运动，以五四运动为契机，形成了三个节点：第一个节点发生于 1915 年至 1916 年，新文化运动高扬“科学”与“民主”，展示了中国近代文化与传统文化的断裂；第二个节点发生于 1917 年至 1920 年，由于十月革命和五四运动的爆发，新文化运动向我们展示了中国道路的缘起；第三个节点发生于 1924 年，新文化运动结束，它展示了中国道路思想提出阶段的结

① 刘悦笛：《为“大启蒙”辩护：中国启蒙的世界价值——从人类理性视角纪念五四运动百年》，《社会科学报》2019 年 4 月 4 日；《如何认识新文化运动百年的全球意义》，《人民论坛》2019 年第 4 期（下）；《作为“大启蒙”的“五四”：走向“启蒙就是救亡”的历史大势》，《文史哲》2019 年第 6 期。

束，标志着新文化运动倡导的社会主义文化和社会主义革命的观念已经越出了思想的疆域而进入了现实的政治斗争，成为中国社会变革的内在精神和现实力量。这是中国道路从文化观念走向现实的转折点，是中国道路的另一个阶段的开始。这表明，新文化运动有着广阔的世界历史背景和丰富的文化内涵。它的丰富文化内涵不是单用近代社会的“科学”与“民主”观念就能概括的，而必须到中国道路的提出和理论创造活动中去发掘它的科学社会主义的文化观及其相关的理论创造和实践活动。为此，需要把握新文化运动在第二个节点和第三个节点上发生的两次理论框架的转换：一次是在第二个节点上发生的由进化论到唯物史观的理论框架的转换，它标志着中国道路构架的提出；另一次是在第三个节点上发生的由唯物史观到辩证唯物主义，进而创造出实践唯物论的理论框架，完成了中国道路的理论建构。可见，五四新文化运动不是静态的事件，而是一个动态的发展过程，这个过程通过三个节点上的变化表明，新文化运动所倡导的新文化绝不是复制西方 18 世纪启蒙哲学的科学与民主的观念，而是在 20 世纪世界社会主义革命的背景下对中国问题的思考，其中既包含了近代社会的科学与民主观念，也包含有科学社会主义的文化观和中国经验的特殊性和中国道路的独特性，而贯穿于这种文化之中的，乃实践是检验真理的标准和坚持矛盾特殊性的复杂性的哲学原则。从新文化运动来看中国道路，就会发现中国道路作为新文化运动的积极成果，既体现了中国的新文化、新精神的创造，又通过自身的理论发展和实践把新文化运动的积极成果转化成中国人的生活方式和思维方式，铸造了中国的现代性。①

苏州大学任平教授和郭一丁也从现代性的视角理解中国道路，考察五四新文化运动与中国道路之间的关系。他们认为，新现代性的中国道路，即中国新现代性道路，包括中国新现代性的革命道路和发展道路，即

① 何萍:《新文化运动与中国道路——为庆祝中华人民共和国成立七十周年而作》,《天津社会科学》2019 年第 5 期。

新民主主义革命道路和中国特色社会主义现代化道路。它不是套用西方资本逻辑支配下的经典现代性道路的模板，不是苏联社会主义的经典现代性道路的翻版，更不是鸦片战争以来现代性的中国道路的再版，而是形成了鲜明的新现代性方案，在新世界历史场域中创造着人类新文明道路，其内蕴的中国逻辑书写着中国化的唯物史观。这一道路的伟大开端可以追溯到五四运动，原因有三：一是文化觉醒成为社会现代性的先导，五四运动传播了先进思想文化，开启了马克思主义中国化进程；二是五四运动中无产阶级成为新现代性的中国道路的自觉的认知主体、实践主体和领导力量，标志着现代性主导阶级的历史性转变；三是俄国十月革命深刻改变了资本全球化的格局，使中国的民族独立、民主革命和现代性运动变成了世界反资本霸权的社会主义运动的有机构成，五四运动恰好是中国与这一世界格局第一次伟大对接的表现。①

华东师范大学陈卫平教授从“五四”知识叙事的角度探讨了“五四”与中国现代化之间的关系。他指出，改革开放以来的中国近代史研究经历了从以三次革命高潮为主线向以中国现代化进程为主线的转变；这一转变导致了原先的知识叙事中作为新民主主义革命开端的“五四”变得模糊不清。实际上，中国近代的社会革命和走向现代化是同一历史进程的两个方面，它们同时起步，相互交织。“五四”既在社会革命方面反省辛亥革命的失败，认识到了发动广大群众进行直接斗争的必要性，又以民主和科学为旗帜，是从现代化方面反省辛亥革命失败而来的；“五四”精神哺育下诞生的中国共产党，既是新民主主义革命的领导者，又以实现中国现代化为使命。因此，他认为：“在重建的‘五四’知识叙事中，对于‘五四’在中国近代历史进程的意义，应当指出它既是新民主主义革命的开端，同时又首先确立了现代化的价值原则。”②

---

① 任平、郭一丁：《论新现代性的中国道路与中国逻辑——对五四运动以来百年历史的现代性审思》，《江苏社会科学》2019年第2期。

② 陈卫平：《“五四”：在多元阐释中重建知识叙事》，《文史哲》2019年第6期。

四、溯源五四新文化运动中的现代中国哲学

五四新文化运动恰逢19世纪末20世纪初西方思想文化传入中国的重要阶段，包括哲学思想的西方思想文化汹涌而至，为现代中国哲学形成和展开提供了丰富的思想资源。

武汉大学李维武教授认为，五四运动促成了新文化运动阵营的分化，从新文化运动的领袖人物和投身这一运动的新青年中走出来的一代中国早期马克思主义者开启了中国马克思主义政治哲学。他们不只是致力于倡导新文化的文人书生，而是集革命家与学问家于一身的知识精英。从李大钊与胡适之间发生的"问题"与"主义"之争开始，中国早期马克思主义者推动着新文化运动由"不谈政治"转向"谈政治"，并且以唯物史观作为"谈政治"的基础和出发点。他们开始以马克思主义哲学作为新的世界观和方法论，观察中国的历史与现实，思考中国的困境与出路，回答"中国向何处去"这个时代大问题，进而以唯物史观作为基础和出发点，对革命、阶级、国家、政党诸政治问题进行了哲学层面的思考和探讨，由此开启了中国马克思主义政治哲学的最初进程。可见，五四运动是中国马克思主义政治哲学的起点，由中国早期马克思主义者开启的中国马克思主义政治哲学是对五四运动的文化意义与精神遗产的继承和发扬，其开创意义和思想资源不可忽视。①

1919年5月，美国实用主义哲学家杜威抵达上海，在中国居留两年多。杜威在华的讲演、授课等活动对这一时期的五四新文化运动产生了深远的影响。华东师范大学顾红亮教授指出，在访华期间，杜威的实验主义在认识论、方法论、人生观、社会哲学上展现其多重内涵，以直接或间接的方式参与多个哲学论辩，从而使实验主义巧妙进入了现代中国哲学话语

① 李维武:《五四运动与中国马克思主义政治哲学的开启》,《社会科学战线》2019年第5期。

体系。在知行关系之争中，杜威通过与孙中山的讨论，引介詹姆士的真理论，以实验解释行动，提出实验的认识论，从而在认识论上推动实验主义进入现代中国哲学话语体系；在“问题与主义”论战中，胡适将杜威的实验方法应用于社会问题的讨论，使得实验主义在方法论上进入现代中国哲学话语体系；在科学与人生观论战之前，杜威就揭示了实验主义人生观的内涵，比丁文江更早举起了科学人生观的旗帜，有力支援了科玄论战中科学派的立场，使得实验主义在人生观上进入现代中国哲学话语体系；在社会改造论战中，杜威不仅运用实验方法分析和解决社会行动问题，具体分析了社会经济问题、政治法律问题、知识思想界问题，而且主张改良渐进的社会改造路径，提出了共同生活的观念，从而在社会哲学层面推动实验主义进入现代中国哲学话语体系。总之，杜威的实验主义通过参与五四时期现代中国哲学论辩，为现代中国哲学发展注入实验主义元素，使得实验（实践）成为现代中国哲学的主要话语之一。①

总之，在五四运动百年之际，人们从哲学层面反思整个五四新文化运动及其意义，不仅重点讨论了五四新文化运动的启蒙问题，从不同角度更新了对五四启蒙及其历史意义的理解，而且拓展了五四新文化运动研究的理论视野，从中国道路与20世纪中国哲学史两方面挖掘出五四新文化运动的丰富内涵和深远意义。

作者单位：武汉大学哲学院

① 顾红亮:《杜威实验主义与“五四”哲学论辩》,《复旦学报》2019年第6期。

专 题 三

新中国 70 年与马克思主义哲学研究

“学术史”范式与构建当代中国马克思主义哲学知识体系

——基于对 2019 年学术史研究的检视与反思 *

王海锋

哲学是思想中的时代，是时代精神的精华。在新时代从“富起来”到“强起来”的历史进程中，2019 年的当代中国马克思主义哲学研究与时代同呼吸共命运，呈现出别样的发展态势。总体来看，“回顾”与“展望”构成这一年的核心词和关键词，“在回首中远眺未来”成为主基调。这一年，我们迎来了中华人民共和国成立（以下简称“新中国成立”）70 周年，在这一重要历史节点，当代中国马克思主义哲学（以下简称“当代中国马哲”）研究者的重要工作之一在于，回顾新中国成立 70 年来这一研究所取得的成就，总结历史经验，彰显“学术史”研究范式的时代价值，推动构建当代中国马克思主义哲学知识体系，为铸牢中华民族共同体意识和构建人类命运共同体，实现中华民族伟大复兴的中国梦贡献思想智慧。

---

* 本文系国家社科基金一般项目“书写当代中国马克思主义哲学研究的学术史（1978—2018）”（18BZX012）、国家社科基金重大项目“构建当代中国马克思主义哲学学术体系研究”（19ZDA017）的阶段性成果。

一、对当代中国马哲发展的学术史的整体性把握和分析

遗忘历史意味着背叛未来，反思过去方有光明前途。在2019年的当代中国马克思主义哲学研究中，学界聚焦“新中国成立70年与当代中国马克思主义哲学的反思与回顾”，其目标在于，在整体上展开历史逻辑(划分历史阶段、阐释各阶段的理论特质）的考察、主要进展和历史经验的总结、研究局限的客观认知以及未来之路的预判等，即在总结历史成就、认清“来路”的基础上找到新的“出路”，以便推动当代中国马克思主义哲学创新，尤其是推动当代中国马克思主义哲学知识体系的构建。

（一）客观判断分析新中国成立70年马克思主义哲学发展的历史逻辑

新中国成立70年来，当代中国马克思主义哲学的理论创新逻辑与中国现代化建设的实践逻辑共同交织，谱写了在学术发展中推动实践变革，在实践变革中促进理论创新的时代华章！新中国成立70周年之际，学术界关注的视角首先就是，站在此一重大时间节点上回顾和反思当代中国马克思主义哲学在这一历史进程中发展的历史逻辑，以便在历史性回顾中梳理线索、展示成就、总结经验，开辟学术发展的新道路。

中国人民大学哲学院教授郭湛等指出，70年来，中国马克思主义哲学取得引人瞩目的进展，这集中体现为中国马克思主义哲学在实践中的建构和应用。主要体现为思想、学术和现实三个方面：基础理论建构和新理论领域开拓；历史整体梳理和文本深度解读；对现实的科学反思与有效引领。相对而言，在思想性、学术性和现实性三者中，学术性的发展最为显著。随着马克思主义哲学研究的深入，中国学者日益深切感受到，马克思主义哲学必须以厚重的学术性作为基础，才有可能实现真正的发展。改革开放以来，马克思主义哲学研究的学术性实现了大幅度以至决定性的提升，既体现为对包括马克思主义哲学在内的全部哲学的历史和成就的深度梳理，

也表征为学术规范程度日渐提高。这或许可以视为70年来中国马克思主义哲学最主要的进步。[①] 基于对新中国70年马克思主义哲学的发展历程的梳理，中共中央党校（国家行政学院）教授何毅亭认为，新中国的马克思主义哲学，是在中国共产党的领导、规划和支持下创建、发展和繁荣起来的。70年来，马克思主义哲学的发展始终与党和国家的命运、与中国社会主义的命运、与中国人民的命运紧紧连在一起。70年来，中国马克思主义哲学事业的显著成绩归结起来主要体现为：让哲学走进了时代；让哲学走进了实践；让哲学走进了群众；让哲学走进了全党。回顾和总结新中国的马克思主义哲学，习近平新时代中国特色社会主义思想，构成了21世纪马克思主义哲学走进中华民族伟大复兴和推动构建人类命运共同体实践的最为雄浑的理论乐章。[②] 武汉大学哲学学院教授何萍指出，新中国成立以来，中国马克思主义哲学的发展经历了一个从科学理性向历史理性的转化。这一转化经过了三个逻辑环节：学术结构的变化；解构马克思主义哲学原理教科书体系；历史理性的建构。在这三个环节的历史过程中，创造了中国社会主义国家的哲学理念，建构了马克思主义哲学研究的问题意识并创造了开放性的马克思主义哲学研究的新格局，形成了以现代文化发展为基础的开放的、多元化的文化哲学的现代哲学观念。这种开放的、多元化的文化哲学的现代哲学观念，就是21世纪中国特色社会主义的哲学观念。[③] 浙江大学马克思主义学院教授刘同舫认为，马克思主义哲学中国化在其不同发展阶段拥有不同的理论形态、实践形式与文明载体。新中国的建立标志着马克思主义哲学中国化进入革命性阶段，意味着"改变世界"的革命斗争之路与跨越资本主义"卡夫丁峡谷"的社会主义探索道路的开启；新时期马克思主义哲学中国化创制了开放性模式，擘画出"政治革命"向"改革开放"

---

① 郭湛等：《新中国70年马克思主义哲学成就与思考》，《光明日报》2019年7月29日。

② 何毅亭：《马克思主义哲学在新中国70年的发展》，《学习时报》2019年7月31日。

③ 何萍：《1949年以来中国马克思主义哲学的逻辑进路——为庆祝中华人民共和国成立70周年而作》，《武汉科技大学学报》2019年第5期。

的主题转化、“中国特色”与“世界向度”接轨的宏大图景；新时代马克思主义哲学中国化秉持人类发展的文明立场，助推人类社会现代化发展路径的重构进程，反映出人类解放理论的当代实践形式。基于此，他对新时代马克思主义哲学的发展做出新的展望：应该以中国道路为主体支撑，指导构建人类命运共同体，不断地为促进国际社会与多元文明发展带来理论效应与实践效能。[①] 在2019年9月21—22日由青年哲学论坛、山东大学哲学与社会发展学院共同举办的主题为“七十年以来的马克思主义哲学：回顾与展望”的第16届马克思主义哲学创新论坛上，学者们对“新中国发展历程的哲学反思”、“回顾七十年来中国马克思主义哲学的历程与成就”、“国外马克思主义与中国马克思主义哲学最新研究成果”、“展望新时代中国马克思主义哲学研究最新趋势”等议题展开了深入讨论。与会学者一致认为，我们应总结中国哲学的70年发展历程，回顾历史，汲取经验，推进中国哲学未来的发展，深刻认识到“用思想引领未来”是哲学工作者的任务与使命。中国社会科学院哲学研究所研究员鉴传今提出，21世纪以来，我国马克思主义哲学多样性研究面向得以充分展开，也存在自主性过度张扬，以至于范式共同体难以形成的不足。未来的马克思主义哲学研究，一是需要加强对经典文本的把握和细致的分析，以强化马克思主义哲学的确定性；二是注重对时代性问题的关注与回应，例如中国道路所开辟出现代性路径的理据研究、传统文化的现代性转化研究、现代社会中个体的主体性感知，等等；三是要探讨马克思的思想与其传统的关系；四是在思想史的脉络中，中国的马克思主义哲学亟待形成强有力的思想共识。

学术界对新中国70年来当代中国马克思主义哲学发展的整体性历史线索的勾勒，显然是站在新的历史起点上的“回顾”与“反思”，其所作的不是材料的简单梳理和线索的直白铺陈，而是站在历史的原则高度上所展开的思想性回顾与阐释。因此，基于时间段划分的“阶段性思想梳理”

---

① 刘同舫：《马克思主义哲学中国化70年及其历史贡献》，《四川大学学报》2019年第4期。

才是关键，学界所做出的线索梳理和高度的概括性总结就蕴含着深刻的思想创造，"回顾"本身就变成理论创新的有机组成部分，这也是"学术史"研究范式的真实本意。事实上，对新中国70年当代中国马克思主义哲学研究的学术史的梳理，实则进一步推进了改革开放以来已经孕育并形成的"学术史"范式的发展，之后的事实证明，这将构成当代中国马克思主义哲学知识体系建构的有机环节。

（二）认真总结当代中国马克思主义哲学研究的主要进展和历史经验

站在"学术史"的视角对当代中国马克思主义哲学研究主要进展的梳理，不是简单的时间段的划分，也不是历史研究资料的堆积和裁剪，而是站在不同的维度来审视当代中国马克思主义哲学研究所取得的成果、主要进展和历史经验，由此为激活思想的活力，谱写新的理论篇章打下坚实基础。

基于对新中国70年马克思主义哲学中国化的实践创新与理论创新的梳理，中共中央党校（国家行政学院）教授庞元正、博士吴晶晶认为，新中国70年马克思主义哲学中国化的实践创新与理论创新主要体现为10个方面，其中最具代表性的就是马克思主义哲学方法论原则在中国特色社会主义道路探索中所发挥的巨大作用，例如，运用对立统一规律，分析社会主义社会的矛盾，创立社会主义社会基本矛盾理论和正确处理人民内部矛盾的学说；运用唯物史观的世界历史理论，制定和推进对外开放的基本国策，丰富发展马克思主义的对外开放理论，等等，形成了具有中国特色的科学思想方法和工作方法体系。概言之，回顾新中国70年走过的艰难而光辉历程，真正对中国特色社会主义事业发展作出最大贡献的，是中国化的马克思主义哲学。① 基于改革开放以来当代中国的哲学在哲学观上发生

① 庞元正、吴晶晶：《新中国70年马克思主义哲学中国化的实践创新与理论创新》，《中共中央党校（国家行政学院）学报》2019年第6期。

的历史线索的梳理，吉林大学哲学基础理论研究中心教授贺来认为，改革开放以来当代中国的哲学在哲学观上所取得的重要进展在于，实现了从“神的眼光”转向“人的眼光”、从“实证的眼光”转向“批判的眼光”、从“独断的眼光”转向“包容的眼光”，这种进展与中国改革开放的社会实践与现实生活的巨大变化有着深刻的内在关联，哲学观的这三大转变实质是以一种哲学的方式映照和折射着中国改革开放的精神脉动。①中央民族大学哲学与宗教学院教授王海锋认为，新中国成立70年来，中国马克思主义哲学创新之一在于，摆脱苏联哲学原理教科书的束缚，走出自我的理论独尊和思想封闭，积极展开与各种学术思想的“对话”，形成了“对话”的研究范式，并在这一范式的引导下日益走近世界学术舞台中央。在马克思主义哲学与中国传统儒学、西方哲学以及国外马克思主义哲学的对话中，“会通融合”、“文明互鉴”与“思想启迪”成为主要方式。②基于对当代中国马克思主义哲学研究的范式创构与转换的现实逻辑和理论逻辑的梳理，华南师范大学政治与行政学院讲师陈晓斌认为，70年来中国马克思主义哲学研究的范式转换，由诉诸教科书体系的权威性走向诉诸经典文本的现实性，由注重对社会现象的解释走向注重对中国问题的学理论证，从而主动创构了多元的、学术化的理论范式。中国道路的文明自觉作为当代的“中国问题意识”，标明了走在范式转换中的马克思主义哲学研究的理论取向和历史责任，即在为中国道路的价值理想提供规范性哲学理念支撑的同时，进一步形成具有文明自觉的“中国化”研究范式。③

显而易见，新中国成立70年来当代中国马克思主义哲学所取得的主要进展完全取决于基于现实变革和学术发展双重需求展开的“实践化”和

① 贺来:《改革开放以来哲学观的重大转向》,《哲学动态》2019年第1期。

② 王海锋:《“对话”范式与当代中国马克思主义哲学创新——基于新中国70年学术研究现状的分析》,《教学与研究》2019年第10期。

③ 陈晓斌:《马克思主义哲学研究发展70年的问题意识及其范式转换》,《四川大学学报》2019年第4期。

“学理化”之路，这一道路的核心要义在于，不是将学术创新局限于学科内部，而是在现实问题与理论变革的交织中推动方法论原则创新、观念变革以及研究范式的转换。在这个意义上，70 年来所取得成就显然不仅仅局限于概念的创新与框架的重造，更在于把实践中的问题转化为哲学中的问题，进而在实践的观照中推动哲学理论的创新。

（三）客观看待当代中国马克思主义哲学研究存在的局限性及其超越路径

当代中国马克思主义哲学与时代同呼吸共命运，取得了辉煌的成就。但需要注意的是，在这些成就背后依然存在着诸多不尽如人意之处。因而，对新中国成立 70 年来当代中国马克思主义哲学发展历程的梳理，我们不能简单乐观地沉湎于既有的成就，更要冷静地反思我们研究中存在的问题，反思这些问题发生的根源，进而在新的理论起点上探寻超越的路径，实现理论的创新与跃迁。

中国社会科学院哲学研究所研究员王立胜认为，以问题为导向来构建中国特色哲学学科体系、学术体系和话语体系，一方面需要我们回顾总结哲学学科 70 年的发展历程，在总结经验和成就的同时，发现制约学科发展的问题；另一方面则需要我们深入时代，从时代问题出发，从时代对哲学的期待出发，探索哲学解决时代问题的可能性。经过观察和思考，我们认为在当前中国的哲学研究中存在一些制约学科发展的瓶颈性问题，具体概括为六大问题，而这六大问题实际上对应着当前哲学研究需要加以妥善处理的六大关系，亦即，哲学发展与时代变革的关系，哲学研究与人民立场的关系，哲学研究的时代共性与学者研究个性的关系，专业分化与学科融合的关系，学术传承与自主原创的关系，中国话语与走向世界的关系。在未来的向度中，哲学工作者必须面对错综复杂的环境与形势，从宏观上、整体上分析和解决问题，深入考察问题之间的内在联系，审慎处理好以上“六大关系”，从根本上着手，促进哲学事业的整体繁荣，促进新时代中国特色哲学的加快形成，不辜负初心使命，不辜负时代所托。[①] 郭湛等指出，对新时代中国马克思主义哲学而言，依然存在诸多局限：思辨压倒实证；反思强于引领；批判盖过建设；阐释多于创造；观念重于现实；分化胜于整合。正视和反思这些局限所提出的超越之路在于：正确处理思辨性与实证性的关系，总的方向是把二者统一起来；自觉在反思中拨开各种迷雾或荆棘，敞开前进的正确方向与道路，并在发展过程中始终注意矫正和调适；应当积极针对现实及其变化，提出富含智慧与力量的规范性理念和建设性方案；迫切需要以理论理性与实践理性的方式分析和解决不断生发与凸显的现实课题；学者们应以独立自主的批判精神面对整个生活世界，特别是当代中国社会发展的现实；应围绕当代中国和世界重要问题，整合各方面学术和思想资源，形成研究共同体，强化研究的公共性，协同创新发展。[②] 中国社会科学院哲学研究所副研究员杨洪源提出，新中国 70 年马克思主义哲学研究的历程，可以分为以教科书体系为框架的基本理论问题讨论、以真理标准问题为动力的教科书体系改革、以学术规范问题为导向的体系建构分化、以思想阐释问题为内容的研究路径转换这几个主要阶段，形成了以反思为前提的马克思主义哲学基础理论研究、以文本为基础的马克思主义哲学史研究、以现实为根据的马克思主义哲学中国化研究、以超越为意旨的国外马克思主义哲学研究这几种代表性范式。在上述过程中，问题的把握不足和体系的封闭僵化也时有发生。破解之道在于，保持问题导向与体系建构的有机互动，使哲学复归文明“活”的灵魂；阐释中国道路的世界历史意义从而探索人类文明新形态。[③]

① 王立胜：《论加快构建中国特色哲学学科体系、学术体系、话语体系中的六大关系》，《哲学研究》2019 年第 10 期。

② 郭湛等：《新中国 70 年马克思主义哲学成就与思考》，《光明日报》2019 年 7 月 29 日。

③ 杨洪源：《中国马克思主义哲学研究 70 年回眸与前瞻》，《社会科学战线》2019 年第 10 期。

事实上，对当代中国马克思主义哲学学术史的梳理并不是停留于理论历史线索的勾勒，而是在"大历史尺度"中重新审视其发展过程中存在的问题、研究的局限等，以便在未来的研究中有所超越。例如，通过对新中国成立尤其是改革开放以来"西方马克思主义理论对中国哲学学科"关系的梳理，中国人民大学哲学院教授罗骞认为我们应该充分肯定西方马克思主义对当代中国哲学发展的积极作用，但同时应重视西方马克思主义本身以及我们研究西方马克思主义的过程中出现的各种问题，尽量避免和消除这些问题对我国对哲学学科发展产生的消极影响。(1) 在批评和反思传统马克思主义时，西方马克思主义者的一些论断可能存在着偏差、模糊甚至是错误的地方。(2) 西方马克思主义者大都是专业的学者，他们的研究具有一种纯粹学院化的特征。(3) 我们的研究有时缺乏清晰的理论自觉，将西方马克思主义研究的问题当成我们自己的问题，导致了许多理论上讨论很多但与现实并不相干的现象。(4) 囿于理论视域和对具体情况的不了解，西方马克思主义者的许多阐释和评价可能不准确，甚至是错误的。(5) 在关于未来的看法上，西方马克思主义的理论重心在于批判资本主义，有的淡化甚至否定社会主义和共产主义理论，消极看待工人的社会主义运动。① 应该说，这些讨论都是有针对性的，是学者们在"学术史"视野中对存在问题的清醒认知。在这个意义上，在新中国成立 70 周年的时间节点上，学界的回顾就不是只看到成绩而忽视问题，而是在正确面对存在的问题的基础上，反思既有的研究进而发掘超越之道，以便重构新时代的当代中国马克思主义哲学知识体系。

（四）精准预判当代中国马克思主义发展的未来之路

学界关于新中国成立以来当代中国马克思主义哲学学术史的梳理，不仅仅在对其发展的历史进程、总体的历史逻辑做出盘点，展示所取得的成

① 罗骞:《西方马克思主义对我国哲学学科的影响》,《社会科学辑刊》2019 年第 4 期。

就，发现存在的问题，更在于“回望”学术史发展进程，对未来当代中国马克思主义哲学发展之路做出探索。

吉林大学哲学基础理论研究中心教授孙正聿指出，新中国成立以来当代中国马克思主义哲学研究的发展，是“解放思想的哲学”与“哲学的思想解放”相辅相成的双重化的哲学进程。这个哲学进程，不仅显示出当代中国马克思主义哲学自身发展的逻辑，而且理论地表征了当代中国的“历史进程”和当代中国人的“心灵历程”，因而构成了历史与逻辑相统一的当代中国马克思主义哲学研究的“哲学历程”。以时代性的重大问题为导向，从中国特色社会主义的伟大实践中“提炼出有学理性的新理论”，“概括出有规律性的新实践”，用现实活化理论，用理论照亮现实，是当代中国马克思主义哲学理论创新的坚实根基和重大使命。① 中国人民大学哲学院教授臧峰宇强调，在新时代理应开辟中国化马克思主义哲学发展的新境界。具体体现为：深入研究习近平新时代中国特色社会主义思想的哲学基础；深入研究新时代我国社会主要矛盾的变化及其哲学内涵；研究马克思主义哲学基本原理与方法论；研究马克思主义哲学史与哲学经典文本；研究马克思主义应用哲学与现代化问题；研究国外马克思主义哲学前沿问题；改进马克思主义哲学研究的学风。② 何萍认为，新中国成立以来中国马克思主义哲学实现了研究范式的更新和理性结构的转换，形成了以现代文化发展为基础的开放的、多元化的文化哲学的现代哲学观念。这种开放的、多元的文化哲学的现代哲学观念，就是中国特色社会主义的哲学观念，是我们需要加以继承和弘扬的哲学理念。③ 刘同舫认为，构建人类命

① 孙正聿：《当代中国马克思主义哲学的使命与担当》，《中国高校社会科学》2019 年第 6 期。

② 臧峰宇：《新中国成立以来的马克思主义哲学研究述略与前瞻》，《中国高校社会科学》2019 年第 10 期。

③ 何萍：《1949 年以来中国马克思主义哲学的逻辑进路——为庆祝中华人民共和国成立 70 周年而作》，《武汉科技大学学报》2019 年第 5 期。

运共同体展示了全球未来发展的美好图景，孕育着一种"建构性世界观"。因此，我们应该倡导，人们应将马克思主义哲学从自为的理论形式延展至自觉的建构性实践形态，提出能够真正解决全球共时性问题和人类生存发展困境的可行性方案，推动人类命运共同体的构建，从而昭示新时代马克思主义哲学中国化的理论形态作为一种"建构性世界观"的科学性与真理性。① 西北大学哲学学院教授胡军良认为，在新时代境域中的开拓与发展有赖于这样如下方法论进路的坚守与强化：一是在对话交融的进路中，实现返本开新以朝向可能的文本阐释和全新意义网络的创造性生产，力求边界突破以更新同质的学术话语和回归宏观的学科生态；二是在价值关涉的进路中，彰显问题指向以应答历史和时代之问，昭显人文关怀以映照马克思主义实践的价值诉求和价值归宿；三是在本土观照的进路中，嵌入中国传统以展现自身研究的中国风格和中国气派，根植中国经验以赋予中国语境中的马克思主义理论建构和价值表达以世界意义，亦即为世界书写出马克思主义的中国话语。②

回顾与展望新中国70年马克思主义哲学研究，是当前构建中国马克思主义哲学知识体系的理论前提之一。在我们看来，梳理新中国成立以来中国马克思主义哲学的发展，其根本目标在于在学术积累和思想积累达到一定阶段之后，逐步致力于属于中国人自己的当代中国马克思主义哲学知识体系。事实上，党的十八大以来，中国学术已经围绕"中国问题"、"中国道路"、"中国方案"、"中国智慧"、"中国话语"、"一带一路"和"人类命运共同体"等议题渐进展开了铺展，问题的关键在于，我们不能停留于为了体系而体系的构建，而是在体系的构建过程中重新理解马克思主义哲学及其在中国的发展历史，进而真正彰显其所具有的思想活力和时代价值。

① 刘同舫:《马克思主义哲学中国化70年及其历史贡献》,《四川大学学报》2019年第4期。

② 胡军良:《对话交融、价值关涉与本土观照——新时代马克思主义研究的三条方法论进路》,《福建论坛》(人文社会科学版)2019年第12期。

二、对当代中国马克思主义哲学专题问题的回顾与展望

新中国成立 70 年、改革开放 40 年，当代中国马克思主义哲学研究取得了卓越的成就，其一个标识性的表现就是基于马克思主义哲学的领域（部门）哲学的兴起。因此对既有的人学、价值哲学、文化哲学、政治哲学、国外马克思主义哲学等展开学术史的回顾与展望，就成为必然之事。这里我们重点分析学界对马克思主义政治哲学、国外马克思主义哲学、发展哲学、中国道路的哲学表达等专题问题的历史性梳理，以便从中窥见当代中国马克思主义哲学发展的基本态势。

（一）马克思主义政治哲学研究的问题域及其前景

伴随着改革开放的深入推进，公平正义问题成为学术界普遍关注的重要问题。自 21 世纪初以来，中国传统哲学界、西方哲学界以及马克思主义哲学界都将理论研究的焦点聚集于政治哲学实质性问题的研究，并且取得了卓著的成就。在新中国成立 70 年的时间节点上，学界对当代中国政治哲学尤其是马克思主义政治哲学的发展作出了全面的梳理。这主要包括三个方面的内容：历史阶段的划分；研究内容的梳理；未来研究领域的开辟。

关于当代中国马克思主义政治哲学发展的历史进程，武汉大学哲学学院教授李佃来认为，新中国成立 70 年来，政治哲学经历了一个从无到有、从相对寂寥到不断勃兴、从尝试性探索到多样化推进的发展过程。梳理这一过程的不同阶段可知，中国的政治哲学是在学术观念的变革和现实社会的变迁中发育、生长、发展、壮大的。① 基于对新中国成立 70 年来马克思主义政治哲学研究主题的转换、研究方法的更新与研究内容的深化等方

① 李佃来：《新中国成立 70 年政治哲学的发展》，《武汉大学学报》（哲学社会科学版）2019 年第 6 期。

面，南京师范大学社会主义意识形态研究中心博士陈亚丽与上海交通大学教授王岩认为，新中国成立 70 多年来，马克思主义政治哲学的范式演进经历了三个重要阶段：平等主义的高涨（1949—1979 年）、从译介取经到本土化（1980—2006 年）以及走向成熟和反思的过程（2007 年至今）。①这些概括表明，中国马克思主义政治哲学的发展并不是一蹴而就的，而是逐步发展起来的，其自身理论的完善和体系的建立依旧需要一个漫长的历史过程。

关于当代中国马克思主义政治哲学研究的内容的转换，陈亚丽、王岩提出，在新中国成立以来的历史过程中，从马克思主义政治哲学聚焦的学术领域来看，新中国 70 年马克思主义政治哲学研究的核心议题可以分为马克思主义政治哲学之本体（政治哲学在马克思主义中的合法性）、内涵（马克思主义是何种政治哲学）以及价值（马克思主义政治哲学的功能与使命）。②南开大学马克思主义学院教授阎孟伟认为，马克思主义政治哲学是在中国改革开放的伟大实践中兴起的，是具有重大意义的学术事件，具有非凡的学术价值和实践意义。新中国成立 70 年来，围绕马克思主义政治哲学的建构，学者们对政治哲学与马克思主义哲学、马克思主义政治哲学的理想性与现实性、历史唯物主义与马克思主义政治哲学、马克思主义政治哲学的正义观念等问题展开了热烈的讨论。

关于当代中国马克思主义政治哲学的前景，李佃来认为，政治哲学研究只有确立起“中国化”范式并在理论上切实地探索、解答改革开放的历史实践和历史进程所给出的重大现实和理论问题，才能够真正在获得自我奠基的基础上走向成熟。而中国的政治哲学研究要继续彰显其时代使命和生命力，则需要关注人类共同利益，为打造人类命运共同体提供思想智

① 陈亚丽、王岩：《新中国马克思主义政治哲学 70 年》，《上海交通大学学报》2020 年第 1 期。

② 陈亚丽、王岩：《新中国马克思主义政治哲学 70 年》，《上海交通大学学报》2020 年第 1 期。

慧，同时又需要着力构建本土政治哲学，增强理论自信与学术自信。① 陈亚丽、王岩提出，未来马克思主义政治哲学研究应合理吸收古今中外政治哲学的有益成果、凝练和塑造马克思主义政治哲学话语体系、彰显中国特色社会主义政治文明，不断推动学术进步和政治发展。②

在阎孟伟看来，当我们着手创立当代中国马克思主义政治哲学的时候，责无旁贷地应当把理论的注意力集中到对中国社会发展现实的批判性研究中。具体言之，中国社会的主要矛盾已经转化为人民日益增长的美好生活需要与不平衡不充分的发展之间的矛盾，我们有责任去研究各个领域中发展的不平衡不充分的问题，研究政治文明建设中的不平衡不充分发展问题更是应当成为新时代中国政治哲学的责任。③

事实证明，新中国 70 年马克思主义政治哲学的发展与改革开放的伟大实践相伴而生，与其他部分哲学相比较，政治哲学的发展更是与现实紧密相关，如何在超越西方规范政治哲学的基础上，开掘马克思政治哲学思想，继而构建当代中国的政治哲学的问题域和知识框架，应该是未来一个时期学界面对的主要任务。值得庆幸的是，学界近些年来已经意识到问题所在，即必须摆脱西方规范政治哲学的框架，重新搭建起属于中国人自己的政治哲学知识体系。

（二）中国的国外马克思主义哲学研究的历史回顾与展望

中国的国外马克思主义哲学研究，应该是改革开放以来马克思主义哲学学术界发生的最具代表性的学术事件之一，从作为资产阶级思想代表的西方马克思主义思潮，到马克思主义哲学研究中必须加以重视的理论资

① 李佃来:《新中国成立 70 年政治哲学的发展》,《武汉大学学报》(哲学社会科学版) 2019 年第 6 期。

② 陈亚丽、王岩:《新中国马克思主义政治哲学 70 年》,《上海交通大学学报》2020 年第 1 期。

③ 阎孟伟:《马克思主义政治哲学在中国的兴起与发展》,《教学与研究》2019 年第 10 期。

源，其间所经历的是中国学术在拥抱世界学术过程中不断确立学术自信的过程。客观地讲，中国的国外马克思主义哲学研究已经构成当代中国马克思哲学研究中不能忽视的力量，而站在国外马克思主义哲学的视角重新理解经典马克思主义哲学思想构成学术研究一道亮丽的风景线。因此，新中国70年之际学界对中国的国外马克思主义哲学研究就构成我们透视当代中国马克思主义哲学另一维度，尤其是在当代中国马克思哲学与中国的国外马克思主义哲学互动逻辑中重新审视学术研究的未来之路，构成重中之重的任务。

南京大学哲学系教授张亮认为，中国的国外马克思主义哲学研究70年大体可以划分为“史前史”（1949—1978年）、兴起（1978年—20世纪90年代初）、深入发展（20世纪90年代初—21世纪初）、大繁荣（21世纪初至今）四个阶段。未来的研究应当做好以下三项工作：以唯物史观为指引，重新认识当代中国学术界与国外马克思主义哲学的历史方位关系；不忘初心，为解决中国问题、建构中国马克思主义哲学理论体系而开展研究；勇于承担历史使命，努力把中国建设成为世界马克思主义哲学研究的中心。① 中国人民大学哲学院教授罗骞就对“西方马克思主义对中国哲学学科的影响”问题作出分析，他认为，改革开放以来，西方马克思主义研究是国内最活跃也是成果最丰富的学术领域之一。西方马克思主义思潮的引进契合了我国思想解放的现实需要，对我国改革开放实践，尤其是对我国哲学学科发展产生了深刻的影响，成为改革开放实践的理论支援；促进了哲学学科论域的根本转变；突出并巩固了后形而上学的哲学世界观；有助于塑造批判性的哲学思维方式；提供了当代中国哲学的主要议题。②

在这方面，最具代表性的是《光明日报》2019年9月2日专门组织刊发“当代国外马克思主义哲学研究：历程、现状与未来”的笔谈，以期

① 张亮：《国外马克思主义哲学研究70年：回顾与展望》，《武汉大学学报》（哲学社会科学版）2019年第4期。

② 罗骞：《西方马克思主义对我国哲学学科的影响》，《社会科学辑刊》2019年第4期。

对此问题作出全面分析，在“编者按”中，编辑部明确意识到，新中国成立70年来，中国的国外马克思主义哲学研究始终坚持以马克思主义及其中国化理论成果为指导，助推马克思主义哲学创新发展，取得了巨大成就。站在新时代的历史方位上，中国的国外马克思主义哲学研究应以高度的理论自觉，为马克思主义哲学理论创新提供更有针对性和深刻性、更具影响力和说服力的思想成果。

在组织刊发的三篇文稿中，南京大学哲学系教授张亮指出，中国的国外马克思主义哲学研究经过70年的艰辛探索，取得了一系列重要成就。站在新的历史起点上，我们要正确认识资本主义发展趋势和命运，准确把握当代资本主义新变化新特征，加深对当代资本主义变化趋势的理解，就必须密切关注和研究当代国外马克思主义研究新成果，开启当代国外马克思主义哲学思潮研究新局面。[①] 黑龙江大学马克思主义学院教授孙建茵认为，新中国成立70年来，对国外马克思主义哲学研究，我们已经从追逐其思想动向的“跟跑”状态，逐渐发展为与之交流对话的“并跑”状态。在她看来，新中国成立70年来，中国的国外马克思主义哲学研究的发展经历了诸多变化，可以概括为：(1) 研究视域不断拓展，即国外马克思主义哲学研究范围也从“西方”扩大为真正的“国外”；(2) 研究主题逐渐丰富，即除了传统的主题外，21世纪的国外马克思主义哲学研究在哲学、政治学、社会学、伦理学等领域进行跨学科、多学科的探索，推动了政治伦理学、文化记忆与身份认同等新兴主题的开掘；(3) 问题意识日趋明晰，即国外马克思主义哲学研究从最初的译介性研究走向自主性研究，学术鉴赏力和追踪研究前沿能力不断提升。[②] 从中国的国外马克思主义哲学研究与中国马克思主义哲学研究的互动关系出发，东北师范大学马克思主

① 张亮:《开启当代国外马克思主义哲学思潮研究新局面》,《光明日报》2019年9月2日。

② 孙建茵:《新中国七十年国外马克思主义哲学研究的历程与发展》,《光明日报》2019年9月2日。

义学部教授韩秋红认为，新中国成立70年来，中国的国外马克思主义哲学研究始终具有明确的学科定位，并在实践中不断突破既有的内部学科边界，为马克思主义哲学学科内部联动提供重要参照，为马克思主义哲学学术体系创新提供理论支持，为马克思主义哲学话语体系创新提供生动范例。因此，新时代国外马克思主义哲学研究要坚定以马克思主义立场方法审视国外马克思主义的理论，将国外马克思主义哲学研究进一步置于时代问题、理论发展和学科学术话语的互动中，倾力为马克思主义理论创新发展助益。①

应该说，这一组文章所把握到的问题是很精准的，其所指向的是研究者的理论自觉，即一方面意识到国外马克思主义哲学研究对于中国马克思主义哲学研究的价值和意义；但另一方面也清醒意识到，中国的国外马克思主义哲学研究不应忘记初心，那就是借鉴各种理论资源，矢志不渝地推进马克思主义哲学的中国化。正如张亮所指出的，我们的国外马克思主义哲学研究存在的问题及亟待完善之处，一是不忘初心，要认识到研究西方马克思主义主要是从正面、反面、侧面为我们建设具有中国特色的社会主义提供启示；二是准确弥补历史方位感的缺失，认识到关注、研究国外马克思主义哲学，不是简单做西方学术的追随者，而是要走在超越基础上关注中国问题，实现内在思想创新；三是防止学术鉴赏力的退化，我们有学术鉴赏力，能够自主判断哪些思想家更重要、更值得研究。②在2019年11月16—17日举办的由全国当代国外马克思主义研究会主办，复旦大学当代国外马克思主义研究中心、复旦大学哲学学院和复旦大学马克思主义学院共同承办的主题为“21世纪世界马克思主义与当代中国马克思主义”的第十四届全国“国外马克思主义论坛”上，与会学者一致认为，新中国成立70年来，中国的国外马克思主义研究取得了卓著的成就，反思回顾

① 韩秋红:《助益马克思主义哲学创新发展》,《光明日报》2019年9月2日。

② 张亮:《国外马克思主义哲学研究70年: 回顾与展望》,《武汉大学学报》(哲学社会科学版)2019年第4期。

其发展的历史过程，展望21世纪世界马克思主义，对于推动当代中国马克思主义理论创新具有重要价值。在回顾西方马克思主义在中国传播与发展的基础上，复旦大学哲学学院教授陈学明认为，改革开放的全过程，以及一系列的理论创新都是与西方马克思主义的影响有关，例如以人为本、社会主义市场经济、消除生态危机、为实现美好生活而奋斗。他表示，国外马克思主义这一学科的生命力关键在于，是否能切实有效利用国外马克思主义的思想资源推进马克思主义中国化。对此，他对未来中国的国外马克思主义研究提出了建议：对当代中国马克思主义与当代国外马克思主义展开比较分析；以当代国外马克思主义思潮特别是其合理因素来审视和评价马克思主义中国化；从当代国外马克思主义思潮中获取实现马克思主义中国化的理论资源；让马克思主义中国化的理论成果走出“国门”与国外马克思主义相呼应；以更加积极的态度看待当代国外马克思主义在马克思主义发展史中的地位。

（三）“中国道路的哲学表达”专题回顾与展望

以哲学的方式反思当代中国道路的探索，显然构成当代中国马克思主义哲学以学术创新推动时代变革的主要任务。因此，不论是发展哲学的迅猛发展、在哲学视域中展开对现代化问题的反思，抑或是文明新形态的哲学阐释，都蕴含着学界力图以哲学变革现实的追求。在新中国成立70周年之际，学界的讨论也就从历史线索的梳理转向具体问题（中国道路）与马克思主义哲学发展历史脉络的考察及其未来的展望。

北京大学哲学系教授丰子义在梳理新中国成立以来发展哲学理论创新史的基础上，对面向新时代的发展哲学做出了展望。在他看来，发展哲学是伴随着我国的发展一步步发展起来的。发展哲学的兴起，不仅拓展了哲学研究的领域，而且成为哲学与社会发展一个更为直接的“接口”。面对新时代，发展哲学应当有所作为。推进发展哲学的研究，重点是要加强这样一些着力点：准确把握新时代的发展现实，突出发展的问题研究，加强发展的经验总结。要使发展哲学健康发展，必须使其研究回到哲学本性上来，突出反思、批判的特点，以哲学的方式来研究发展。为此，要对发展加强前提性的研究、前瞻性的研究、关键性的研究。在增强方法论自觉的同时，需要拓展研究的视野，这就是要用世界的眼光来审视我国的发展，注意吸收国外发展理论研究的新成果、新方法，加强文明交流、文明互鉴。这就要求我们面对新时代，紧密结合中国发展的实际，重点加强自己的理论探索和理论创新，用中国的话语、中国的方式来研究和阐释中国的问题，形成具有中国特色、中国风格、中国气派的发展哲学。① 苏州大学政治学与公共管理学院教授任平指出，贯穿新中国 70 年历史的一条红线，就是新现代性发展道路的出场逻辑。在新现代性革命道路成功实现中国人民“站起来”的历史目标之后，作为这一道路的伟大继续，新现代性的发展道路递进实现了人民重托的“富起来”和“强起来”的目标，因而是新现代性的中国道路的完成。这一道路是共产党领导人民在经济、政治、社会、文化和生态等各个领域奋力实践、全面开拓的综合结果，是在世界复杂现代性语境中对后发国家走向现代化道路之问的中国解答，更是引领新全球化时代人类新文明发展的中国方案。对新现代性发展道路深层意蕴的哲学表达，呼唤着唯物史观的中国逻辑。在梳理新现代性发展道路出场的辩证历史进程的基础上，他指出，新现代性发展道路的目标选择在于世界复杂现代性语境中的中国梦；新现代性的经济发展道路在于新型工业化和新型市场化；新现代性社会发展道路在于新型城镇化与善治的差异性社会；新现代性的民主政治发展道路在于“三位一体”与协商民主；新现代性的文化发展道路在于核心价值、文化自信与包容多样；生态文明的中国道路在于环境支持和绿色发展；新现代性发展道路在于全球主张与世界意义；现代性中国道路探索的宏观坐标在于“三个百年”。② 基于对马克思主

① 丰子义：《面向新时代的发展哲学》，《北京大学学报》2019 年第 5 期。

② 任平：《新中国 70 年：新现代性的中国发展道路及其世界意义》，《武汉大学学报》（哲学社会科学版）2019 年第 6 期。

义与中国道路的百年探索的相互关系的梳理，复旦大学哲学学院教授吴晓明认为，马克思主义的中国化，不仅伴随着中国革命的磅礴进程，而且伴随着新中国成立 70 年、改革开放 40 年来的伟大历程。在这整个波澜壮阔的历史性实践中，中国的现代化任务与马克思主义的结合不断开展着并且深化着，中国化的马克思主义既作为这一历史性实践的不竭动力又作为其丰硕成果突出地展现出来。中国道路的百年探索是现代化与马克思主义中国化的双重进程。中国的现代化进程之所以与马克思主义建立起本质的关联，是因为这一现代化事业必须经由一场社会革命来为之奠基，而这场革命历史地采取了新民主主义—社会主义的定向。与中国的现代化实践建立起本质联系的，是在这一历史性实践中不断生成和发展的中国化马克思主义。这种马克思主义的当今形态——中国特色社会主义之所以展现出一种“世界历史意义”，是因为中华民族的伟大复兴不仅在于中国将成为一个现代化强国，而且还在于：它在完成其现代化任务的同时，正积极地开启出一种新文明类型（超越现代—资本主义文明）的可能性。①

（四）新中国成立以来的毛泽东哲学研究及其出路

毫无疑问，毛泽东哲学思想是马克思主义哲学中国化的重要成果。梳理新中国成立以来马克思主义哲学的发展，必然要对其作出详细阐释，一方面是对毛泽东哲学思想做出更为深入的理解；另一方面，也是总结和概括这一成果形成中所展示的成功经验，以便继续推进马克思主义哲学的中国化。

在 2019 年 8 月 5—7 日在由全国毛泽东哲学思想研究会主办的主题为“新中国 70 年马克思主义哲学中国化大众化理论研讨会暨全国毛泽东哲学思想研究会第 26 次年会”上，与会学者结合主题进行了热烈的讨论，大家一直认为，学界对毛泽东哲学思想研究的历史，是与我们党的历史随行的，更是与新中国 70 年的历史随行的。在新中国发展的历史逻辑与理论

① 吴晓明：《马克思主义中国化与新文明类型的可能性》，《哲学研究》2019 年第 7 期。

逻辑中，都离不开毛泽东、毛泽东思想。中共中央党校教授薛广洲认为，新中国70年毛泽东研究的历史可以划分为两个阶段，一是毛泽东去世前宣传学习毛泽东思想的历史时期，呈现出理性与感性交织、正确与错误交叉的情形；二是毛泽东去世后的历史阶段，呈现出反思、深化与多样化的特征，并正在进一步深化发展。与会学者一致认为，深化和拓展马克思主义哲学中国化的研究工作，须臾不能离开对毛泽东哲学思想的深入分析与探讨，不断推动毛泽东哲学思想的深入研究，既是理论发展的需要，也是实践发展的要求。① 在中共宁波市委党校（宁波行政学院）和市哲学学会承办、中国辩证唯物主义研究会与中国社科院哲学研究所主办的“中国辩证唯物主义研究会年会暨新中国70年与马克思主义哲学中国化”理论研讨会和中共中央党校（国家行政学院）哲学教研部主办的“2019年全国党校（国家行政学院）系统哲学年会”上，学者们更是将这一问题拓展为“马克思主义哲学中国化”的问题加以探讨。学者们一致认为，新中国的70年也是马克思主义哲学中国化的70年，两者相互依存、相互促进。一方面，不管过去、现在还是将来，中国的发展都离不开马克思主义哲学的指导；另一方面，新中国70年的发展又反过来彰显了马克思主义哲学的时代性与生命力，实现了马克思主义哲学的中国化。与会学者从理论与实践创新、建构范式、基本内涵、基本经验、内在逻辑等维度，对新中国70年马克思主义哲学中国化问题进行了系统的总结、反思与展望。例如，中共中央党校教授庞元正从马克思主义哲学与中国实际相结合、辩证法的矛盾学说与社会主义社会基本矛盾的论断相结合、开展真理标准问题大讨论重新恢复实事求是思想路线等八个方面，总结了新中国70年马克思主义哲学中国化取得的理论创新与实践创新；② 在以“公共价值与美好生活”

① 张明：《聚焦新中国70年马克思主义哲学中国化大众化研究——全国毛泽东哲学思想研究会第26次年会侧记》，《毛泽东研究》2019年第5期。

② 任春晓、亓娇：《新中国70年马克思主义哲学中国化的理论创新》，《宁波日报》2019年9月5日。

为主题的第十九届马克思哲学论坛上，学者亦是围绕“百年来中国马克思主义哲学中国化发展历程回溯、反思与展望”和“新中国成立70年与马克思主义哲学中国化”的分议题亦是展开了深入讨论。

实际上，学术界对于新中国成立70年学术史的梳理在中国人学学会、经济哲学学会、价值哲学的年会上也屡被提及和讨论，例如在由中国人学学会和燕山大学马克思主义学院主办的“构建人类命运共同体与人的发展”研讨会暨中国人学学会第二十一届年会上，与会学者就回顾了当代中国马克思主义人学发展的历史逻辑，并对主题展开了深入的阐释，就“构建人类命运共同体的人学意蕴”、“马克思主义人的全面发展理论与人类命运共同体构建”、“马克思主义世界历史思想与人类命运共同体构建”、“命运共同体与人类共同生存境遇”、“人类命运共同体与人类文明交流互鉴”等议题做出讨论。又如在蚌埠召开的“市场与市场精神的经济哲学反思”理论研讨会暨全国经济哲学研究会2019年年会上，“经济哲学与新中国成立70年”亦是成为热点话题。在由中国价值哲学研究会主办，华中师范大学马克思主义学院承办的第二十一届中国价值哲学年会上，围绕“马克思主义价值思想及中国化”的主题，学者们讨论了“新中国70年与价值论研究的历史与逻辑”、“五四新文化运动及其当代价值”、“马克思主义价值思想的主要内容”、“唯物史观与价值论”、“价值哲学与人类命运共同体的构建”等议题。2019年适逢新中国成立70周年、马克思主义哲学史学会成立40周年。7月20日，主题为“马克思主义哲学的发展与展望”理论研讨会暨中国马克思主义哲学史学会2019年年会在兰州举行。与会学者一致认为，应该围绕马克思主义哲学研究的历史回顾与方法论思考、马克思主义哲学的重要文献及其思想研究等重要议题，深入探讨马克思主义与新中国从“站起来”、“富起来”到“强起来”的内在关联、系统总结马克思主义哲学史学会在改革开放同步进程中的理论地位；围绕马克思主义哲学的理论品质与时代走向，马克思主义哲学中国化、大众化、时代化的学理依据和可能路径，中国道路的哲学诠释等问题展开深入讨论，推动马克思主义哲学和哲学史研究的深化与创新。北京大学哲学系教授聂锦芳指出，新中国70年马克思哲学研究的经验告诉我们，只有克服非理性态度、意识形态偏见、狭隘的历史计算和过分功利的现实考量，坚持理性化和公度性，才能接近真实而客观的马克思。上海财经大学人文学院教授张雄在总结新中国成立以来经济哲学发展史的基础上强调，政治经济学的成熟依赖于哲学的成熟，当前中国哲学亟待需要从马克思主义哲学视角出发、解读当前中国的重大现实问题、符合社会主义市场经济体系发展要求的话语体系和哲学思想。①

在我们看来，新中国成立以来，当代中国马克思主义哲学研究所取得的成就是全方位的，这既得益于改革开放以来的“思想解放”，也得益于中国道路探索的伟大实践，客观地讲，这些都彰显了马克思主义哲学的现实性品质，是其“改变世界”品质的一贯表达。不论研究领域如何细分精致、流派如何纷繁复杂，归根结底，都是在坚持马克思主义哲学的观点、立场和方法的基础上所展开的，其所给予我们的教益在于，马克思主义哲学必将能够为新时代中国的发展提供思想智慧和智力支持。值得注意的是，在这个重要的时间节点上，学界所做出的历史性梳理，实则使得原本隐而不彰的“学术史”范式凸显了出来，或许这是我们更应关注的问题。

三、“学术史”范式助力学术理论创新

以新中国70年当代中国马克思主义哲学研究学术史的回顾为契机，推动“学术史”范式的发展并使之为构建当代中国马克思主义哲学知识体系的核心范式，应该是我们当前面临的核心使命。具体言之，通过回顾学术界关于当代中国马克思主义哲学学术史研究成果的梳理，对推进

① 马乔恩、马俊峰:《马克思主义哲学的发展与展望——“中国马克思主义哲学史学会2019年年会”综述》,《教学与研究》2019年第11期。

当代中国马克思主义哲学创新做出新的反思，尤其是对构建当代中国马克思主义哲学知识体系做出展望。这就需要我们倡导“学术史”的研究范式，即在学术史的梳理与学术发展图谱的勾勒中呈现学术成果，总结学术发展的经验与教训，从而推动当代中国马克思主义者哲学知识体系的构建。

实际上，上述的判断与认知并非“无源之水”，而是源自我们对新中国成立以来尤其是改革开放以来当代中国马克思主义哲学研究的学术史梳理的结果，我们看到，“学术史”的方法论自觉已经成为和正在成为当代中国马克思主义哲学研究中占据“主导地位”的方法论原则。遍览学术界既有的学术成就，任平教授在“出场学视野”中对当代中国马克思主义哲学创新逻辑及其过程中出现的九种研究范式与学派的分析，① 何萍教授在“马克思主义哲学中国化视野”中对“如何书写 1949 年以来中国马克思主义哲学史”的相关讨论，② 杨耕教授在“马克思主义哲学体系视野”中对马克思主义哲学诞生之后不同时期、不同国家、不同派别的哲学家对马克思主义哲学体系的把握与构建历史（或马克思主义哲学体系的历史演变与基本问题的历史）的梳理③，汪信砚教授基于“中国早期马克思主义哲学发展史视野”对中国早期马克思主义者所开创的马克思主义哲学中国化传

① 主要涉及教科书研究范式与教科书学派、原理研究范式与体系学派、思想史范式与历史学派、文本—文献学解读范式与经典学派、对话范式与文化学派、反思的问题学范式与批判学派、新领域研究范式与分析学派、中国化研究范式与本土化学派、出场学范式与辩证学派等内容。（参见任平：《当代中国马克思主义研究》，北京师范大学出版社 2017 年版，第 67—192 页。）

② 主要涉及“书写方式的选择”、“1949 年以来中国马克思主义哲学的学术结构及其特点”、“1949 年以来中国马克思主义哲学的历史分析”等内容。（参见何萍：《如何书写 1949 年以来的中国马克思主义哲学史》，《武汉大学学报》（人文科学版）2013 年第 3 期。）

③ 主要涉及苏联马克思主义哲学体系、西方学者的“重建马克思主义哲学体系”以及中国马克思主义学者对马克思主义哲学体系的反思与重建等内容。（参见杨耕主编：《马克思主义哲学体系研究：历史演变与基本问题》，四川人民出版社 2019 年版。）

统的分析，[①] 孙正聿先生将“改革开放以来当代中国马哲史”研究拓展到“改革开放以来当代中国哲学史（1978—2009）”的梳理，[②] 侯才教授力图在“哲学形态视域”中考察马克思主义哲学发展史以便构建当代中国马克思主义哲学形态，[③] 吴元梁对于“马克思主义哲学形态的演变”的历史逻辑及其形态的梳理[④]，等等，我们均能体会到这一点。这些研究表明，当代中国马克思主义哲学研究中的“学术史”方法论自觉显然不是研究者个体的方法论自觉，而是群体性的方法论自觉，已构成学界的“集体共识”。它预示着一个新的研究方向和路径的开辟：以“学术史”方法论原则为指导，切入当代中国马克思主义哲学研究，在当代中国马哲史的探索中推动中国马克思主义哲学的创新。

在我们看来，在中国特色社会主义进入新时代、改革开放再出发之际，我们展开对当代中国马克思主义哲学研究的学术史梳理，就是要以“重要范畴、标识性概念、重大学术理论命题及代表性观点论争”为切入

---

① 主要涉及马克思主义哲学中国化传统的鲜明特点、马克思主义哲学中国化传统与当代中国马克思主义哲学创新的内在关系，以及如何继承和发扬马克思主义哲学中国化传统等问题。（参见汪信砚：《认祖归宗与当代中国马克思主义哲学创新》，《哲学研究》2016 年第 5 期。）

② 主要涉及对哲学一级学科所涉及的八个二级学科在 1978—2009 年间的学术史的梳理，回顾和反思当代中国观念变革的思想历程，总结和阐述当代中国哲学所实现的哲学理念变革，并为构建具有主体性、原创性的新时代中国哲学提供具有时代内涵的“阶梯”和“支撑点”。（参见孙正聿、杨晓、丁宁：《改革开放以来当代中国哲学史（1978—2009）》，人民出版社 2019 年版。）

③ 从哲学形态学的视域出发，以马克思主义哲学体系的建构及其历史演变为对象，对整个马克思主义哲学发展的历程进行了重新描述和阐释，力求揭示马克思主义哲学形态历史演进的内在逻辑和发展趋向。（参见侯才：《“哲学形态学”视域中的马克思主义哲学发展史》，《哲学研究》2014 年第 3 期；侯才、毛卫平主编：《马克思主义哲学形态演变史》，黑龙江人民出版社 2013 年版。）

④ 主要涉及对马克思主义哲学原生形态、马克思主义哲学形态在俄国、苏联的演变、马克思主义哲学形态在西方的演变、马克思主义哲学形态在中国的演变等内容。（参见吴元梁主编：《马克思主义哲学形态的演变》（上下卷），中国社会科学出版社 2010 年版。）

点，[①] 在史论结合中推动理论创新与现实变革。正如孙正聿教授在《改革开放以来当代中国哲学史（1978—2009）》中讨论哲学思想史研究的理念时所提及的："一是'问题导向'，不是简单地以时间为序来叙述当代中国哲学的历程，而是将每一时期的重大哲学问题作为研究和叙述的聚焦点；二是'史论结合'，不是单纯地叙述当代中国哲学的历史进程，而是展现关于每一时期重大的哲学问题的理论探讨；三是'重在反思'，不是一般性地介绍和评论每一时期的哲学讨论，而是力求深入地反思哲学讨论中所蕴含的重大的理论问题，从而揭示当代中国哲学演进的深层逻辑"[②] 这一指认意义重大。显而易见，"学术史"范式的形成是学术界在学术研究进程中逐步提出、完善和发展的，从聚焦"经典马克思主义哲学的发展史"、到着眼"马克思主义哲学在苏联的发展"、"1949 年以前马克思主义哲学在中国的发展"、"1949 年新中国成立以来到改革开放之前的中国化马克思主义哲学发展史"、"马克思主义哲学在国外的发展史"、"改革开放以来当代中国马克思主义哲学的发展史"等等，实则是学术界理论自觉和方法论自觉的过程。马克思指出："对人类生活形式的思索，从而对这些形式的科学分析，总是采取同实际发展相反的道路。这种思索是从事后开始的，就是说，是从发展过程的完成的结果开始的。"[③] 我们当下所开展的"学术史"范式的理论研究，也是对这一重要方法论原则的继承与发展。

事实证明，新中国成立 70 年来，中国的马克思主义哲学取得了实实在在的成就，这些成就既彰显了马克思主义哲学的时代价值，又促进了马克思主义哲学的中国化发展，为中国的现代化建设提供了不竭动力。站在新的历史起点上，回顾展望中国马克思主义哲学所取得的成绩，总结经验，需要弘扬"学术史"的研究范式，在学术积累和思想积累中实现思想

---

① 王海锋：《书写当代中国马克思主义哲学研究的学术史》，《哲学研究》2019 年第 1 期。

② 孙正聿、杨晓、丁宁：《改革开放以来当代中国哲学史（1978—2009）》，人民出版社 2019 年版，序第 2 页。

③ 《马克思恩格斯文集》第 5 卷，人民出版社 2009 年版，第 93 页。

的创新。实践探索无止境，理论研究待深化，我们有理由相信，中国的马克思主义哲学研究必将迎来两个一百年之际再创辉煌，构建一种符合中国实际、体现中国特色、属于中国人自己的当代中国马克思主义哲学的知识体系也将成为现实！

作者单位：中央民族大学哲学院

中国马克思主义哲学研究70年回眸与前瞻

杨洪源

新中国成立70年来，由内部反思“生成”的学术化倾向日益显著，使得中国马克思主义哲学研究实现了由抽象体系向具体实在的转变；体系建构的有机性，即动态的内容更迭和开放的结构转换日趋强化；作为体系组成要素的文本、历史、理论和现实的研究，达到较高程度的统一，取得了长足的进展。本文通过梳理新中国马克思主义哲学研究70年的历程，贯穿其中的问题导向与体系建构的有机互动这一内在逻辑，在总结经验教训、提炼中国特色研究范式的基础上，力求夯实构建中国马克思主义哲学知识体系的理论前提，对中国马克思主义哲学研究的未来发展做出较为合理的展望。

一、回顾：问题导向与体系建构的互动

综观整个马克思主义哲学的发展历程，问题导向与体系建构的有机互动，是自它创立之时起就贯穿其中的主线之一。众所周知，诸如“物质利益难题”之类的复杂现实问题，作为马克思进行思想批判与实践探索的直接动因，推动着他在德国观念论哲学体系这一旧的思辨基地上，构筑起新的哲学体系。不只是这样，在他本人思想一定发展阶段内逻辑合理的哲学体系，也成为马克思的批判对象。例如，基于金融资本主义的兴起、无产阶级革命的低谷、俄国农村公社的跨越等现实问题的重新审视，马克思晚年搁置了《资

本论》中的关于世界历史发展趋势的设想，转向资本主义社会史前史的求解。秉承上述特质，如何坚决稳妥地向社会主义过渡，探索社会主义建设的道路及其规律，如何实现“以经济建设为中心”的目标，社会主义由计划经济向市场经济的转变，中国道路的世界历史意义的阐释等，这一系列不同时期的重大现实问题，引导着新中国马克思主义哲学的丰富和发展。一言以蔽之，问题导向是马克思主义哲学的路径，体系建构同时作为马克思主义哲学的前提和结果而存在，两者的互动即为马克思主义哲学的内在逻辑。

对于一门学科发展历程的叙述即学术史的书写而言，人物思想、逻辑范畴、问题意识、体系结构等，皆为不可或缺的要素。以其中的个别要素为核心并融通其他要素，构成了学术史形态的不同呈现。由此可见，不同的学术史书写方式之间本无是非优劣之分，只有切中研究对象的程度深浅之别。这就是说，如何实现与研究对象之间的同构，成为学术史书写的关键。从同构性出发，关于整个马克思主义哲学研究历程的梳理，显然离不开对问题导向与体系建构的有机互动的具体描述，新中国70年马克思主义哲学学术史的书写亦然。大致而言，新中国70年马克思主义哲学研究的历程可以分为以下几个主要阶段。

（一）以教科书体系为框架的基本理论问题讨论

当深邃思想处于尚不为人知的最初传播时期，直观的形式相对于作为内容的思想显得尤为重要。毋庸置疑，教科书体系对于马克思主义哲学的宣传与普及，发挥着不可替代的积极作用，尽管它无法规避思想僵化乃至停滞不前的后果。早在《资本论》第1卷德文版行将付梓之际，恩格斯曾就由主题陌生、叙述繁杂、内容过长等导致的理解难度问题，向马克思建议凝练标题、细分章节，指出这种教科书式的处理方式有助于广大读者的理解。[①] 此后，恩格斯和列宁等为阐释马克思主义哲学著书立说，都或

① 《马克思恩格斯文集》第10卷，人民出版社2009年版，第267—268页。

多或少由于思想论战而非系统宣传的形式，制约着马克思主义哲学普及范围的进一步扩大。在有效宣传和广泛传播马克思主义哲学的迫切需要下，融系统性和通俗性于一身的传统教科书体系呼之欲出，并最终在《联共（布）党史简明教程》中正式确定下来。

在中国，马克思主义自十月革命后的广泛传播与深刻影响，使得以教科书体系为载体的马克思主义哲学，作为一种稳定的理论形态和研究范式，逐步取得在哲学研究、社会科学领域乃至整个中国思想界的主导地位，并指导着中国社会主义革命实践的成功。在这个过程中，传统教科书体系不仅通过不断调整而增强自身说服力，以指导社会主义革命实践，而且以大众化的形式来掌握人民群众，使之投身于社会主义革命实践中。正如马克思所说："理论一经掌握群众，也会变成物质力量。理论只要说服人［adhominem］，就能掌握群众；而理论只要彻底，就能说服人［adhominem］。"① 新中国成立后，马克思主义成为各项工作的指导思想。为了适应政治、经济、社会和文化等迅速发展的需要，给予广大人民群众和党员干部以及时的、必要的思想武装，实现新民主主义社会向社会主义社会的过渡，党中央积极组织了马克思主义理论尤其马克思主义哲学的研究、学习和宣传，既强调哲学理论在社会主义建设实践中的运用，又重视新的实践经验在哲学层面的提升与总结。在此期间，传统教科书体系以政治课的形式，对人们进行辩证唯物主义和历史唯物主义教育，对推动中国现代化的发展产生广泛而深远的影响。依循传统教科书体系的基本结构和主要观点，中国的马克思主义哲学研究者，一方面发表了大量关于马克思主义哲学的介绍性文章；另一方面撰写了一批系统研究包括毛泽东哲学思想在内的马克思主义哲学教材类著作，如李达的《〈实践论〉解说》和《〈矛盾论〉解说》、艾思奇的《辩证唯物主义讲课提纲》等，有力地推动了全国范围内学习和宣传马克思主义哲学运动的深入开展。

---

① 《马克思恩格斯文集》第1卷，人民出版社2009年版，第11页。

社会主义三大改造的完成，标志着中国社会主义实践进入建设时期。在“百花齐放，百家争鸣”的方针指导下，运用哲学的世界观和方法论观察和处理新情况，总结中国马克思主义哲学研究的成果特别是毛泽东哲学思想，放弃直接照搬苏联教科书体系，构建属于中国人自己的教科书体系，成为必然的选择。艾思奇主编的《辩证唯物主义历史唯物主义》、李达主编的《马克思主义哲学大纲》上篇即《唯物辩证法大纲》的讨论稿等，均为典型例证。更为重要的是，关于从属于传统教科书体系的基本理论问题的探讨，也在争鸣中不断深入。这些问题涵盖马克思主义哲学的基本原理、规律、方法、范畴与概念，具体涉及“一个对子”与“两个对子”、思维与存在的同一性、“一分为二”与“合二为一”、真理的阶级性与客观性、绝对真理与相对真理、客观规律性与主观能动性，等等。通过这些问题的探讨与争鸣，深化了人们对马克思主义哲学的理解和把握，进一步完善了哲学教科书体系，但也存在值得认真总结的经验教训。

在肯定传统教科书体系在特定历史语境下的积极作用，呈现基本问题讨论与教科书体系建构的有机互动的同时，也要清醒地认识到传统教科书体系所带来的后果。20世纪60年代中后期以来，哲学教科书体系的理论封闭性愈发明显，并最终沦为一种新的僵化的教条，无法接纳任何不同的理论阐释，从根本上断绝了通过问题导向而进一步推进体系建构的可能。如何复归问题导向与体系建构的有机互动，消除思想僵化带来的各种后果，成为左右中国马克思主义哲学研究及其发展的关键问题，并且迫在眉睫。

（二）以真理标准问题为动力的教科书体系改革

鉴于传统教科书体系的封闭性，问题导向与体系建构的有机互动就不再表现为对既有体系的完善，而是通过打破封闭性以为新的体系建构提供可能。正是在这个意义上，发轫于20世纪70年代末的真理标准问题大讨论，才能超越学术研究的范围，特别是在与20世纪50、60年代的真理诸问题讨论的内容和结论没有较大差异的前提下，起到了后者所无可比拟的思想解放的作用。对于马克思主义哲学研究而言，真理标准问题大讨论于封闭的传统教科书体系中打开了“缺口”。此后，中国理论界就一些过去颇有“争议”的哲学基本问题，特别是属于马克思主义哲学的、却因受传统教科书体系的束缚而被排斥出去的重要范畴和理论，如人、人性及人道主义等，展开了热烈的讨论，并逐步深入。

由于当时缺乏对《1844年经济学哲学手稿》和国外马克思主义哲学等的深入研究，关于人道主义与异化问题的讨论历时数年未能达成共识，也没有达到预期的高度。可是，它的真实意义却并未泯灭，反而愈发彰显对思想解放与实事求是的追求，有益于改变传统教科书体系教条主义地对待马克思主义哲学。换句话说，正是这场讨论的未完成性，才赋予它以丰富性和开放性。正如新中国马克思主义哲学研究史所昭示的：人的价值问题的凸显构成价值论研究的重要来源；对人的问题的持续关注直接导引出体系化的人学研究；将人文关怀确证为马克思哲学的一个根本性维度，并基于此来重新探究马克思的思想起源时期等。

真理标准问题大讨论进行得愈深入，问题导向之于传统教科书体系改革意义上的体系建构的成效，就表现得愈清晰。20世纪70年代末到80年代末，认识论研究的深入、价值论研究的勃兴、人学研究的起步，抑或马克思主义哲学原理教材改革和马克思主义哲学史学科建设，都是“鲜活”的例证。以中国马克思主义哲学界彼时关于认识论的研究为例。在汗牛充栋的各类著述中，一方面扬弃了传统教科书体系只在辩证唯物主义范围内探讨认识论的传统观念，按照认识主客体的社会性和历史性的理解，将历史唯物主义的基本原理作为马克思主义认识论的理论前提与科学证明，提出唯物史观就是历史认识论。另一方面，基于对“辩证法也就是（黑格尔和）马克思主义的认识论”① 的再考察，依循认识论的基本框架，

---

①《列宁选集》第2卷，人民出版社2012年版，第559页。

从哲学的基本问题即意识与存在的关系出发展开相关内容，在教科书体系改革上取得了重大突破。

更为重要的是，在把实践范畴看作马克思主义认识论基本范畴及历史观基础的前提下，不少论者进一步提出实践是全部马克思主义哲学的基础。加之《1844 年经济学哲学手稿》中文版的出版、国外实践唯物主义思潮的传入等因素的共同作用，一些全国性专题会议相继召开，研究成果迅速增加，研究队伍旋即扩大，使实践唯物主义作为中国学者首次用自己的语言阐释马克思主义哲学体系的标志，并一度成为中国哲学界的最热门话题。关于实践唯物主义问题的讨论在 20 世纪 80 年代末有过较为短暂的沉寂，却又很快“升温”，其后虽有所“冷却”，但时至今日仍未终止。尽管充满着各种争议乃至一定的消极作用，但这场讨论对于打破传统教科书体系“唯我独尊”的积极作用不言而喻，20 世纪 90 年代涌现的马克思主义哲学原理新教材就是典型的范例。

（三）以学术规范问题为导向的体系建构分化

就一定意义而言，教科书体系改革的过程实乃马克思主义哲学研究的渐进学术化。进入 20 世纪 90 年代，“思想淡出学术凸显”、“少谈体系多谈问题”成为研究主流。相较于以传统教科书体系为框架的基本理论探讨很大程度上属于意识形态的范围，真理标准问题大讨论等仍然或多或少带有意识形态的色彩，对学术规范问题的强调与争论，才真正标志着中国马克思主义哲学研究的学术转向的开始。在学术规范问题的导向下，中国马克思主义哲学研究的体系建构从意识淡化逐渐过渡到形式分化，即不再拘泥于教科书体系改革，转而通过从社会现实和现代哲学知识体系中提炼、讨论、解决问题，形成具有内在规范性的部门哲学研究，并进一步激活对马克思哲学观及其变革意义的重新反思。需要指出的是，这种研究转向并非对体系建构本身的彻底扬弃，而是从封闭的宏大体系建构变为开放的中观体系建构。

首先，马克思主义哲学基础理论和哲学史等研究稳步推进。这不仅突破了西方哲学认识论以个人及其心理为分析对象的限制，探讨整个人类系统认识的发生和发展及其社会历史机制，还重视从人类生活和实践角度提炼出价值论需要解决的问题，突出价值论研究的应用性。在此期间，人学研究也在抽象理论层面和社会现实层面得到全面发展，尽管关于这一学科的名称及性质的争论始终没有完全停止。不仅如此，中国的马克思主义哲学史研究，在学术研究的日益国际化和不同研究范式之间竞争不断“白热化”的格局中逐步完善，甚至在国际学界中享有盛誉。

其次，社会哲学、文化哲学、经济哲学等研究方兴未艾。社会主义市场经济建设在中国的全面开展，使得中国乃至世界发展中的社会问题、文化问题、经济问题等进入中国学者的视野。相比之下，过去“屈居”中国马克思主义哲学研究“末流”的部门哲学，如社会哲学、文化哲学、经济哲学等的重新定位问题，成为马克思主义哲学理论创新无法绕开的环节。围绕唯物史观的方法及其基本问题，从提出概念到拓展向度，部门哲学的兴起不仅改变了中国马克思主义哲学研究的观念与结构，即不再作为纯粹的具体的理论科学，转而成为马克思主义哲学的基础学科，而且立足于中国的现实并从中觅得中国社会转型的内在根据和未来走向。

最后，马克思哲学观再反思和现代性批判等研究深入展开。从宏观体系建构到中观体系建构的转变，是对哲学观这一元问题的追问的集中体现。延续围绕实践唯物主义进行的马克思主义哲学精神实质的探讨，马克思哲学观的变革意义自然而然成为研究的焦点。这种变革不再只是对传统哲学的超越，而是在东西文化的比较、科学主义与人本主义的论战、“马”、“中”、“西”哲学的对话等格局中，使马克思主义哲学真正“活”在中国当下。同样，针对现代化的历史进程对人与世界关系的全面改变所带来的诸问题，如可持续发展、市场经济中的物的依赖性、虚无主义的文化危机等，中国学者通过对马克思哲学的再反思，将它确证为现代性批判的理论武器，并从中寻求实现人的自由个性的方式。

（四）以思想阐释问题为内容的研究路径转换

学术规范即形式是通往思想阐释即内容的必由之路。以学术规范问题为导向的宏观体系建构分化为中观体系建构，自身包含着向以思想阐释问题为内容的研究路径转换即微观体系建构的可能性。“学术凸显”所要“淡出”的，仅仅是作为意识形态而存在的“思想”，也就是“思想”的异化状态，其最终目的在于复归真正意义上的“思想”而不止于“学术”。以此为意旨，如何使思想真正切入现实，发展 21 世纪中国的马克思主义哲学，使之超越关于经验常识的思考，真正成为在思想中把握的时代，是中国马克思主义研究者的第一要务。不论是“论坛哲学”、文本研究、国外前沿、学术形态、哲学对话等领域的方兴未艾，还是唯物史观、资本批判、经济哲学、政治哲学等理论的重新阐释，都蕴含着研究路径的转换。

以彰显“马克思主义哲学的当代价值”为出发点，由《中国社会科学》杂志社牵头，全国各马克思主义哲学博士点每年轮流主办的“马克思哲学论坛”于2001年正式启动。无独有偶，由青年哲学论坛、《哲学研究》编辑部发起的“马克思主义哲学创新论坛”，也在 21 世纪初成立。在坚持哲学“生于对话，死于独白”的特性下，中国社会科学院哲学研究所组织的“马克思哲学青年对话会”开始“崭露头角”。这些全国规模的“论坛哲学”凭借其思想的活跃性而极大地突破了“讲坛哲学”的束缚，增强了中国学者的理论自信，更加积极地选择各种有益的成果，尝试创造出切合中国实际的、中华民族自己的马克思主义哲学理论，尽管“论坛哲学”与“讲坛哲学”的有效接榫尚需解决。

世纪之交，马克思主义哲学经典著作研究的独立性愈发明显，以“返本开新”为意旨的文本研究日趋兴盛，并与马克思主义哲学的当代性阐释共同成为研究热点。“史”、“论”、“著”的结合，抑或文本、历史、理论和现实的有机统一，虽实属老生常谈，却在不同时代中呈现迥异而逐步深入的内容。文本研究是理论阐释的基础工作和基本依据，马克思哲学文本研究的滥觞与勃兴，势必带动中国学者对既有理论的重新考察，其中首要关注的是关于历史唯物主义的重新理解。在文本研究与理论阐释的有机结合方面，21 世纪中国马克思主义哲学研究的典型成果无外乎《资本论》哲学思想研究，可谓代表着经典著作研究的最高水准。以《资本论》为文本依据从政治经济学批判视域中理解马克思哲学，同时带来了另一种研究路径的转换，甚至可以说是一种彻底的颠覆——不再从作为部门哲学的经济哲学的角度或框架，包括概念、原则和方法等，来重新理解马克思主义哲学，转而将经济哲学定位为马克思主义哲学的基础学科，即马克思哲学在一定意义上就是经济哲学。秉承相似的思路，中国马克思主义哲学界当前关于政治哲学的研究，愈发呈现异军突起之势。从关于马克思主义政治哲学的理论定位，到关于马克思政治哲学思想及其当代价值的深入探讨，再到关于国外马克思主义政治哲学理论的扩展研究，无不昭示着中国学者在思想上超越现时代的维度去领会马克思主义哲学的当代性。

特定思想的深邃性源于自身逻辑的合理性，更显现于与不同思想的比较、对话和融合中。经过中国学者多年的努力，国外马克思主义哲学研究逐渐脱离马克思主义哲学史学科而获得较强的独立性，从是否必要的论证跃迁到如何运用的阐释，取得了一些较为突出的成果，“以翻译带研究”的规模效应日趋凸显。与此同时，21 世纪以来研究的显著变化，也使得马克思主义中国化的内容不断得到丰富，构建马克思主义哲学的中国学术形态成为题中之义。不仅如此，近年来“马”、“中”、“西”哲学之间对话的趋向成熟有目共睹，在开放性中成为切入中国道路的有力视角。这种对话尽管在原则、方法、路径、平台等方面尚未达成广泛的共识，但在构建人类文明新形态等思想议题上还是有所突破。古今中外的哲学思想资源在新时代中国特色社会主义的伟大实践中产生的碰撞，以及中国道路自身所取得的瞩目成就，使得中国马克思主义哲学研究当之无愧地成为重要的思想“试验场”。

二、总结：范式提炼与经验总结的衔接

纵览新中国70年马克思主义哲学研究的历程，成就是主要的、突出的，并集中表现为形成了一些具有国际学术影响力的研究范式。换句话说，只有置于国际视野下与国外研究的比较研究中，才能提炼出真正意义上的中国特色研究范式。这些范式包括但不限于以下几类：

其一，以反思为前提的马克思主义哲学基础理论研究。中国的马克思主义哲学基础理论创新，与传统教科书体系的反思和改革几乎同步。基于传统教科书体系“一块整钢”下的“两大块”（辩证唯物主义和历史唯物主义）分离、“四个部分”（唯物论、辩证法、认识论、历史观）孤立，导致无法彰显马克思主义哲学的独特实质及其变革意义的弊端，中国学者从认识论入手，突破了过去只在辩证唯物主义范围内讨论它的局限，转而重点阐释认识论与唯物史观的关系、认识论与辩证法的关系，以此推进哲学原理教科书的重新编写①，并借着关于实践唯物主义讨论的“东风”取得了显著成效。② 除此之外，价值论研究还从认识论研究中逐渐独立出来，且由于同时适应了中国现代化建设的实践需要和国际上思想文化论争的理论需要，成为持续活跃的研究领域。③

随着中国学界的相关研究拓展到实践本体论、实践本质论、实践辩证法、本体论批判的辩证法、意识形态批判、认识过程论、思维建构论、社会结构论、社会发展论、主体性问题与现代性批判等领域④，“反思”作为哲学思维方式的作用愈发凸显，通过它可以重新把握思维与存在的关系，深化对马克思主义哲学乃至整个哲学基本问题的认识。⑤“反思”的关键

① 高清海主编：《马克思主义哲学基础》（上下册），人民出版社1985、1987年版。
② 肖前主编：《马克思主义哲学原理》，中国人民大学出版社1994年版。
③ 李德顺：《实践价值丛书》（10册），云南人民出版社2003、2005年版。
④ 杨耕等：《马克思主义哲学基础理论研究》，北京师范大学出版社2013年版。
⑤ 孙正聿：《哲学：思想的前提批判》，中国社会科学出版社2017年版。

环节，在于理解马克思哲学的变革意义从而呈现马克思主义哲学的当代价值。马克思并未对自己的“新哲学”作规范性的定义，他更多的是通过与其同时代具有深刻影响力的哲学思潮的论战中表述出来的。基于此，中国学者在广阔开放的比较视野下，激活了对马克思哲学变革意义的深刻理解，包括其理论特质、研究对象、思维方式、存在形态、现实基础及社会功能等问题。与马克思哲学从背景知识“进化”为前沿问题相适应，一些对哲学本身作系统阐释的教材开始涌现。① 相较而言，国外学者近年的相关研究仍主要集中于辩证法和现代性批判，或者只是打着马克思哲学的旗号而言其他，对实践论和认识论等方面鲜有涉及，因而难免对马克思哲学变革意义的把握有所偏差。

其二，以文本为基础的马克思主义哲学史研究。为了克服传统教科书体系“重原理、轻历史”的弊端，特别是将马克思主义哲学看作原理推演而非思想发展的过程，以及教条主义地死抠经典著作中的只言片语等做法，作为学科体系的马克思主义哲学史于20世纪70年代末应运而生。它甫一问世，就奠定了构筑于作为思想载体的经典著作或文本的研究方式。到了20世纪90年代，中国的马克思主义哲学史研究在学术规范意义上逐步完善：一方面基于“哲学就是思想中的历史”、“哲学就是哲学史”等维度，对“史论结合”的叙述方式作了方法论省思；另一方面诉诸通史研究与个案研究的结合，力求全面且客观地呈现马克思主义哲学发展的完整脉络。② 一些中国学者不仅通过探索人的物化、人的自由个性等重大问题，重新挖掘经典著作中的现代性批判因素，而且在同国外马克思主义的深度“对话”中，有力回应了“两个马克思的对立”、马克思与恩格斯的思想关系等“尖锐”问题。

① 欧阳康：《哲学研究方法论》，武汉大学出版社1998年版；孙正聿：《哲学通论》，辽宁人民出版社1998年版；王德峰：《哲学导论》，上海人民出版社2000年版。

② 黄楠森、林利、庄福龄主编：《马克思主义哲学史》（8卷本），北京出版社1989—1996年版。

进入 21 世纪，围绕文本解读来重新书写马克思哲学思想史，形成了三种典型路径：从还原思想生成的历史语境出发，“回到马克思”力求通过“人本主义社会现象学”、广义历史唯物主义、“历史现象学”，揭示马克思哲学思想深层转换的动态过程。① 基于对文本研究合理性限度的追问，“重读马克思”主张以文本为中介（而非主体）同马克思“对话”，诉诸传统解释模式的重新领会与解读者的深度体认来实现“接着讲”。② 针对使用晦涩语言和现代术语包装马克思哲学的“赶时髦”，“走进马克思”围绕“实践”、“历史”、“社会”等主要概念，阐释马克思哲学的逻辑起点、理论视野及核心内容。③ 这些研究路径作为文本研究模式，具有区别于过去原著解读模式的方法论前提和理论特质。面对相同的研究对象，一方致力于阐释思想的未完成形态亦即开放性，故而更加贴合马克思主义哲学的根本特征；另一方则立足于论证思想的完成形态，因此极易通向自我封闭乃至教条主义。

自此至今，在经历了迅速“升温”的方法论之争的“外部反思”，尤其围绕如何建构“中国马克思学”的讨论之后，中国马克思主义哲学文本研究进入“内部反思”阶段，由文本个案研究纵深推进到系列文本所组成的有机整体建构，丰富和发展了马克思主义哲学史研究，并于马克思诞辰 200 周年之际向国内外学界集中展示了这一成果。④ 相形之下，西方“马克思学”和 MEGA2（《马克思恩格斯全集》历史考证版）的编辑原则，在主张破除意识形态偏见与学科分工局限、强调文献的原生形态和唯一价值而风靡一时之后，却出现了“重考证、轻思想”的瓶颈，一定程度上制约着马克思主义哲学史研究的发展。

---

① 张一兵：《回到马克思：经济学语境中的哲学话语》，江苏人民出版社 1999 年版。

② 何中华：《重读马克思：一种哲学观的当代诠释》，山东人民出版社 2009 年版。

③ 孙伯鍨、张一兵：《走进马克思》，江苏人民出版社 2001 年版。

④ 聂锦芳主编：《重读马克思：文本及其思想》（12 卷本），中国人民大学出版社 2018 年版。

其三，以现实为根据的马克思主义哲学中国化研究。所谓马克思主义哲学中国化，简言之，乃是马克思主义哲学在中国的民族化与时代化。换言之，马克思主义哲学中国化的本质，在于中国人运用马克思主义的世界观和方法论，内在地生成对民族命运与时代精神的自我理解。这种研究范式发端于马克思主义早期传入中国之时，呈现为在解决现实问题中完成的理论创新，并延续下去。以相关概念的最早提出为起点①，形成了两条主要路径，即党的领导集体的哲学贡献和学者的哲学研究。

其中，在分析和探索中国社会主义建设中的现实问题的过程中，毛泽东哲学思想不仅继续发挥世界观与方法论的指导作用，而且在概括总结新实践经验的基础上得到进一步发展，其突出的哲学贡献在于实事求是、群众路线、独立自主这三个基本方面。改革开放以来，围绕什么是社会主义、怎样建设社会主义，实现什么样的发展、怎样发展等现实问题，先后形成邓小平理论、“三个代表”重要思想、科学发展观，强调解放思想、实事求是、与时俱进、求真务实、发展是硬道理、以经济建设为中心、以人为本等基本理念，对发展马克思主义哲学作出了重要贡献。习近平新时代中国特色社会主义思想，系统回答了新时代坚持和发展什么样的中国特色社会主义、怎样坚持和发展中国特色社会主义的重大时代课题，为发展 21 世纪当代中国的马克思主义哲学作出了重要贡献，主要表现为实事求是的哲学精髓要义、人民至上的根本哲学立场、辩证思维的基本哲学方法、历史思维的唯物史观基石。②

除了以上述路径为主要研究对象，即诠释马克思主义中国化及其理论

---

① 为了让世界化的哲学“讲”中国话，艾思奇于 1938 年 4 月在《哲学的现状和任务》一书中，首次倡导哲学研究的中国化、现实化。同年 8 月，针对脱离中国特点来谈论马克思主义所可能导致的抽象与教条，毛泽东在《论新阶段》中第一次鲜明地提出了马克思主义中国化这一重大命题，并作了内容丰富的阐释。

② 王伟光主编:《开辟当代马克思主义哲学新境界》，中国社会科学出版社 2019 年版，第 256—260 页。

成果的哲学基础之外，中国学者还围绕构建马克思主义哲学的中国学术形态这一目标，澄清了马克思主义哲学中国化的基本理论问题。与此同时，当代中国马克思主义哲学学者及其思想，如李达的“唯物史观新解”、艾思奇的“大众哲学”、张岱年的“综合创新论”、冯契的“智慧说”等，也得到了愈发广泛的关注。与之形成鲜明对照的是，海外马克思主义哲学中国化研究，虽然聚焦于“毛泽东学”、邓小平理论和中国道路等，在辨析马克思主义哲学中国化与正统马克思主义哲学、中国传统文化的关系问题上有所建树，先后产生了“刺激—反映论”、“意识形态弱化论”及“铁三角理论”、“中国软实力论”等研究范式，但总体而言尚在起步阶段。

四是以超越为意旨的国外马克思主义哲学研究。

出于站在世界视野看中国，进而为赶超西方现代化进程提供思想基础的需要，中国学者的国外马克思主义哲学研究，在短短几十年间，迅速从浅尝辄止的译介进入研究的繁荣景象。撇开研究定位的独立、研究队伍的庞大、研究成果的繁多、研究进程的同步等不谈，单论研究主题的全面，就能充分说明这一点。在坚持以西方马克思主义为研究重点的同时，中国学者的研究按地域已延伸到东欧新马克思主义、日本马克思主义、英国新马克思主义、拉美马克思主义、韩国马克思主义等；从时间上跃迁到后马克思主义和晚期马克思主义等；在内容上拓展到精神分析马克思主义和激进左翼思想等。

然而，跨越式的繁荣发展中也夹杂着些许隐忧，特别是历史方位与使命担当的缺失。中国的国外马克思主义哲学研究，虽源于中国现代化进程的相对落后时期，但其目的绝非止于模仿国外。做赶超者而非追随者，始终是我们接受国外马克思主义哲学的不变定位，在中国道路的伟大实践及其瞩目成就的时代境遇下更应如此。角色定位的不明确以致纯粹为研究而研究，看似无大碍，实则是思想的“不作为”。当前中国学界相关研究中浮现出的学术鉴别力降低诸象，就是不自觉地成为追随者的表现。一些学者随意从故纸堆中“挖出”或者直接“追时髦”地找到某个国外马克思主义者，在充其量达到概述后者学说的程度之时，便宣称取得了突破性进展。殊不知，此类行径根本没有触及国外马克思主义哲学的前沿即问题意识，难以在错综复杂的社会万象中准确提炼出重大现实问题并给予较为合理的解决方案。相较于文章第二个部分论述的三种范式与国外研究的比较优势，中国学者的国外马克思主义哲学研究显然还有很长的路要走。

不可否认，经验教训与重要成就往往相伴而生。问题导向与体系建构在互动之时难免会有错位或不一致的地方。问题的把握不足和体系的封闭僵化等情形，在新中国 70 年马克思主义哲学研究中时有发生，不可避免地会产生一些值得深思与总结的经验教训。

众所周知，坚持实事求是、理论联系实际，是马克思主义哲学者研究和解决问题时应当遵循的基本原则。然而，现实本身错综复杂和瞬息万变的特性，使以上原则的真正贯彻变得尤为困难。新中国的马克思主义哲学研究曾经走过一些弯路，尤其在某一时期内对中国社会主义建设时期的重大现实问题、阶级形势与政治状况的错误判断，用政治批判取代学术争论，甚至肆意扭曲马克思主义哲学的基本原理，使整个哲学领域的研究工作、学术结构和人才队伍等都遭到严重破坏。

诚然，改革开放以来的思想解放，对于中国学者实事求是地理解现实并从中提炼和分析问题，起到了极大的推动作用。但是，对问题的把握不足依然存在。这也是当今反复强调坚持实事求是、强化问题导向的原因所在。简单来说，哲学意义上的现实，即事实与本质的统一。这意味着从现实中提炼出的问题，至少包括以下内容：其一，"现存的不都是现实的"，只有表征着时代特征及其发展趋向的社会现象或事件，才能称得上是"现实问题"；其二，作为对其所处时代中的本质和事实的抽象表达，一些重要的思想潮流及理论动向也属于"现实问题"的范畴。一方面，随着学术性在中国马克思主义哲学研究中的不断强化，人们关于本质的追问愈发深入，以致忽视了事实本身发生的深刻变化。特别是在中国特色社会主义进入新时代，中国社会主要矛盾的转变这一本质被深刻揭示出来的情形下，中国马克思主义哲学研究者更应该关注这个矛盾的事实层面即具体表现，从而真正地提炼、分析和解决问题，而不是只做揭示社会主要矛盾转变的意义即必要性的同义反复。另一方面，通过学习领悟现时代的重要思想，即习近平新时代中国特色社会主义思想，把握其精髓要义和丰富内涵，从而深刻理解新时代的本质，以准确找出和科学分析表征时代发展的社会现象。否则，就只能产生脱离社会现实、缺乏问题意识的经验哲学。

同实事求是相对立的是教条主义。新中国70年马克思主义哲学研究历程中曾出现的教条主义倾向，与体系的封闭僵化不无干系，其主要表现为：将传统教科书体系中的基本原理，或者经典著作中的个别词句，当作绝对的普遍公式直接套用到问题研究中，全然不顾问题的历史性与具体性；把传统教科书体系中或经典作家没有探讨过的问题视作“禁区”，而不敢越雷池一步，反对根据时代发展和现实变化提出新问题、新观点，用政治的方式批判这些所谓的“离经叛道”；原理和著作乃至文件指示而不是实践，被用作研究问题得出结论、判断是非曲直的唯一标准，只是在传统教科书体系或经典著作范围内反复做文章。更为严重的是，体系的封闭僵化在某个时期内还掺杂着个人崇拜的因素，形成了诸如“句句是真理，一句顶一万句”之类的理论“怪胎”，抹杀了人们起码的独立思考能力，极大地阻碍了马克思主义哲学的发展。

当一定的理论体系从不成熟发展到完善时，稍有不慎就会因自我满足于既有的合理性而走向封闭与僵化。马克思主义哲学批判的正是旧哲学体系的僵化形式，即静态的逻辑架构和封闭的语言系统。在充分肯定当前以思想阐释问题为内容的研究路径分化及其成果的同时，更要警惕这些微观体系建构的自我异化即滑向封闭与独断的可能。马克思主义哲学研究中的文献考证与历史梳理也好，理论阐释与现实反思也罢，都应该在建设性的对话关系中融通起来。如若不然，便有可能因缺乏充要的依据而成为泛论，抑或退回到旧的思辨哲学的基地，重新陷入教条主义的泥淖，这就与真正意义上的文本研究相去甚远，后者作为版本考证、文本解读和思想阐释的统一，最终要落脚到思想层面与现实层面，这也是马克思主义哲学研究的目的所在。

三、前瞻：趋势把握与未来展望的统一

问题导向与体系建构的有机互动，只有进行时，没有完成时。如前所述，新中国70年的马克思主义哲学研究形成了诸多具有国际影响力的范式，取得了坚持实事求是和理论联系实际的思想路线和优良学风、从教条主义的羁绊中解放出来等宝贵经验。但与此同时，问题依然存在。对此，我们可以尝试从三个递进的层面入手，探寻保持问题导向与体系建构的有机互动及可行路径，把握马克思主义哲学研究的未来走向。

其一，不同研究范式的内在整合。首先，要梳理与审视既有的重要研究范式及其代表性理论成果，找出它们各自出现的或潜在的主要问题；其次，将这些主要问题分类整理、阐明原因，进而提出解决路径，以此丰富和完善既有的各种研究范式，力求实现它们之间的融合；最后，强调实现这种融合的意义与价值。以基于文本的马克思主义哲学史研究和源于现实的马克思主义哲学中国化研究这两种范式为例，前者的优势在于为理论的彻底性提供充分依据，避免大而无当的空疏，其局限则在于缺乏强烈的现实反思意识，难免脱离社会现实而重蹈教条主义的覆辙；后者虽然有助于强化哲学与社会现实的内在联系，保持马克思主义哲学的本质属性，但也会由于缺乏理论的彻底性而沦为实用主义的工具。在简明扼要地剖析了上述两种研究范式后，解决方式也就一目了然，即去弊存利、优势互补、内在整合。

其二，具有明确的体系建设。就其思维水准和思想高度而言，研究范式的内在整合没有超越德国观念论的普遍观点，即任何问题的提出都包含着它的解决。可是，经验常识往往告诉人们，问题绝不可能被穷尽，因而提出、分析与解决问题始终处于螺旋上升的循环中。如果说不断解决层出

不穷的问题属于“战术思维”层面，仍然表明理论创新落后于实践发展的不利局面，那么，消解问题不失为一种“战略思维”，是理论创新紧跟实践发展的有力表现。它直指真正的哲学作为时代精神之精华这一根本特质，从哲学与时代的关系即哲学的历史方位出发，将已经世界化的哲学在特定民族国家的具体表达中揭示出来，最终凝练为“马克思主义哲学的时代化、中国化、大众化”这一命题，且不断呈现出新的形式。加快构建中国特色马克思主义哲学学科体系、学术体系、话语体系，就是上述命题在中国特色社会主义新时代的最新表述。杜绝不同的研究范式走向独断论与经院化的可能也好，构建马克思主义哲学的中国学术形态、实现由“照着讲”到“接着讲”的过渡和转变也罢，凡此种种无一不指向于此。

从知识体系、学科体系、学术体系、话语体系出发，找准论战对象或“靶子”，彰显马克思主义哲学的批判性，能够有针对性地指明中国马克思主义哲学研究的若干具体方向，尽可能避免问题导向与体系建构的不一致或错位。诸如，破除“西方中心论”之于学科划分与领域设置的影响，摆脱将问题归结为单一学科的束缚，立足中国实践并以其中的具体领域为研究对象，提炼合适的概念阐释问题，运用唯物辩证法解决问题，以符合新时代的方式论证中国实践；扬弃“技术决定论”的路径依赖和思维惯性，重新树立思想作为科学技术生产力之母的地位，创新思维、完善标准、健全机制，破解专业化和壁垒化趋势下的跨学科对话难题，打破学术在本学科内生产的“小作坊”模式，解决“出专著易，出精品难，出专家易，出大师难”的问题，推动突破性学术成果的创造与丰富；直达“乱世文化兴盛论”的唯心史观病灶，对这种浅尝辄止的“话语陷阱”及其危害保持清醒认识，警惕哲学语言脱离实践或“圈子化”现象，坚持历史唯物主义的世界观和方法论，促进中国实践与理论创新的共同繁荣发展，提升学术话语权，增强中国马克思主义哲学的创造活力、发展能力与竞争实力，等等。

其三，人类文明新形态的建构。除了人所熟知的时代精神的精华或在思想中的时代，真正的哲学更是人类文明“活”的灵魂。哲学不能仅仅作为“思维的游戏”而存在，更应该以高度理性化的思考面对人类社会发展的深刻问题，推进人类文明的永续前行，使其经久不衰。由此可见，深层的解决方式，即保持问题导向与体系建构之间有机互动的根本途径，在于让哲学复归文明精髓这一精神实质，使之作为民族自觉意识的高度及深度的标志实至名归。当今中国正处于社会大变革的转型时期，这决定着广大哲学工作者应当站在世界文明的战略高度、以理性的眼光来审视中国道路的历史方位，澄清中华文明的价值前提，反思构建人类文明新形态的可能道路。一方面，世界格局在加快演变的历史过程中，正产生着大量深刻复杂的现实问题，亟须对此作理论解答；另一方面，中国道路所取得的重大成就，为超越资产阶级所开辟的道路、探讨人类社会发展的新模式和人类文明新形态，提供了强有力的佐证。对中国道路的世界历史意义这一重大现实问题的阐释，必须借助于对马克思主义哲学的深刻理解和当代全球化态势的准确把握。只有这样，才能真正摆脱理论创新落后于实践发展的困境。

就一定意义而言，任何关于未来理想社会形式的深入探索，都不失为建构人类文明新形态的有益尝试。马克思晚年所从事的思想创作，不论求解资本主义的“史前史”，还是探讨俄国社会的未来走向，都昭示出他对于人类文明新形态的孜孜以求。为此，马克思不仅通过经济、政治和宗教等因素的具体分析，解释了出现各种不同于英国式典型资本主义道路的文明形态的原因，为探索人类文明的新形态奠定基础，而且转变了以西方社会为中心的视角，探求在东方社会实现人类文明形态的可能性。在马克思看来，资本主义所开辟的世界市场，没有改变世界历史总体结构本身固有的等级森严的秩序。因此，作为资本人格化的资产阶级所塑造的“新世界”，势必出现新的不平衡乃至畸形发展。构建人类文明新形态在破解上述严峻问题的局势下呼之欲出。就这种意义而言，中国道路不是一种暂时的策略和具体的路线，而是深邃的思想体系和丰富的理论建树。对于中国道路的合理性、必然性及世界历史意义的诠释，必须诉诸哲学高度的反思，即以思想创新驱动人类文明形态变革，是中国马克思主义哲学研究未来发展的必然趋势和使命担当。

事实上，中国马克思主义哲学研究者在深化马克思主义哲学“史”、“论”、“著”研究的过程中，潜在地包含着一系列关于人类文明形态变革的哲学理念，诸如关于社会形态及其发展规律的阐释、关于摆脱物的依赖以实现人的自由全面发展的探讨、关于中国道路的方法论省思、关于国外马克思主义中社会批判理论的新解等。有鉴于此，明确以思想创新驱动人类文明形态变革的使命，对于中国马克思主义哲学知识体系的建构，是意义重大的、影响深远的。它通过重新定位哲学的实质内容和主要功能，深刻揭示了马克思主义哲学对于人类文明形态变革的指导作用，不仅实现了“在中国的马克思主义哲学”和“中国的马克思主义哲学”的有机统一，还将它们上升到探索人类文明新形态的高度，奠定了中国马克思主义哲学研究的时代主题，并聚焦于此实现“马”、“中”、“西”哲学的真正对话，凸显中国马克思主义哲学的思想力，从而彰显中国文化软实力，为人类文明新形态探索贡献中国智慧。

作者单位：中国社会科学院哲学研究所

当代中国马克思主义与21世纪世界马克思主义

蓝 江

在党的十九大报告中，习近平总书记指出："这个新时代，是承前启后、继往开来、在新的历史条件下继续夺取中国特色社会主义伟大胜利的时代，是决胜全面建成小康社会、进而全面建设社会主义现代化强国的时代，是全国各族人民团结奋斗、不断创造美好生活、逐步实现全体人民共同富裕的时代，是全体中华儿女勠力同心、奋力实现中华民族伟大复兴中国梦的时代，是我国日益走近世界舞台中央、不断为人类作出更大贡献的时代。"① 总体来说，习近平总书记这段话包含彼此相关，又相辅相成的两个方面，一方面，是继续进行中国特色社会主义的建设。正如习近平总书记十分明确地指出，尽管我们在中国特色社会主义建设上，已经取得非凡的成就，但仍然长期处在社会主义初级阶段这个基本国情当中，这势必意味着我们必须继续全体中国人民"勠力同心"，继续去实现社会主义建设的更大的成就。另一方面，亦不可忽视的事实是，中国正在"日益走近世界舞台中央"，我们正在面对一个中国特色社会主义建设之下，中华民族走向复兴的年代，这实际上意味着，新时代不同于之前的改革开放初期的在各种选择中艰难摸索，在众多困难中开辟出一条适合中国自己发展的道

① 习近平：《决胜全面建成小康社会　夺取新时代中国特色社会主义伟大胜利——在中国共产党第十九次全国代表大会上的报告》，人民出版社2017年版，第10—11页。

路的时代。在这个时代下，不仅意味着当代中国马克思主义的研究是以中国特色社会主义建设的具体实践为基础和导向的研究，也是一个面向世界、面向未来的研究。在这个意义上，中国的马克思主义的发展并不是孤立和封闭的体系，而是一个面向世界的开放性的研究，当中国特色社会主义建设发展进入到新的历史时代，必然意味着中国的马克思主义越来越与世界马克思主义的发展有着越来越多的交流和互动，也需要中国的马克思主义研究者积极地面向世界，逐渐从与世界各国的马克思主义发展一起，紧扣时代的脉搏，抓住马克思主义发展前所未有的机遇，从新的整体性的高度来理解当代中国马克思主义与21世纪的世界马克思主义的密不可分的关系。正因为如此，在面对中国特色社会主义在21世纪的最新发展时，在中国马克思主义的研究中，必须要求我们从以下三个方面来理解和把握世界马克思主义发展的具体内涵和价值。

第一，马克思主义的开放性推进了中国与世界马克思主义的共同发展。

马克思主义从诞生以来，就是一个不断开拓进取、与时俱进的发展过程，马克思主义的内涵始终是在与不同的马克思主义思潮的碰撞和交流中进步的。所以，世界马克思主义的最新发展，世界各国马克思主义发展的具体状况，对世界不同的马克思主义流派的研究，在充分理解不同的历史背景和国情基础上，共同推进世界范围的马克思主义理论和实践的发展，成为中国马克思主义和世界马克思主义之间关系研究的导向。正是因为改革开放以来，我们在面对纷繁复杂的世界政治和经济局势时，有效地与世界各国的最新的思潮进行交流，形成了开放性的互动关系，让这些思潮为中国特色社会主义建设提供了有益的借鉴与补充，让中国的马克思主义研究和发展呈现出百花齐放、百家争鸣的繁盛局面。因此，保持中国马克思主义研究的开放性，主动参与到世界马克思主义的发展中，对于推进马克思主义的理论和实践的进步，推进和形成真正的人类命运共同体，最终实现共产主义的伟大理想，都是十分有意义的。

第二，马克思主义的时代性代表了中国马克思主义引领世界马克思主义前进的方向。

马克思主义历史辩证法告诉我们，任何理论和观念都是一定历史时代的产物，今天的马克思主义的发展也离不开这个主轴。在这个意义上，任何具有生命力的理论，都是紧扣着时代精神，与世界发展的步伐保持着共同的节奏。所以，中国马克思主义的发展并不是一种在书斋和课堂上的章句之学，而是与中国特色社会主义建设和世界经济发展同呼吸共命运的实践的反思。当中国的马克思主义者开宗明义地指出“实践是检验真理的唯一标准”的时候，也意味着，中国的马克思主义发展始终与时代发展的脉搏、世界运行的节奏高度一致。在 21 世纪初，中国加入了世界贸易组织，也加入到世界的经济全球化进程当中，中国在经济、文化、科技、教育等诸多方面开始融入经济全球化进程当中。在这个过程中，中国也积极地与世界各国的马克思主义保持了良性的交流与沟通，如与欧洲的批判理论、英美的文化研究和分析马克思主义、意大利的自治马克思主义都有着良好的沟通，这些马克思主义思潮能够在全球化的大背景下重新构思一个面向全球未来社会的蓝图，与数字技术、人工智能技术、通信技术的最新发展相结合，在新的技术和经济背景下重新对资本主义的新形态进行批判，重新思考马克思主义在当代的价值，在这个过程中，意大利的奈格里，美国的大卫 · 哈维、迈克尔 · 哈特，英国的伊格尔顿、克里斯蒂安 · 福克斯，法国的巴迪欧、巴里巴尔等人对全球化背景下的马克思主义与未来共产主义的可能性都给出了很好的理解。这些理解对于在今天的中国和世界重新思考马克思主义的理论是十分有益的，也能够帮助中国马克思主义在走向世界，走向全球化的过程中，坚持站在马克思主义的立场上，面对资本主义带来的新问题，给出有力的回应和反击。

即便在欧美右翼民粹主义反全球化、开历史的倒车，重新回到民族国家壁垒森严或者将某些国家凌驾在其他国家利益之上的新霸权主义的今天，中国马克思主义去积极面向世界马克思主义也是十分有益的，因为欧美发达国家以及非洲和拉美的发展中国家的马克思主义，对于今天一些国家领导人表现出来的新帝国主义和霸权主义有着十分清醒的认识，他们愿意从马克思主义的立场出发，对这种所谓的右翼民粹主义的回潮给予犀利的分析和严厉的批判。例如英国的尚塔尔·墨菲提出了一种不同的左翼民粹主义，而南希·弗雷泽等人也从马克思主义的阶级观念来重塑了反抗的根基，在这个意义上，西方国家右翼民粹主义的兴起，也让人们重新看到了马克思主义的价值，他们愿意重新举起马克思主义的大旗，去批判和推翻资本主义，而这些新的进展都是我们所在的时代的具体体现，对世界马克思主义的最新进展的反思，对于今天中国马克思主义研究者来说，都是十分有益的。

第三，马克思主义的整体决定了中国和世界马克思主义是一个不可分割的统一体。

在《共产党宣言》中，马克思和恩格斯就曾强调说："代替那存在着阶级和阶级对立的资产阶级旧社会的，将是这样一个联合体，在那里，每个人的自由发展是一切人的自由发展的条件。"[①] 由此可见，从一开始，马克思就将人类命运共同体的实现看成一个不可分割的统一体，不可能在某个孤立的民族国家内部来实现整体的马克思主义。所以，中国马克思主义的发展离不开世界马克思主义的总体，同时，世界马克思主义的最新发展也离不开中国马克思主义的独特性，尤其离不开新时代中国特色社会主义建设所赋予马克思主义的最新内涵和价值。由此可见，在今天从事马克思主义研究，尤其对于中国的马克思主义来说，从来不是纯粹中国内部的事情，尤其是进入到21世纪之后，中国特色社会主义伟大实践与世界各国的联系越来越紧密，在人类命运共同体的主题下，在"一带一路"的倡议下，中国越来越走向世界，也越来越成为世界不可或缺的一部分。在当代的中国，进行马克思主义研究，必然是世界性的马克思主义研究，中国的

① 《马克思恩格斯选集》第1卷，人民出版社2012年版，第422页。

马克思主义研究者需要有宽阔的眼界，有高屋建瓴的思想高度，有海纳百川的胸怀，从而在中国马克思主义的基本架构下，勇于去思索世界范围的诸多问题。同时，我们也必须看到，世界各国的马克思主义者也越来越重视中国特色社会主义的独特经验，也越来越将中国的马克思主义看成世界马克思主义发展的一个重要组成部分。在这个背景下，需要中国的马克思主义研究者从总体性的高度重新审视和看待世界马克思主义的发展，将包括中国在内的世界马克思主义看成一个密不可分的整体。

总而言之，对中国马克思主义与21世纪世界马克思主义的理解，我们一方面需要从20世纪中国马克思主义研究者对世界各国的马克思主义研究开始，探索他们是在什么样的背景下去思考世界马克思主义的问题的；其次，我们需要在开放性和多样性的层面上，去审视21世纪以来中国对世界马克思主义研究的最新动态；最后，我们需要在总体性和时代性的层面上，对中国马克思主义和21世纪世界马克思主义的关系给出恰如其分的展望和评价。

一、20世纪中国对世界马克思主义研究的回顾

1983年，邓小平同志在给北京景山学校的题词中提出“教育要面向现代化，面向世界，面向未来”①。邓小平同志的这个题词的一个重要背景是，当时的世界科学和经济发展迅速，中国刚刚打开国门，刚刚开始放眼世界，需要去主动接触外面世界的各种思潮和理论，去理解资本主义在当时的科学技术推动下，所带来的经济发展和物质文化的极大丰富。所以邓小平同志在1979年的《坚持四项基本原则》一文中强调：“我们要向人民特别是青年介绍资本主义国家中进步和有益的东西，各国人民在资本主义制度下所发展的科学和技术，所积累的各种有益的知识和经验，都是我们

① 《邓小平文选》第3卷，人民出版社1993年版，第35页。

必须继承和学习的。"[①]这样，对世界马克思主义或者说西方马克思主义的研究，最初就是在这样的背景下被逐步引入到当时的中国的社会主义建设中来的。正如20世纪80年代西方马克思主义研究最初的倡导者之一的徐崇温教授曾指出的："由于'西方马克思主义'思潮包含有对西方社会现状的分析和对西方革命途径的探索，对苏联模式的批评和在西方实现社会主义的展望和憧憬，以及对辩证和历史唯物主义的批评，由于对所有这一切的研究，都有助于我们对社会主义也对资本主义进行再认识，都可以供我们在建设有中国特色的社会主义和发展马克思主义的时候作参考和借鉴。"[②]

可以看到，在改革开放的最初岁月里，在面对科技发展和经济发展上的差距，人文社会科学研究亟须解决的问题，就是如何去面对和学习西方的理论。西方马克思主义，作为一种不同于主流马克思主义的思考，作为当时在资本主义国家背景下，对资本主义新发展给予反思的思潮来说，对有中国特色社会主义的建设来说，是一个不可多得的参考资源。正如徐崇温教授在另一本书中指出的："必须深入研究围绕这些问题而展开的当代各种思潮，我们才能跟上时代和实践的足迹，开拓新视野，发展新观念，进入新境界。"[③]显然，无论是邓小平同志的讲话，还是徐崇温教授给出的解析，都充分说明一点，当时的中国之所以需要引入国外马克思主义思潮，最重要的原因是"跟上时代和实践的足迹"。因为当时的中国的确在许多方面与西方发达资本主义国家还有着一定差距，当时中国特色社会主义建设的主要目的也是为了尽可能地去缩小与西方发达国家的差距，让中国可以跟上世界发展的节奏和步伐。为了实现这个目的，就必须在马克思主义基本原则的指导下，学习和吸收西方各国的先进经验和理论思考，在中国社会主义的语境下，对之进行批判性的改造，使之可以成为我们社会

① 《邓小平文选》第2卷，人民出版社1994年版，第167、168页。

② 徐崇温：《"西方马克思主义"论丛》，重庆出版社1989年版，第103页。

③ 徐崇温：《用马克思主义评析西方思潮》，重庆出版社1990年版，第2页。

主义建设的借鉴和参考。

所以，对于这个阶段的国外马克思主义研究来说，更多是引介和理解西方国家的各个马克思主义和社会主义思潮。在这个时期，在徐崇温、杜章智、李忠尚、俞吾金、陈学明、张守正、李青宜、欧力同、张异宾、段忠桥、衣俊卿等学者的引介下，我们了解了以卢卡奇、柯尔施、葛兰西为代表的第一代西方马克思主义的贡献，认识了霍克海默、阿多诺、马尔库塞、本雅明、阿尔弗雷德·施密特等人的法兰克福学派的研究，看到了萨特、梅洛-庞蒂等人的存在主义的马克思主义，理解了以柯亨、罗默为代表的分析马克思主义，也逐渐接触了以阿尔都塞为代表的结构主义马克思主义，此外，生态马克思主义、女性主义马克思主义、种族马克思主义也都在随后逐渐被引入到中国学者的视界当中。不过，20 世纪八九十年代对世界马克思主义的引介和梳理，更多地偏重于西方发达国家，尤其是欧美国家的西方马克思主义的引介。以欧美为导向，实际上带有明显的学习痕迹，即我们在一定程度上认定，这些思潮具有某种先进的经验和价值，值得我们了解、认识和学习。

可以总结一下 20 世纪中国对世界马克思主义研究的一些典型的特征。首先，对世界马克思主义研究经历了从点到线再到面的变化。从最开始的个别代表人物（卢卡奇、阿尔都塞、葛兰西等等），再到某一个具体的学派和流派的介绍与分析（法兰克福），再到整体的西方马克思主义和国外马克思主义脉络和谱系的梳理。对于主要的西方马克思主义的人物，如卢卡奇、葛兰西、阿多诺、霍克海默、马尔库塞、本雅明、萨特、阿尔都塞、柯亨等人都已经有了较为充分的研究，人物研究已经从最有影响力，最负盛名的西方马克思主义学者，延伸到一般性的马克思主义学者。此外关于国外马克思主义和西方马克思主义整体脉络的梳理已经取得了相当不错的进展。1982 年徐崇温教授的《西方马克思主义》，到 21 世纪初的众多成果，如衣俊卿的《西方马克思主义概论》、陈学明的《二十世纪西方马克思主义哲学》、张一兵的《当代国外马克思主义哲学思潮》、张秀琴

《西方马克思主义发展史》都是梳理国外马克思主义思想谱系和脉络的代表性成果。

其次，从简单的观点介绍到详细而系统的思想分析。早期的国外马克思主义研究，着重主要思想家的观点的介绍和评析，属于只言片语式的截取和批评。在这个基础上，我们只能从这些零星的话语和观点中，来了解西方马克思主义的一些比较粗浅的部分，如对阿尔都塞的介绍，比较多地停留在他对青年马克思与成熟时期马克思的认识论断裂，且认为青年马克思并没有摆脱人本主义哲学的意识形态的影响上。这个时期的许多成果，比较多的是站在既定的主流马克思主义的框架上，对西方马克思主义的观点进行切割和对比，这样，西方马克思主义并没有向我们展现出来全貌，一些批评也很容易以不符合主流马克思主义的标准为由，而简单地加以拒绝。随着国外马克思主义研究的深入，一些学者已经能暂时将既定的主流马克思主义的判断放在一边，从西方马克思主义思想家自己所依赖于的独特语境来理解他们的思想、观点、方法，从而还原了西方马克思主义的整体形象。简言之，人们逐渐认识到，一些国外马克思主义理论的提出，依赖于其独特的历史背景和思想渊源，我们只有懂得现象学和存在主义，才能理解萨特的马克思主义，同时，我们只有读懂了精神分析学说和结构主义，才能分析阿尔都塞在《保卫马克思》和《读资本论》中所提出的问题。对于这些思想家的剖析，不再是只依赖于只言片语，而是更系统也更为全面地把握某个思想家或某个流派的国外马克思主义的总体脉络和历史背景。

不过，在这个阶段的国外马克思主义研究，总体上并没有摆脱对主要的国外马克思主义思想家的引介、解释、评析。这个阶段仍然是引进来的阶段，以西方学者为师，从他们提供的思想方案中，来找到理解和解决中国问题的药方。当然，在引进来的阶段，缺少一个有效的标准和价值向度，即如何判断什么样的国外马克思主义思想值得引介，而什么样的思想只需要大致了解，而什么样的思想不过尔尔，根本不值得一读？由于引进来的标准的匮乏，所以在引入国外马克思主义思想家的时候，所引入和评析的思想家往往参差不齐，甚至出现了根本不算是国外马克思主义的学者，也被强行当成国外马克思主义学者引入进来。而这些问题也正是当今国外马克思主义研究不得不面对的问题。

二、21 世纪中国对世界马克思主义研究的新动态

在 21 世纪的最初十年里，过于重视西方发达国家的马克思主义，忽略东欧国家和其他发展中国家的马克思主义局面得到了平衡。随着中国特色社会主义的进一步深化，随着中国与世界的交流进一步加深，对世界马克思主义的研究，不再局限于去介绍主要的欧美国家的马克思主义学者的成果，而原来的东欧国家、日本、印度、拉丁美洲国家、非洲国家马克思主义的有益思考也被逐渐引介到中国学界中。其中包括黑龙江大学和中央编译局推动的东欧新马克思主义研究，清华大学韩立新教授推动的日本新马克思主义研究和南京大学张一兵教授的日本马克思主义研究（以广松涉的研究为主）。此外，印度的马克思主义，拉美国家的马克思主义，阿拉伯国家的马克思主义，非洲国家的马克思主义等研究项目也逐渐如雨后春笋般地出现，进入到一个高峰，各个国家的马克思主义的人物、思想、观点，被逐步引介过来，让中国对世界马克思主义发展的研究得到了空前的繁荣。而且随着东欧国家和亚非拉国家的马克思主义被引入进来，国外马克思主义研究已经初步摆脱了从纯粹学习西方发达国家的经验和理论的角度来研究国外马克思主义的思路，相反，国外马克思主义研究被视为是对全世界范围内所有马克思主义研究的新进展的普遍性的引入和介绍，让我们的中国特色社会主义的建设可以充分了解全世界范围内的马克思主义的发展和进步。

相对于 20 世纪的世界马克思主义研究，21 世纪的世界马克思主义主要分为两种不同类型，第一种是按照国别和地区进行分类的研究，这一类

研究大多是20世纪八九十年代研究的延续，以不同国家不同流派的马克思主义思想家的文本和观念的引介为主，一方面，对一些20世纪已经深入研究的人物和流派进一步细化，如对法兰克福学派的研究；另一方面也开辟了一些新的研究领域，即在此前并没有太多引起重视的研究，成为21世纪初期世界马克思主义研究的主题。第二类研究，摆脱了单纯从国别和派别角度来进行研究，我们可以将这种类型界定为问题研究，这一类研究关注当代西方和世界各国的主要问题，从问题出发，延伸出世界马克思主义的不同脉络，例如，在21世纪已经凸显出来的一些新问题成为世界马克思主义研究的主题，性别、后殖民、生态、都市（空间）、技术等等，成为马克思主义思考的新领域。下面我们可以分别来看看21世纪马克思主义研究的主要成果。

（一）21世纪世界马克思主义的国别和派别的研究

1.法兰克福学派的新研究

作为西方马克思主义研究的重镇，法兰克福学派一直是世界马克思主义研究的重点。在20世纪八九十年代，对于法兰克福学派的第一代的霍克海默、阿多诺、马尔库塞、弗洛姆的研究，以及对第二代的哈贝马斯等人的研究已经达到了一定的水平。进入到21世纪之后，对于哈贝马斯的研究依然热情不减，上海人民出版社已经出版了哈贝马斯文集，在国内也出现了许多哈贝马斯研究的专业学者，已经将哈贝马斯研究推到一个相当高的水准，如华东师范大学的童世骏教授的《批判与实践：论哈贝马斯的批判理论》、中国人民大学的龚群教授的《道德乌托邦的重构：哈贝马斯交往伦理思想研究》都是这个研究领域的精品。21世纪对法兰克福学派的研究也拓展到了哈贝马斯的弟子，如对霍耐特的研究也达到了相当的水平，霍耐特的主要著作，如《物化》、《为承认而斗争》、《自由的权利》、《不确定性之痛》等已经被翻译为中文，而复旦大学的王凤才教授的《蔑视与反抗：霍耐特承认理论与法兰克福学派批判理论的“政治伦理转向”》、南京师范大学的李和佳的《承认的哲学霍耐特承认理论研究》，以及华中科技大学的王晓升教授在霍耐特研究上已经取得了引人瞩目的成就。在进入到21世纪的第二个十年之后，人们已经开始关注法兰克福学派的第四代传人，即已经在德国批判理论界崭露头角的赫特穆特·罗萨和拉合尔·耶齐等人的研究，罗萨的加速社会批判和耶齐的新资本主义和异化批判，已经成为法兰克福学派的新一代的代表，在这个方面，罗萨的两本著作《加速》和《新异化的诞生》已经被翻译为中文，而耶齐的相关著作也在翻译过程中。

2. 法国马克思主义的研究

在20世纪，法国马克思主义研究就一直是世界马克思主义研究的重点，二战后法国共产党和法国马克思主义的崛起过程中，也诞生了一大批矢志于马克思主义和共产主义事业的思想，从科耶夫，经由亨利·列斐伏尔、梅洛-庞蒂、萨特到阿尔都塞，以及后来的福柯、德勒兹、鲍德里亚、德里达、布尔迪厄等人，形成了以存在主义和结构主义为主线的法国马克思主义思潮，而在进入到21世纪之后，阿尔都塞的一批弟子，如阿兰·巴迪欧、雅克·朗西埃、皮耶尔·马舍雷等人，以及结合技术发展来思考的研究开始成为法国马克思主义的主流，而对他们的研究逐渐在国内兴起，复旦大学的汪行福教授、张双利教授，南京大学的张异宾教授、刘怀玉教授、蓝江教授，清华大学的夏莹教授在这方面有所推进。

3. 意大利马克思主义研究

意大利马克思主义研究也具有非常悠久的历史。实际上在20世纪八九十年代引入西方马克思主义之前，意大利马克思主义在50年代已经引起了非常多的关注，这不仅是因为西方马克思主义的鼻祖之一葛兰西的地位格外重要，也因为意大利共产党有着非常深厚的革命传统和马克思主义的渊源，从拉布里奥拉到陶里亚蒂的相关研究，一直是国际共产主义运动史研究的一部分。在20世纪八九十年代引入西方马克思主义之后，对于意大利马克思主义的关注主要集中在葛兰西那里，尤其是对葛兰西的

《狱中札记》的研究，引起了国内马克思主义研究者们的重视，进入到21世纪之后，葛兰西《狱中札记》意大利文笺注版的出版，给我们呈现了一个更为丰富，更为有血有肉的葛兰西，也让中国的葛兰西研究达到了一个新的高度。例如北京大学哲学系仰海峰教授的《实践哲学与霸权：当代语境中的葛兰西哲学》就是其中具有代表性的研究成果。除了葛兰西研究之外，部分意大利马克思主义的思想家作为实在论的马克思主义的思潮被引入进来，如德拉·沃尔佩和科塞蒂的相关研究。不过，在20世纪末，意大利的马克思主义整体思潮仍然被付之阙如。

2000年，意大利马克思主义思想家安东尼奥·奈格里和美国杜克大学的迈克尔·哈特教授合著的《帝国》一书的出版引起了关注，这本书从马克思主义的立场出发，研究了在21世纪初期全球化资本主义对全世界带来的巨大冲击，同时也探索了在全球化资本主义的背景下，即在帝国的背景下继续推进马克思主义，实现未来共同体社会的可能性。《帝国》一书，以及后来陆续出版的《大众》、《大同世界》、《宣言》和《集会》等著作，让人们重新关注了意大利马克思主义的线索，人们发现在以往对意大利马克思主义的研究之外，还有一批在工厂中从事具体斗争实践的工人自治主义传统，他们也秉承着马克思主义的思想，从马克思主义的斗争出发来思考实践马克思主义的可能性，这批人从最早的潘齐耶里（他原先也是意大利共产党的成员），到特隆蒂，再到奈格里、保罗·维尔诺、莫里齐奥·拉扎拉托等人，在理论上，他们通过阅读马克思的《1857—1858年经济学手稿》（尤其是其中被他们成为“机器论”片段），形成了独特的意大利自治主义马克思主义传统，这批人包括后来坚持从非物质劳动来实现马克思主义奈格里、维尔诺、拉扎拉托，也包括脱离了工人主义，创立政治自治主义的特隆蒂和卡西亚里等人。

除了自治主义的马克思主义之外，意大利马克思主义还有一个鲜明特色，就是积极地将马克思主义与福柯提出的生命政治思想结合起来，提出了对资本主义的进行革命的要旨在于让资本主义的生命政治机制不再发挥作用，从而在这个基础上重新建立起通向未来共同体的道路。在这个方面，比较典型的代表人物有阿甘本、罗伯托·埃斯波西托、莫里齐奥·费拉里斯等人。尤其是费拉里斯等人积极地将生命政治共同体的概念与数字资本主义概念结合起来，形成了最新的发展。

中国马克思主义最近几年也十分关注意大利马克思主义的最新发展，如对奈格里、阿甘本、埃斯波西托等人的研究逐渐形成了一个趋势，一些关于意大利马克思主义的研究如雨后春笋般成长起来，相信在21世纪的世界马克思主义研究中，意大利马克思主义研究是不可或缺的一环。

4. 分析马克思主义与马克思主义政治哲学研究

英美的分析马克思主义也是世界马克思主义的一个重要分支，从科恩的《马克思主义的历史理论：一个辩护》开始，开辟了从英美分析哲学的路径来理解马克思主义的核心概念的方法之后，启迪了一大批英美左翼思想家重新分析马克思主义的各种概念，例如美国马克思主义经济学家罗默就曾经用分析方法重新阐释了马克思的剥削概念，认为传统马克思主义没有将剥削理论建立在分析科学的基础上，只注重抽象的思辨。而美国挪威裔思想家容·埃尔斯特则用分析方法分析了异化、剥削、政治、意识形态概念，他的《理解马克思》也成为分析马克思主义的范本。此外，埃里克·欧林·赖特则关注于阶级概念，他的《阶级》一书也是从分析方法来理解马克思主义的阶级概念的重要著作，而伯特尔·奥尔曼的分析马克思主义则关注的是辩证法，让辩证法不再是一种玄学，而是一种清晰明了的分析概念。不难发现，在21世纪初，中国对世界马克思主义的研究中，对分析马克思主义的介绍已经达到了一定的高度，2006年，中国人民大学的段忠桥教授在高等教育出版社主编的“当代英美马克思主义研究译丛”可谓是当代中国分析马克思主义研究引介的重要成就。

不难发现，当我们将英美分析马克思主义作为一个独立思潮的时候，会忽略掉分析马克思主义实际上有一个明确的指向，即分析马克思主义都是在政治哲学的基础上来进行分析的，换句话说，英美分析马克思主义实际上是一种针对20世纪六七十年代兴起的新自由主义政治哲学做出的回应，由于政治哲学的复兴，迫使英美分析马克思主义学者必须面对新自由主义的挑战，提出马克思主义的政治哲学的问题，通过阅读科恩的《马克思主义的历史理论：一个辩护》的写作背景，就会发现，他实际上指向了两个理论对手，一个是法国阿尔都塞学派对马克思主义的历史概念的否定，另一个对手就是英美政治哲学的重量级代表人物罗尔斯，当罗尔斯强调"权利优先于善"的时候，实际上面对着将马克思主义政治哲学的平等概念边缘化的风险，为了批判以罗尔斯为代表的新自由主义政治哲学，科恩十分明确地用分析的方式重新解读了马克思的平等概念，并将平等作为马克思主义政治哲学的中心，此后的罗伯特·查尔斯·塔克和艾伦·伍德对科恩的命题提出了著名的"塔克-伍德"问题，针对马克思主义是否存在道德基础和政治哲学的问题，中国人民大学的段忠桥教授、清华大学的李义天教授和武汉大学的李佃来教授都从马克思主义的经典著作出发，肯定了马克思主义政治哲学的基础，尤其是段忠桥教授在《中国社会科学》杂志上直接与艾伦·伍德教授进行论点的交锋，从另一个侧面证明了中国马克思主义研究者与当代世界马克思主义直接对话的能力与实力。

5. 东欧新马克思主义研究

在20世纪八九十年代推进西方马克思主义研究的同时，前东欧国家在马克思主义方面的最新成就的确在一定程度上遭到了忽视，尽管在80年代的辑刊类杂志《马列主义研究资料》上曾经刊载过不少关于前东欧新马克思主义的研究，尤其是卢卡奇和匈牙利布达佩斯学派、南斯拉夫实践派、波兰的柯拉科夫斯基和沙夫、捷克斯洛伐克的柯西克等人的研究成果，但是没有系统地介绍东欧诸国马克思主义，而是简单地将东欧新马克思主义作为苏联正统马克思主义的一个分支来对待的。在进入到21世纪之后，很多阅读东欧文献的学者发现，东欧国家的新马克思主义与苏联的正统马克思主义还是存在着比较大的差别，为了理解这些国家新马克思主义研究的独特性，还原世界马克思主义研究光谱上的重要一环，也让东欧的马克思主义研究成为世界马克思主义研究的重要派别之一，中国的一些马克思主义研究者，将东欧马克思主义作为一个独立的子课题从传统的马克思主义研究中独立出来，发展出一条风格独到的世界马克思主义研究路径。在这方面，黑龙江大学和原中央编译局在东欧马克思主义原始文献的引进和研究上，做出了巨大的贡献。如黑龙江大学出版社出版了“东欧新马克思主义译丛”，这套译丛成为国内研究东欧马克思主义不可或缺的原始材料，此外，黑龙江大学已经形成了具有一定实力的研究队伍，他们在此基础上形成了“东欧新马克思主义理论研究”，尤其是对布达佩斯学派的赫勒、波兰的沙夫、南斯拉夫实践派等作出了非常突出的贡献。

6. 英国文化马克思主义研究

在英国，除了分析马克思主义之外，还有另一种马克思主义形式。这种形式并不从马克思主义的基本概念出发，而是立足于将马克思主义的观点、方法用于当时的英国的文化实践，在这个方面，以英国伯明翰学派的文化研究中心为代表，形成了独具特色的英国文化马克思主义，或称为文化研究学派，其实，除了伯明翰学派本身之外，许多在文学、艺术、文化批评领域的学者都受到了这个学派的影响，如撰写了《为什么马克思是对的》的伊格尔顿和美国杜克大学的马克思主义文化研究学者弗里德里克 · 詹姆逊都或多或少成为文化研究学派的潮流的一分子。

在20世纪世界马克思主义研究中，英国文化马克思主义研究基本上是缺席的。在进入到21世纪之后，人们开始越来越重视英国文化马克思主义或文化研究学派的地位和价值。尽管伯明翰大学当代文化研究中心是1964年由理查德 · 霍加特成立的，但是指引着该研究中心的精神却是雷蒙 · 威廉斯，他的《文化与社会》提出的“文化也是一种生活方式”成为英国文化马克思主义研究的根本宗旨，此后，围绕着当代文化研究中心，伯明翰学派形成一系列的主要研究成果，包括了霍加特的《识字的用途》、汤普森的《英国工人阶级的形成》、斯图尔特 · 霍尔的《文化研究：两种范式》、《表征》等等。从中国马克思主义研究来说，对英国伯明翰学派的关注相对较晚，但是对伯明翰学派的引介却一直在进行，例如南京大学的张亮教授编辑了当代文化研究中心前主任斯图尔特·霍尔的文集《理解斯图尔特·霍尔》，而雷蒙·威廉斯的主要作品，如《文化与社会》、《漫长的革命》、《关键词》，还有霍加特的代表作《识字的用途》已经被翻译为中文，此外山西大学乔瑞金教授出版的《英国的新马克思主义》也是这方面重要的研究成果。

7. 日本马克思主义研究

和东欧新马克思主义和英国文化马克思主义一样，日本学者的马克思主义研究在20世纪八九十年代也没有得到重视，尽管有零星的研究，但并没有形成系统地对日本马克思主义学者的研究。这种情况也在进入到21世纪之后得到了改观。在这方面，从南京大学引入日本马克思主义学者广松涉的研究开始，逐渐在21世纪的中国掀起研究日本马克思主义的高潮，广松涉的遗孀曾多次来中国与南京大学马克思主义社会理论研究中心进行合作，形成了中日马克思主义研究论坛的对话机制，让中国学者可以与日本的马克思主义研究者一起针对当代世界马克思主义发展的主要问题进行对话。南京大学出版社也将广松涉的绝大多数作品翻译为中文，以“广松哲学名义”出版。此后，在清华大学韩立新教授的推动下，北京师范大学出版社出版了“日本马克思主义研究译丛”，重点引介了望月清司、平田清明、内田弘等日本马克思主义研究者的专著，此外还有诸如平子友长、岩佐茂、山之内靖、涩古正、渡边宪正、岛崎隆等日本马克思主义学者的观点和论著也一一被翻译和引介。而清华大学的韩立新教授也编辑了《当代学者视野中的马克思主义哲学——日本学者卷》，让清华大学成为当代中国的日本马克思主义研究的重镇。

除了这七个主要的思潮和流派之外，中国马克思主义研究与世界马克思主义研究也在许多其他方面进行了广泛的对话和合作，如韩国的郑文吉、土耳其的阿里夫·德里克、埃及的萨米尔·阿明，和印度的查特吉、阿帕杜莱，以及对非洲和拉丁美洲的马克思主义研究都有着不同程度的涉及，凸显出中国马克思主义不再只是关注发达资本主义国家的几个点，而是广泛地与世界各国的马克思主义进行对话和交流，让当代中国马克思主义与21世纪世界马克思主义在同一个层面去思索整个世界的问题。

（二）21世纪世界马克思主义的类型研究

当代中国对21世纪世界马克思主义的关注，不仅仅停留在国别和派别上，而是进一步关注21世纪的全球化世界的现实问题，我们可以将这种直接从问题出发，来探索马克思主义与当代世界关系的研究称为主题性研究或类型研究。这些类型研究不再局限于具体的国家，而是将这些问题看成全世界马克思主义共同面对的问题，对于这些问题，中国马克思主义学者也不能置身事外，而是努力地与世界马克思主义研究者们一起去审视整个世界。

1. 生态马克思主义研究

在进入21世纪的全球化时代之后，生态问题无疑成为最重要的问题之一，也成为各个国家马克思主义者最关注的问题。尽管从20世纪的罗马俱乐部的《增长的极限》和利奥波德的《沙乡年鉴》等著作开始，将生态问题作为一个基本问题向全世界各国政府提出，但是，迄今为止都没有太好的应对策略，人们不难发现，最终导致生态问题的实际上就是这个以贪婪和掠夺为根基的资本主义体系，如果不能根除这个体系，实际上无法排除生态问题的具体影响。在这个方面，从本·阿格尔的《生态马克思主义》，到奥康纳的《自然的理由》，以及福斯特的《马克思与生态学》成为生态马克思主义的奠基性著作。而在中国，北京大学的郇庆治教授、复旦大学的陈学明教授、中南财经政法大学的王雨辰教授都在与西方生态马克思主义的对话基础上，尝试着提出具有中国特色的生态马克思主义道路，而且郇庆治教授和陈学明教授的著作都曾经以英文版出版，并在国外产生了巨大影响，这说明，今天的中国马克思主义研究不是孤立的研究，而是已经开始影响并引领着世界生态马克思主义的发展。

在进入21世纪的第二个十年之后，气候问题突然变成了生态马克思主义的核心问题，法国的左翼社会学家拉图尔出版了《面对盖娅：新气候体制八讲》，英国左翼思想家吉登斯也出版了《气候变化的政治》，显然，关于气候变化，甚至关注人类世本身的变迁，已经成为生态马克思主义的新主题，而中国的马克思主义研究者也正日益在这个方面做出贡献，如中国人民大学的靳晓春在2012年就从马克思主义视角来思考生产对气候变化的影响，东南大学的刘魁教授也提出了基于气候治理的马克思主义概念。

2. 女性主义马克思主义研究

从反抗资本主义的压迫来说，女性主义一直是马克思主义的同路人，但是在女性主义中也形成了偏自由主义的女性主义，如沃斯通克拉夫特的《为女权辩护》和密尔的《妇女的屈从地位》。不过，在20世纪，尤其是受到法国女性主义思潮的影响，逐渐形成了一批以马克思主义相结合的女性主义思潮，如波芙娃的《第二性》等等。不过，总体来说，在20世纪末和21世纪初，女性主义更多地具有自由主义色彩。在进入21世纪的第二个十年之后，女性主义者明显意识到这种自由主义女性主义实际上不具有解放的性质，唯有与马克思主义的相融合，从阶级的角度重新看待女性主义，才能真正理解女性主义，让女性从资本主义的枷锁中解放出来。如南希·弗雷泽意识到，自由主义的女性主义仍然是以剥削为基础的，例如她提出希拉里如果胜利当选美国总统，绝对不是妇女的解放，相反，女性受到的资本主义的奴役更深，因此，女性主义的目标再不是将某个具有精英地位的女性送到总统地位上，因为那并不会给生活在底层的女性带来丝毫改变。所以她提出："希拉里的失败让我们警醒。它揭露了自由主义的女性主义的破产，为左翼迎接挑战打开了历史性的大门。在当前自由主义霸权的真空中，我们有机会建立另一种女性主义，重新定义什么是女性主义的问题，形成不同的阶级取向和激进的变革精神。我们书写这份宣言并不是为了描绘一个想象中的乌托邦，而是为了阐明通往一个公正的社会所必须走的道路。我们的目的是解释为什么女性主义者要选择女性主义罢工之路，与那些反资本主义的和反制度的运动联合起来，成为‘为了99%的女 性主义’。现在，令我们对这个方案充满希望的是新一轮全球浪潮的兴起，是2017—2018年的国际女性主义罢工以及围绕这些浪潮发展起来的日益相互协调的运动。”① 由此可见，女性主义的含义在21世纪发生了改变，它并不意味着某个精英化的女性获得了特殊的地位就代表着女性的解放，而真正的女性的解放势必与马克思对资本主义的批判联系在一起，南希·弗雷泽和辛齐娅·阿鲁扎（Cinzia Arruzza）和提娣·巴塔察雅（Tithi Bhattacharya）等人一起发表了99%的女性主义宣言，公开将女性主义与马克思主义联系起来，也成为女性主义的马克思主义的一个新的方向。

3. 数字资本主义和人工智能研究

数字化技术和人工智能技术的发展，让数字资本主义研究和人工智能时代的马克思主义研究成为当代世界马克思主义发展的一个新的命题，在这方面，英国的克里斯蒂安·福克斯已经陆续出版了《马克思归来》、《社交媒体批判导言》、《在数字时代阅读马克思》、《交往批判理论》等一系列重要著作，无疑成为数字资本主义时代马克思主义研究的先锋，此外，以阿列克斯·威廉姆斯和尼克·斯尔尼塞克等人为代表的加速主义也成为这个方面研究的主要流派，他们在2014年发表的《加速主义政治宣言》，以及斯尔尼塞克出版的《平台资本主义》等著作，无疑成为这个领域最重要的研究论著之一。在当代中国，由于数字技术和人工智能技术发展，中国许多学者也渐渐地开始关注这个领域，例如南京大学社会理论研究中心曾经与法国马克思主义思想家贝尔纳·斯蒂格勒合作，在南京大学讲授数字资本主义和技术资本主义的问题，其讲座的成果已经结集以《南京课程》为标题出版，在国内外都产生了巨大影响，并在2018年7月在法

---

① ［法］南希·弗雷泽：《女性主义宣言》，《国外理论动态》2019年第7期。

国巴黎蓬皮杜中心与斯蒂格勒、芬博格（加拿大学者，马尔库塞的弟子，《技术理性批判》的作者）等人就资本主义技术和马克思主义的批判进行了深入的交流。2019年，在张异宾教授的带领下，南京大学马克思主义社会理论研究中心与意大利都灵大学的莫里齐奥·费拉里斯教授建立了联系，开展数字资本主义和人工智能时代的马克思主义研究合作。

三、中国马克思主义与21世纪世界马克思主义的总体联系

最初的中国对世界马克思主义研究，首先是搜寻在国外，尤其是在欧美发达国家，哪些学者从事马克思主义研究，并具有一定的影响，在这种背景下，对国外马克思主义学者的引介，往往是不带任何尺度的。然而，一个明显的事实是，除了极少数比较知名的西方马克思主义思想家，那些被强行引介进来的学者后来大多并没有激起较大的反响，其最主要的原因正是这些思想家的研究，或许在纯粹学理上有一定价值，但是由于与中国特色社会主义现实有一定的距离，这些思想家只能充当在众多国外马克思主义思潮中微不足道的浪花，最终消逝在一片汪洋大海之中。然而，在进入21世纪之后，中国的马克思主义研究者已经越来越意识到，对当代资本主义的批判，对中国特色社会主义的历史价值的理解，是世界马克思主义研究的一个重要的参照系。如果不是对全球化资本主义的深入剖析，哈特和奈格里的《帝国》不可能如此受到世界各国学者的青睐，同时不是中国在社会主义建设中城市化问题，城市空间问题逐步在社会生活中凸显，那么大卫·哈维、亨利·列斐伏尔基于马克思主义对空间研究和资本主义批判的相关成果不会在中国引起如此之大的共鸣。西方学者的思考，必然是面对当代世界资本主义发展现实的思考，也只有真正面对中国特色社会主义建设的现实理论，才能成为我们与之对话的对象。

所以，当代中国马克思主义与21世纪的世界马克思主义再一次站在了历史的十字路口。随着四十年的改革开放的努力，随着有中国特色社会

主义“攻克了一个又一个看似不可攻克的难关，创造了一个又一个彪炳史册的人间奇迹”①，中国已经不再是四十年前那个需要主动跟上世界发展步伐，赶上西方发达国家处于改革开放初期的那个中国。而党的十九大报告中的新时代的概念，一方面意味着中华民族正在蓬勃兴起的伟大复兴事业，另一方面也意味着中国不再是简单地去吸收和引介外来的理论，需要从当代世界和中国特色社会主义的现实出发，“为解决人类问题贡献了中国智慧和中国方案”②。习近平总书记提出的“贡献中国智慧和中国方案”，意味着国外马克思主义在新时代中国特色社会主义建设的一个重要转向，即从之前的引进来，转向走出去，将中国对全世界和全人类共同面对的问题，给出中国式的解答。而世界马克思主义在贡献出中国智慧和中国方案时，并不是无所作为的，相反，新时代中国特色主义研究，更需要世界马克思主义研究的积极介入，成为马克思主义研究中不可或缺的一部分。具体来说，世界马克思主义研究的作用可以体现在如下两个方面。

（一）新时代世界马克思主义意味着对中国特色社会主义概念的重新理解

在很长一段时间里，一些人认为，所谓的中国特色社会主义强调的中国的特殊性和差异性，来排斥普遍性概念。当然，中国特色社会主义的建设必须依赖于中国的具体国情，中国的特殊的历史和现实的情境。但是，过于强调中国特色社会主义是中国的特殊性和差异性，势必也意味着一种保守的倾向，将中国故步自封在一个特殊性构成的藩篱之内。特殊性是一把双刃剑，一方面拒绝了简单套用西方的某些理论和价值，从而允许中国在自身的建设上，保持与世界各国，尤其是主要的发达国家的差异，但

① 习近平:《决胜全面建成小康社会　夺取新时代中国特色社会主义伟大胜利——在中国共产党第十九次全国代表大会上的报告》，人民出版社 2017 年版，第 15 页。

② 习近平:《决胜全面建成小康社会　夺取新时代中国特色社会主义伟大胜利——在中国共产党第十九次全国代表大会上的报告》，人民出版社 2017 年版，第 10 页。

是，这种特殊性也阻碍了中国本土的经验向外走，从而也将中国特色社会主义的经验局限在这个特殊性范围之内，让中国智慧和中国方案无法走出去，成为全世界共享的独特经验。为了解决这个问题，当代法国马克思主义思想家阿兰·巴迪欧（Alain Badiou）曾经在特殊性（particularity）和独特性（singularity）之间做出了明确的区分。巴迪欧指出，特殊性是局限在一定范围内的知识，一旦超出了这个范围，这种知识的说服力和有效性就会大打折扣。而独特性强调的是一种全新的创新性实践，“它摆脱了所有界定性的描述”，特殊性强调的是具体的文化特征和人口的属性，独特性“颠覆了这些特征，让每一种既定的描述无效”。[①] 换言之，独特性是一个不能用通常的规范性标准来衡量的新生事物，是一种前所未有的全新的创造性经验，这种经验摆脱了所有的现成的描述，因此，它可以走出具体的地区和文化的限制，成为全世界人民共有的经验。所以，我曾在另一篇文章中强调：“应该将中国特色理解为在当下中国的独一无二的创造，正是这种独一无二的性质，才使得我们的社会主义体制具有了某种普世性的意义。也就是说，坚持中国特色社会主义和马克思主义中国化，从来就不是对文化差异无限制的保留，而是积极创造出一个相对于全球化发展的独特的中国来。”[②] 这样，通过特殊性和独特性的解释，我们可以理解，中国特色社会主义建设，并不是一种强调文化差异，囿于特殊性的传统中国文化的发展和建设。相反，从马克思开始，社会主义就是一种史无前例的创造性实践，是一种没有任何先例，也无法被以往的知识和经验所描述的独特性的现实，中国特色社会主义是独特的实践，因此，它在社会主义建设中所体现出来的智慧，会成为全世界人民的共同财富，可以成为面对当代世界资本主义危机的独特的中国智慧和中国方案。所以，国外马克思主

① ［法］巴迪欧、［斯洛文尼亚］齐泽克：《当代的哲学》，蓝江、吴冠军译，中央编译出版社2017年版，第22页。

② 蓝江：《现时代的哲学使命——今天我们为什么需要哲学？》，《南京政治学院学报》2015年第3期。

义研究的价值，恰恰是在于让中国特色社会主义成为独特的新时代经验，而不是用中国特色的概念和范畴，将中国与世界隔绝开来。这样，中国特色社会主义永远是开放性的实践，是永远在现实的探索中总结出来的独特性实践。

（二）21世纪的世界马克思主义研究意味着重新理解中国与当代世界的关系，为中国特色社会主义走向世界奠定理论根基

与四十年前不同的是，在当时的世界马克思主义的主要理论和思想中，中国因素实际上是缺席的。准确来说，主要的国外马克思主义思想家的观点和思考，其实在很大程度上并没有思考中国在世界范围内的地位，相反，他们思考的背景基本上是西欧和北美的发达资本主义国家的现实和经验。比如说，列斐伏尔、瓦格纳姆、德塞图等人，甚至包括位处东欧的匈牙利思想家赫勒等人对日常生活的思考，实际上都是欧美的日常生活经验。如列斐伏尔就曾在《日常生活批判》第2卷中自豪地指出："法国是理论理性和实践理性的故乡，是笛卡尔和古典主义的国度，是戏剧的三一律的国度，也是音乐和声体系（拉莫）的国度。法国的路标体系体现和实现了现代人意义上的纯粹理性，给全世界的技术人员提供了一个样板。"①实际上，这样的描述表明，无论列斐伏尔采取什么样的日常生活批判态度，他的批判是以西方式的日常生活为蓝本的批判，即是说，在以往的西方马克思主义批判理论中，中国经验和实践，往往是可以忽略的，甚至是完全不存在的。

相反，在21世纪的今天，中国特色社会主义建设已经展现出非凡的成就，如果从全世界范围来看，中国的确进入了一个新时代。这个新时代是让中国逐渐在世界舞台上扮演重要角色的时代。如果说，20世纪七八十年

① Henri Lefebvre, Critique of Everyday Life, vol. 2. trans. John Moore, London: Verso, 2002, p.244.

代，世界范围内的理论思考，中国的独特性经验是可以忽略的，但在今天，我们相信，没有任何一个其他国家马克思主义理论家可以轻易地说，中国的经验是完全可以忽略的。因为今天的世界，就是中国积极参与其中并在其中占有着巨大比重的世界，一个理论家，即便他生活在西方发达资本主义国家里，忽略中国特色的社会主义经验，势必意味着他的理论必然脱节于这个时代，因为今天的世界一旦去掉中国的成分，那么世界会变得残缺不全，这种理论也无法解释世界范围内的诸多政治、经济、文化、社会等方面的现象。例如当代最负盛名的马克思主义理论家大卫·哈维（David Harvey）就十分关注中国经验在全世界范围内的独特作用。在大卫·哈维的解读《资本论》的著作中（现在已经出版了两卷），中国或中国人出现了 70 多次，哈维提到中国的频率，远远高于提到其他国家（包括美国）的频率，他并不认为中国是一个资本主义经济的拙劣的模仿者，相反，在哈维眼中，“今天的中国”有着不可比拟的价值和作用，在《跟大卫·哈维读〈资本论〉》中，哈维就曾用马克思在《1857—1858 年经济学手稿》中的分析来解析当代中国，提出这“能很好地说明中国在过去三十年的发展进程”①。此外，哈特、奈格里、齐泽克都曾经思考过当代世界中的中国模式和中国问题，尽管他们对当代中国在全世界范围内的发展有褒有贬，我们需要根据我们的实际情况对他们的赞美和批评给出合理的剖析。不过，这些现象都说明，今天国外的马克思主义理论家，如果需要再提出新的观点和思考，中国绝对是一个不可或缺的因素。那么，新时代的中国特色社会主义不仅是在中国的国内建立了一种模式，一种经验，一种实践。更重要的是，对于所有的国外马克思主义学者来说，中国的实践本身就是世界的实践，中国的“一带一路”，中国经过自身摸索建立起来的独特的经济体制和政治体制，成为世界人民的共同财富，而中国特色社会主义的经验，也必

① ［英］大卫·哈维:《跟大卫·哈维读〈资本论〉》第 1 卷，刘英译，上海译文出版社 2014 年版，第 131 页。

然成为全世界范围内所有马克思主义思想家共同反思的对象。

这样，新的时代特征，改变了中国马克思主义与世界马克思主义的关系，从最开始的简单学习，将西方马克思主义思想家们基于西方发达资本主义国家的思考，作为我们学习和引介的对象，到现在，中国特色社会主义建设的实践成为一种史无前例的独特性的实践，成为世界格局中不容忽视的一个部分。所以，在今天的国外马克思主义学说，不再是简单地引进来，实际上，对于今天世界马克思主义学者来说，如奈格里、齐泽克、大卫·哈维、斯蒂格勒、弗里德里克·詹姆逊、普殊同，甚至一些对马克思主义十分关心的学者，如理查德·沃林、洛克莫尔等人，对中国的问题都十分关注。因为，他们对当代世界的思考与批判，必然需要囊括中国特色社会主义的独特经验和实践。在这个意义上，新近世界马克思主义研究，越来越难与中国马克思主义形成了一个难分彼此的总体。因为一旦中国特色社会主义在新时代被普遍地接受为一种世界性和普遍性的理论，世界马克思主义学者们的分析必然带有对中国问题的思考，也必然让中国马克思主义成为世界马克思主义中不可或缺的一部分。所以，新时代是一个让中国特色社会主义建设通过中国马克思主义研究走向世界马克思主义的年代。通过世界马克思主义研究，帮助那些十分关切中国问题的国外学者了解中国，认识中国，不再以有色眼镜和偏见来看待中国，而是将中国放在世界舞台上，赋予其应该具有的地位。当世界马克思主义研究不仅将国外的学者的思考引入国内，也将中国特色社会主义的独特性推向世界，让国外学者共同关注作为世界性问题的中国复兴时，在新时代下获得了一个它从未有过的历史使命，从而在让中国特色走向世界，让其获得全世界范围的内的认可和承认，并成为当代马克思主义思考不可或缺的一部分时，世界马克思主义研究可以走出引介庞杂国外人物和流派的困境，在这个新的历史使命之下重新焕发出青春活力。

作者单位：南京大学哲学系

专 题 四

当代中国马克思主义哲学前沿

马克思主义哲学基本原理创新研究

范春燕

2019年是新中国成立70周年，学界围绕新中国成立以来马克思主义哲学基本原理的创新研究进行了回望和总结。主要就是：突出“主体性”面相，从“中国教科书哲学”、“实践意识觉醒”、“和西方对话”以及“文本研究”等方面进行梳理，彰显历史变迁中具有自身发展逻辑的中国马克思主义哲学创新之路。从具体内容来看，2019年基本原理的创新研究主要沿着以下几个方面推进：一是围绕辩证法问题的研究，二是对新唯物主义的研究，三是部门哲学包括政治哲学、文化哲学和价值哲学等方面的研究。

一、创新研究七十年：回望和总结

近年来，围绕马克思主义哲学创新研究的回顾和总结已经有了不少的理论成果，但基本都是向前回溯到改革开放这个历史节点。比如，有学者提出“后教科书时代”的概念，以凸显哲学创新的历史起点和理论起点，即改革开放初期对苏联教科书体系的全面突破。这一说法很有启发性，不仅突出了时代特征，也对马克思主义哲学在改革开放后的理论转向进行了恰如其分的概括，也就是以实践唯物主义反对苏联教科书关于辩证唯物主义和历史唯物主义的二元划分。不过，就“后教科书时代”这一名词而言，仍然是以所谓的苏联教科书哲学为参照，也就是把摆脱教条、挣脱桎桎梏的"破"作为创新的起点，把对旧理论的"反思"作为创新的基本层面。

2019年是新中国成立70周年，在这个新的历史节点，学界对于创新研究的回望和总结更加突出了"主体性"，也就是在"立"上做文章。通过把创新研究的跨度追溯到新中国成立初期，中国马克思主义哲学在历史时空中的发展逻辑也得到了彰显；无论是对于研究主体还是实践主体，一种按照自身发展逻辑进行编码和书写的中国马克思主义哲学创新之路也得到了呈现。而在这样的"主体性"视角下，"教科书哲学"本身就是中国马克思主义哲学创新的有机组成部分，而"后教科书时代"的说法也被更为正向的"实践意识觉醒时代"所代替。

（一）中国的教科书哲学体系

中华人民共和国成立以来，中国的马克思主义哲学逐步形成了以哲学原理教科书为主要标志的马克思主义哲学体系，也就是中国的教科书哲学体系。而中国的教科书哲学体系，即便是当时关于辩证唯物主义和历史唯物主义的理论，也不是完全照搬苏联教科书模式（即斯大林《辩证唯物主义与历史唯物主义》一书中的主要思想）。因为中国的教科书哲学不仅从马克思、恩格斯、列宁的哲学思想中梳理出一系列重要的学术命题、学术思想和学术观点，而且还从毛泽东的《实践论》、《矛盾论》等著作中提出了一系列哲学范畴、哲学命题和哲学原理，由此初步形成了具有中国特色、中国气派和中国风格的马克思主义哲学体系。比如新中国成立初期出版的《辩证唯物主义　历史唯物主义》、《辩证唯物主义纲要》等哲学教材，以及当时围绕"综合经济基础论"与"单一经济基础论"、"一分为二"与"合二而一"、中国哲学史问题、是否可对"思维与存在的统一性"作唯物主义解释的学术争论，都反映了学界结合中国社会主义建设中的实际问题所作的理论探索。①

---

① 孙正聿:《构建当代中国马克思主义哲学学术体系》,《哲学研究》2019年第4期。

中国的教科书哲学也一直是哲学基本原理实现大众化和通俗化的重要传播路径。即便后来的哲学原理研究远远超出了教科书哲学范式，但教科书哲学的积极性也仍然得到了保留和发挥。因为教科书哲学对于哲学原理所进行的精简和通俗化阐释，使得其在语言表述上更为亲民，在当代的原理研究走向学术化和跨语际的同时，教科书哲学仍然坚持大众化和本土化取向，始终面向普通的学生、干部和工人群众等。当然，这并不是说原理研究的学术化和国际视野不重要，只是受众层面不同，学术化不可避免地造成门槛过高，一般的干部群众看到一些晦涩的术语也不免会望而生畏。

（二）实践意识的觉醒

改革开放初期，大约从 20 世纪 70 年代末到 80 年代中后期，关于“真理标准问题”和“人道主义和异化问题”的两次大讨论促成了中国马克思主义哲学界实践意识的觉醒。尤其是实践唯物主义的提出，不仅构成了当代中国思想解放和改革开放的哲学基础，而且也开启了中国马克思主义哲学话语体系的转向和重塑。

实践意识的觉醒引发了学界关于主客体之间实践关系、认识关系、价值关系、历史关系等问题的讨论，并形成了马克思主义哲学是实践唯物主义的初始表达。但在对实践唯物主义的具体理解，学界则一直存在着较大分歧，主要表现在实践范畴与马克思主义哲学本体论的关系的理解上，形成了马克思主义哲学物质本体论、实践本体论、物质实践本体论、实践中介论、实践超越论等代表性观点。①

尽管有这些不同的见解，实践观点的确立作为一个标志性事件，使得马克思主义哲学实现了以实践唯物主义为主旨的范式转换。这个“转换”，不是否定了以辩证唯物主义和历史唯物主义为核心的学术体系，而是以

① 张传开、单传友:《当代中国马克思主义哲学新形态的探索与建构》,《哲学研究》2019 年第 1 期。

"实践"为核心范畴和根本理念重构了当代中国马克思主义哲学的话语体系。自此，中国的马克思主义哲学也承担起了推进社会的思想解放和实现自身的思想解放的双重使命。①

（三）和西方的持续对话

20 世纪 80 年代以来，与西方的持续性对话使得中国的马克思主义哲学研究产生了两个方向上的理论创新。

一是与西方哲学的对话。改革开放之后，一些学者认识到，作为西方近现代哲学思想的代表，马克思主义哲学的思想内容、思维方式以及解释框架，尤其是其概念、范畴、话语方式等，都和西方哲学思想有着深刻的渊源。因此，把马克思和恩格斯的思想理论纳入西方整体的思想史背景之中，揭示马克思主义哲学所蕴含的"继承性和独特性"特质，或是在比较对话中凸显马克思和恩格斯等思想家的理论价值，成为创新研究的新的思考方向。一些学者明确提出，对马克思主义哲学的研究不能局限于对马克思和恩格斯思想的研究，而是要将马克思与亚里士多德、费尔巴哈、黑格尔、海德格尔、哈贝马斯等西方思想家进行比较研究。一时间，国内学界"以亚（里士多德）解马"、"以康（德）解马"、"以黑（格尔）解马"、"以海（德格尔）解马"等研究门类纷纷涌现。其中，在德国古典哲学的思想史境遇中对马克思主义哲学所作的理论探索，对马克思主义哲学基本原理的学术化拓展做出了很大的贡献。通过对马克思与黑格尔在辩证法、历史观、现实观、政治哲学观等方面的比较研究，既深化了马克思主义哲学思想的继承性，又呈现了马克思主义哲学思想的独特性和科学性。②

二是和西方马克思主义的对话。对西方马克思主义的研究无疑是中国

---

① 孙正聿：《当代中国马克思主义哲学的使命与担当》，《中国高校社会科学》2019 年第 6 期。

② 王海锋：《"对话"范式与当代中国马克思主义哲学创新》，《教学与研究》2019 年第 10 期。

马克思主义哲学创新的重要策源地。其中最具代表性的事件是 1982 年徐崇温主编的《西方马克思主义》的出版，此后，对西方马克思主义乃至国外马克思主义的研究构成当代中国马克思主义哲学研究谱系中不可或缺的组成部分。这不仅表现在，“总体性”、“物化”、“实践”、“阶级意识”、“主体间性”等概念范畴在一定时期为中国马克思主义哲学的理论创新提供了新支撑，为马克思主义哲学话语体系的转变提供新语境。西方马克思主义的思想资源还体现在概念范畴的具体应用、体现时代精神的问题意识以及立足民族现实的主体自觉等方面，而这些都对我们的理论建设有重要的启发性意义。①

21 世纪以来，国外马克思主义研究拓展了新论域，并在研究方法上实现了从沉浸式向主体式的转换。沉浸式研究就是把既定的判断放在一边，从西方学者的语境出来去理解他们的思想脉络和观点方法，从而把一个有血有肉且互文性极强的西方马克思主义“众神”图谱引介到中国学术界。主体性研究则是从西方学者所依赖的历史背景和思想渊源中抽离，回到中国的理论和现实当中，参照西方学者的思想方法，并将之运用到具有主体性面向的思考之中。这一阶段的研究从强调文本、人物、思想研究逐渐转向以理论回应中国的现实问题。比如，对哈特和奈格里的“帝国理论”的研究，以及对大卫·哈维的空间理论的研究，不再是追求西方理论的原生态，而是作为中国新的全球化逻辑以及城市化问题的理论参照，将其理论精神运用到中国特色社会主义的实践探索当中。

这两个方向上的对话近年来也有较多的交汇和融合。主要是在对西方马克思主义和国外马克思主义的研究中，一些学者发现，这些西方理论本身就不拘泥于马克思主义哲学和西方哲学之间的明确界分，比如马尔库塞早期就曾对海德格尔的现象学和马克思的辩证法进行过比较研究，当代西

---

① 韩秋红:《试论国外马克思主义研究的学科意义、学术价值与话语创新——在马克思主义理论创新发展的意义上》,《东北师大学报》(哲学社会科学版)2020 年第 5 期。

方激进哲学的代表齐泽克和巴迪欧也把德国古典哲学尤其是康德和黑格尔的理论作为重建马克思主义哲学的重要思想资源。这就使得国内研究者在研究和引介国外马克思主义理论的过程中，不得不回到西方哲学的一些重要人物和相关思想。而这样一来，与西方马克思主义的对话也间接成为与西方哲学的对话。

（四）文本研究的助力

改革开放以来，马克思主义哲学基本原理的创新一方面要求打开视野和思路，和当代西方的各种思想发生碰撞和交流；另一方面也要求重新回到马克思和恩格斯的文本之中。文本研究是整个马克思主义研究的基础，也是理解马克思思想最重要的途径。只有在扎实的文本研究的基础上才能推进思想研究和理论建构，才能提高理论对现实问题的解释力。如果没有文本文献学的深度理解，既无法与西方理论展开对话、也无法促进哲学原理的创新和发展。此外，文本研究也不是对于文本的纯粹还原，而是要在新的时代背景下借由文本的深度耕犁达成对哲学原理更为丰富、深刻以及更具当代化的理解。

实际上，从哲学发展史上来看，每一次重要的理论推进和思想视野的打开，背后都会有相关的经典文本的发现或发掘。比如 20 世纪初《1844 年经济学哲学手稿》的现身在东西方都激起了一波马克思主义哲学的研究热潮。而当代《马克思恩格斯全集》历史考证版（MEGA2）的编辑出版也是这样。从国内学界来看，无论是一些资深的学术大家还是年轻的新生代学者都自觉地把新的考证文献运用到对马克思主义哲学的理解和解释中。尤其是 2012 年 MEGA2 第二部分全部卷次的出版完成，以及《1861—1863 年经济学手稿》、《1864—1865 年经济学手稿》等大量《资本论》的准备性材料的呈现，在学界引起了持续的《资本论》研究热潮。

从 2019 年的文本研究来看，可以归纳出两个不同的路向：一是尽量回到马克思的文本和他当时的思想境遇，从原初语境出发理解马克思主义哲学基本原理的真实含义；二是从当代的历史变迁和理论变迁出发进行发掘式阅读，在对马克思理论的重述中厘清从马克思走向当代的理论逻辑和重要节点。这两个路向也是相互联系的，对于原始语境的回归总是带着当代的问题和意识形态取向，而对于马克思的当代重述也离不开原始语境中一些深层次思想的发掘。

例如，张一兵通过文本研究，发现马克思的原初文献在转译过程中出现了一些语义滑动，"一定存在（Dasein）"一词在从德文转译俄文、又从俄文转译汉语的过程中，和"生存（Existenz）"一词弄混了，都被译为了存在，这就使得汉译本中出现了原初语境中并不存在的"社会存在"这一概念，并且也出现了并不代表马克思原本意思的"社会存在决定社会意识"的命题。作者的结论就是：马克思并没有提出抽象的"社会存在决定社会意识"之说，而是"一定的社会生活存在决定人们的一切意识"，这才是历史唯物主义的原理和命题。而且，作者通过回到原初语境，还发现了马克思在 1857 年之后已经彻底摆脱了历史唯物主义创立之初对传统思辨哲学的刻意回避，开始直接使用社会定在和定在方式等概念来建构自己的理论体系。复现马克思当时的这些真实意图，就会恢复"社会定在"概念在历史唯物主义中的真实地位，也就会得出这一结论，即历史的、现实的、具体的"社会定在"决定着人们的全部观念。[①]

围绕《资本论》的相关研究则更多体现了后者，也就是在当代语境中展开对《资本论》的发掘。《资本论》无疑是近年来马克思哲学研究中的热门文本，探讨《资本论》的哲学思想也成为近年来国内马克思主义哲学基本原理创新的重要议题。在以往的研究中，学界的关注点或是从生产逻辑出发对《资本论》进行求证式的研究，将《资本论》看作是历史唯物主义的应用与证明；或是从《资本论》的创作史进行研究，去体会马克思的创作过程及其思想发展过程。当前的《资本论》研究更为突出当代性，或

① 张一兵：《马克思历史唯物主义中的社会定在概念》，《哲学研究》2019 年第 6 期。

是从政治哲学、文化哲学、生态哲学等部门哲学的视角进行专门性研究，或是从哲学、政治经济学与社会主义思想的整合性出发进行研究。①

此外，2019 年，“再读马克思：文本研究与哲学创新”系列丛书推出了《马克思主义哲学新形态探索》、《中国哲学创新方法论研究》、《哲学创新视野中的应用哲学研究》等专著的出版，这也是学界借由文本解读进行思想和理论重构的最新成果。

二、围绕“辩证法”的创新研究

马克思主义哲学基本原理的创新，辩证法是一个绕不过的问题。长期以来，由于受到苏联教科书体系的影响，对于辩证法的理解，大多呈现的是一种普遍化的知识原则和肯定性的实证化叙述方式，其革命性和批评性的一面被遮蔽。近年来，恢复辩证法的批判性和否定性维度，从马克思的文本中去阐述一个更为完整的辩证法成为学界的热点之一。

（一）基于《资本论》的辩证法研究

马克思并没有专门研究辩证法的著作，解读马克思的辩证法思想，主要的参考文本就是《资本论》。基于《资本论》的辩证法研究，一方面是通过考察政治经济学批判的方法论原则，捕捉马克思辩证法的真实含义；另一方面也离不开对黑格尔辩证法的解读，从某种程度上讲，不少学者正是通过对马克思与黑格尔的比较去理解《资本论》中的辩证法的，而在此过程中，马克思和黑格尔之间的传承关系和超越关系也得到了阐明。

正像一些学者指出的那样，在马克思和黑格尔的关系上，首先需要明确的是：只有以黑格尔辩证法所达到的理论高度为基础去理解马克思对黑

---

① 仰海峰：《推进马克思主义哲学的当代发展——从〈资本论〉哲学研究谈起》，《哲学动态》2019 年第 1 期。

格尔辩证法的超越，才能捕捉到马克思辩证法的真实意蕴，也才能理解黑格尔与马克思错综复杂的理论传承关系；如果离开了黑格尔辩证法所达到的理论高度，去谈论马克思与黑格尔的区别，所导致的直接后果就是对马克思辩证法思想的矮化和简单化。

另一方面，也不能透过黑格尔辩证法的理论棱镜来解读《资本论》中的辩证法，而要从黑格尔辩证法的理论阴影中跳出来，以《资本论》为理论棱镜来反观黑格尔辩证法，只有这样，才能显现马克思对黑格尔辩证法的超越之地。具体来讲，马克思在《资本论》中，不是将“辩证法的一般运动形式”随意套用到资本逻辑批判上，而是基于资本运动的实体性内容去发现辩证法的合理内核。或者说，是现实的物质运动要求相应的逻辑范畴的表达。这也体现出马克思从“思想的真正客观性”到现实抽象，从绝对精神到实在主体，从外化到物化的辩证法重构。换言之，马克思的辩证法对黑格尔哲学的超越主要体现在：黑格尔将矛盾最终消解在绝对精神中，于是在绝对精神的自我实现之时终结了辩证法，而马克思则是基于资本矛盾的不可消解性而将辩证法的批判本性贯穿到底，实现了辩证法矛盾原则的彻底化。由此反观，黑格尔的“思想的真正客观性”与“辩证法的一般运动形式”也就成为现代资产阶级社会的无意识表达。或者说，意识同一性对世界的逻辑构造，在马克思这里成为探寻意识同一性自身在社会系统中被予以“先验构成”的权力机制。①

不过，也有学者指出，将黑格尔的辩证法视为包含正题、反题与合题的完整的封闭过程是一种误读。辩证法在黑格尔那里并不是一种规定现实的预成性框架，也不是一个闭合的思辨系统。因为在黑格尔辩证法的原初语境中，辩证就已经不再是思辨，辩证并不包括思辨的统一性。由此，把马克思的理论重构落脚在矛盾原则的彻底化，或是否定性辩证法对于同一

① 王庆丰：《〈资本论〉与辩证法的高阶问题》，《哲学动态》2019年第2期；张梧：《〈资本论〉对黑格尔辩证法的透视与重构》，《哲学研究》2019年第4期。

性辩证法的超越，就会遮蔽马克思辩证法的真正超越之地。这些恰恰是马克思对黑格尔辩证法的继承：即将辩证法理解为一种运动、变化的能动性原则，对每一种既成形式都能从运动变化当中来理解；强化了辩证法的否定性和批判性维度，彰显了矛盾和对立自身，而不是它们的统一与和解。

那么，马克思究竟在何种意义上超越了黑格尔的辩证法呢？这些学者认为，马克思对黑格尔的超越主要体现在：马克思在现实运动中把黑格尔关于辩证和思辨的区分贯彻到底，使“认识论视域中的辩证法界定”转向了“存在论视域中的辩证法界定”。也就是说，黑格尔辩证法已经具有一种隐含的唯物主义色彩。因为对于辩证法而言，只要承认内在对立性与矛盾性的不可消除，即便谈论统一性，也具有唯物主义倾向；在对立和矛盾中，思维总是无法把握全部现实，而现实也因此才获得某种独立于思维的存在方式。马克思沿着这条“跃出”思辨的能动原则，从逻辑语境跃到现实运动，让一切既成事物呈现出其暂时性的一面，使得一种只是隐含意义上的唯物主义辩证法得到了确认。①

此外，基于《资本论》的辩证法研究还体现在对西方马克思主义物化理论的批评上。其中的一个核心观点是：马克思通过政治经济学批判所揭示出的辩证法和物化理论的主客体辩证法不同，是一种真正的唯物主义辩证法。我们知道，物化理论是西方马克思主义的核心论题之一，以卢卡奇为代表，西方马克思主义从主客体辩证法出发对资本主义社会的物化现象进行了批判，但是这种批判只是把主体维度带入社会历史过程的分析，强调了人与人的关系不是物与物的关系，而没有能够跃升到生产关系的内在矛盾层面去进行分析。就像西方马克思主义把具有主体性的工人运动作为线索直接纳入对马克思政治经济学批判的解读之中，看似体现了总体性方法论的优势，其实恰恰导致了对资本增殖之客体性逻辑解读的弱化。马克思在《资本论》中的批判，并不仅仅是一种物化批判，而是一种源自资本

① 夏莹:《论辩证法的唯物主义基础》,《哲学动态》2019 年第 2 期。

内在矛盾运动的历史过程本身的自我扬弃。或者说，资本逻辑中所具有的人与人的关系和物与物的关系，“通过它本身的、内在的、不可避免的辩证法转变为自己的直接对立物”，也就是劳动者的劳动过程与资本的增殖过程之间的关系。①

还有学者指出，《资本论》中的辩证法（尤其是“商品和货币”篇中的辩证法）是哲学逻辑向科学逻辑过渡的转换器。这两种逻辑之间虽然不能在单一理论体系中贯通起来，但却能够通过马克思的辩证法关联起来。马克思主义哲学作为改变世界的哲学，当然需要世界可改变性和非决定论的预设，但作为一种历史科学又需要对其对象进行决定论的预设，这就会存在主体能动性和客体决定论之间的矛盾。在《资本论》中，马克思通过劳动二重性学说，从抽象的人类劳动建构起了价值概念，使得抽象的人类劳动同时又包含在生产使用价值的具体劳动之中，这就意味着价值概念被奠定在了人类活动或实践的基础之上。也正是在这里，马克思发现了从强调主体行动的哲学人类学分析进入资本之客观结构分析的入口，而辩证法正是从非决定论的现实世界建构起决定论的科学对象或科学世界的关键环节。②

（二）重新理解恩格斯的辩证法

对恩格斯辩证法的批评由来已久。在西方，以卢卡奇为代表的第一波西方马克思主义者认为，恩格斯的辩证法作为一种客观辩证法或自然辩证法，只关注辩证法的实证性而不是批判性，他们于是提出以人的历史活动为内容、以人自身的实践活动为基础的“历史辩证法”。这种历史辩证法总是处于主客体的相互关系之内，也被称为包含主客体两个方面的“总体性辩证法”。在中国马克思主义哲学创新的实践意识觉醒时代，实践和主体性的张扬，加之西方马克思主义理论的影响，也有不少学者提出了关于

---

① 唐正东:《政治经济学批判的唯物史观基础》,《哲学研究》2019 年第 7 期。

② 王南湜、夏钊:《从主体行动的逻辑到客观结构的逻辑——〈资本论〉“商品和货币”篇的辩证法》,《哲学研究》2019 年第 3 期。

恩格斯的自然辩证法和马克思的社会辩证法之间的区分。

近来的一些研究则提出了一些不同看法。一些学者认为，恩格斯的辩证法并不是一种客观辩证法，也不存在所谓的马克思和恩格斯的两个辩证法。尽管恩格斯高度重视辩证法的唯物主义基础，并认为脱离了客观辩证法的主观辩证法、概念辩证法只能是思辨的辩证法；但他又敏锐地观察到，现代自然科学本身已经在进行“辩证综合”了，已经使关于总联系的任何特殊科学成为“多余”的了，作为“辩证的哲学”，辩证法并不是脱离主观辩证法去研究客观辩证法，而是研究主观辩证法是如何形成、如何运动、如何反映客观辩证法的，并用“概念的辩证运动”自觉地反映外部世界的辩证运动。因此，并非像卢卡奇所说的那样，恩格斯“连提都没提到”主体和客体的辩证关系，相反，恩格斯多次提到并以实践为基础、结合社会历史阐述了人与自然的辩证关系；恩格斯也并非像莱文所说的那样，仅仅把黑格尔的辩证法与启蒙运动的科学进展结合起来，只是把辩证法与自然科学“进行综合”，相反，恩格斯关注着人与自然关系的实践性质和社会内涵。尽管恩格斯没有明确提出并全面阐述主体和客体的辩证法，但是，恩格斯的人与自然的辩证法蕴含着主体和客体的辩证法。如果说从思维和存在关系的视角阐述辩证法是恩格斯辩证法思想的显性的主题，那么，以人与自然的辩证法为核心的主体和客体的辩证法就是恩格斯辩证法思想的隐性的主题。恩格斯的辩证法思想就是这双重主题的变奏。①

三、围绕“新唯物主义”的创新研究

在中国马克思主义哲学的创新研究中，“实践”观点的提出是一个关键。不少学者认为，传统的旧式唯物主义是自然研究的本体论，而这

① 杨耕:《“回到辩证法”——关于恩格斯辩证法思想的再思考》,《哲学研究》2019 年第 2 期。

种以社会历史为对象的新唯物主义主要是从主体和实践方面去理解，因此也可以称为实践哲学。但就像恩格斯曾指出的那样，我们不能一般地谈论实践，而是要立足于具体的历史语境进行分析。在资本主义的历史语境中，现代自然科学和资本主义大工业构成了新唯物主义实践概念的存在论区域。而当代资本主义的实践体现为资本逻辑支配下的掠夺式发展，一方面导致自然和客观性的消失从而带来生态灾难；另一方面也使人的主体性在异化劳动和消费中被彻底压制。由此，国内一些学者提出了实践哲学的限度问题，认为在新的历史条件下新唯物主义也需要重新思考。

在西方学界，“人类世”概念的提出挑战了现象学的基本视域——存在也只能作为思想的“相关物”来认识，各种新唯物主义理论相继出笼，以拷问建立在现象学基本视域之上的各种社会建构论和文化主义。其中，以齐泽克为代表的西方激进哲学，也提出了一种“非还原论的唯物主义”，作为辩证唯物主义在新的历史条件下的替代性理论。

（一）实践哲学的限度和对唯物主义的重新思考

有学者提出，按照实践哲学的理解，世界的存在以主体为中介，自然以人类实践为中介，因此实践唯物主义强调的不是物质自然的抽象的客观性，而是社会实践的具体的中介性。但从生态学马克思主义来看，资本主义时代人类实践的极限后果就是由征服自然导致的生态问题，也就是说，生态限度构成了资本主义生产绝对限度。而资本主义条件下实践的限度，既是资本主义的历史限度，也是实践哲学在理论上的限度，因为实践的中介性原则已经发展到极致并走向自我否定。由于马克思的实践哲学是我们生活于其中的整个现代社会最根本、最具批判力的哲学理论，马克思实践哲学的限度也对应于整个现代社会的限度。①

① 张盾：《马克思的“新唯物主义”如何可能》，《哲学研究》2019年第2期。

因此，在21世纪的当下，唯物主义的问题必须被重新思考。比如，从征服自然到保护自然是否意味着自然被人类社会实践所中介的历史进程应该有一个限度？生态学马克思主义者所提出的尊重自然的自主性是否一定会导致自然唯物主义的重生？是不是只有物质的极大发展才能将人从物质的牢笼中解放出来？地球所遭到的破坏使得资本主义的替代（即共产主义）的实现所需要的物质条件越来越难以达成，如何在当代既是一个唯物主义者同时又保有共产主义的立场？这些都是需要进一步研究的新课题。

另一些学者则反对实践哲学的中介说，认为马克思的新唯物主义并不是以实践的中介性代替意识的内在性，因为一般性的物质实践并不构成对先验统觉的真正超越。马克思的新唯物主义实际上已经扬弃了传统认识论的主客二分模式，不是强调实践的中介性，而是强调社会的内在性，从而实现了从实践人本学到社会存在论的视域转换。或者说，马克思的新唯物主义作为对近代意识哲学的唯物主义改造，不是简单地放弃了内在性，而是通过对具体性的存在即资本主义生产与再生产过程的分析，从意识的内在性转向了存在的内在性。实践哲学并不把唯物主义贯彻到底，反而成了翻版的意识形态人本学，因此应该恢复一种“内在性的唯物主义”。

这种“内在性的唯物主义”在思考资本主义的替代性问题时也能超出一种简单的物质性逻辑。因为内在性唯物主义承认世界本身作为“非同一性”的事实，“存在”始终具有溢出自身的“剩余”的可能性，而这个“剩余”同时也是资本主义从内部积聚的自我颠覆的力量。换言之，旧社会自身就孕育着新社会的因素，新社会正是从资本主义内在矛盾中形成的自我否定之物。①

① 袁立国:《内在性的重构与唯物主义的政治意蕴——重思马克思唯物主义的来源与特质》,《哲学研究》2019年第6期。

（二）激进哲学的“非还原论唯物主义”

在西方学界，随着资本主义发展所遭遇的自然限制越来越突出，一些西方学者提出了后现象学的说法，也就是要舍掉现象学关于事实性（facticity）的基本假设，对物质、实在、本体进行重新构想。比如，梅亚苏提出了“思辨唯物主义”，德兰达和波奈特提出了“生机论唯物主义”，哈曼、格兰特提出了“物导向本体论”，拉图尔提出了“平的本体论”等，都是试图在避免回到旧式形而上学的前提下重新构想一种唯物主义或本体论。

以齐泽克为代表的激进哲学则提出了一种“非还原论的唯物主义”，试图在历史唯物主义（作为文化的符号性现实和历史建构论）和辩证唯物主义（作为自然的物质性现实，自然主义实在论）之间寻求和解。

首先，非还原论的唯物主义建立在德国观念论的视域之上，而不是回到一种旧式的幼稚唯物论，即回到前康德式的关于物质的形而上学概念。齐泽克认为，德国观念论之后的一个基本理论视界就是：人无法站在一个和物质世界无涉的视角来看待一个纯客观的世界；同样，物质世界也无法不把人这个非实体化的实体纳入。这个理论视界不能被废除，就像思辨唯物主义所做的那样，只会导致一种过于实在论的唯物主义和过于透明的认识论。

其次，这种非还原的物质概念也呼应着当代科学的发展，尤其是量子力学的发展。在量子力学之前，物质有基本的构成性实体，也就是一些基本粒子。在量子力学中，粒子不再具有确定性，而是以概率分布来描述，因而带有随机性。在弦论中，基本的物体不是实体性粒子，而是振动的弦，弦的不同形式会映射出不同的表象，而这个表象就是物质结构。所有这些科学领域的发展，都指向了一个和朴素唯物论的物质概念不同的一种非实体论的物质。

最后，更重要的一点，非还原论的唯物主义也是对主客体辩证法的重建，即重建主客体辩证法的唯物论基础。在齐泽克看来，没有主客体辩证法的唯物论，只能重新导向一种本质主义还原论。或者说，主客体的反思性扭结，是建构一种非还原论唯物主义的前提。但是一种有效的主客体辩证法，还要能够突破总体性原则、落实到本体论和唯物主义的根基之中。

为此，齐泽克提出了一种“视差”逻辑，为这种新的“辩证唯物主义”提供说明。所谓视差，不是指主体观察的视角有差，而是说，主体观察本身刻入现实所带来的差别。或者说，视差分裂不是由于视角不同或知识局限所造成，而是指向一种本体论的分裂——视差是现实本身所固有的特征，即主体作为不可见的凝视刻入现实所造成的一种客观存在的原初分裂。主体的观察或凝视在客体那里表现为一个不可见的盲点，而对这个盲点的确认就意味着辩证分析已经从认识论视角转向本体论视角：主体根本不是一个自主的意识主体，而是作为现实的一部分不断被物质性地建构；主体也根本做不到“独善其身”——只要和世界遭遇，就会在现实中留下一个盲点，这个盲点表明主体是被客体强行纳入的（无论主观意愿如何），盲点就是主体作为物质性存在的明证。

由于盲点的存在，现实也总是未完成的和不确定的，现实总是与自身不一致，从而不断产生差异。这种差异尽管很小（只有一个点的大小，完全不成比例），但也破除了同一性幻象，彰显出辩证法的否定性内核。当然，这种否定性也从主体之内的否定变成了客体之内的否定。主体尽管能够通过观察或凝视对象化现实，并通过概念机制来设置现实，但由于视差逻辑的存在，这种对现实的对象化和非物质性设置（观念性的设置）也具有一种真实的物质性效果。从这个角度而言，非还原的唯物主义也可以称为一种新的“辩证唯物主义”。①

① 范春燕：《一种新唯物主义的可能姿势》，《马克思主义与现实》2019年第9期；张蝶：《对历史唯物主义的进化论解读之批判——齐泽克对历史唯物主义的重释》，《江海学刊》2019年第3期。

四、围绕“部门哲学”的创新研究

马克思主义哲学原理的创新研究一直存在着整体化和部门化的张力：一方面，创新研究致力于对马克思主义本体论的构建，在整合辩证唯物主义和历史唯物主义的基础上重建马克思主义哲学的体系性，重建马克思主义科学性和哲学性的辩证统一；而从另一方面来看，实践激发的文本重释，以及和西方学界的持续性对话，也自然引发对某一时代问题域或理论问题域的特别关注和专门性研究，在客观上造成了原理研究本身的部门性分化，或者说，原理研究进入了一个“小体系时代”。①

（一）马克思主义政治哲学

近年来，在马克思主义哲学研究中，政治哲学一方面成了某种意义上的“显学”；另一方面围绕马克思主义政治哲学是否具有“合法性”的争论也从未消失。甚至，从某种意义上讲，政治哲学这一部门哲学在马克思主义论域中的彰显正是建立在这一核心争论之上。正是围绕“在现代规范性政治哲学的意义上提出一种马克思主义政治哲学是否可能”的争论，马克思主义政治哲学才得以厘清自身的边界和阐释限度，才能提出建构马克思主义政治哲学的可能性之所在。

马克思主义哲学与西方政治哲学之间无疑具有复杂的关系，二者无论从研究范式到话语体系都有着较大的差别。其中最明显的一点就是：在传统马克思主义的理论话语中，阶级斗争与社会革命构成了政治问题的主线，而西方政治哲学所强调的平等、正义、道德等论题却被马克思主义视为上层建筑，作为规范性命题，其论题的先在性和独立性都是有条件的和成问题的。

这体现在近年来关于正义理论的研究中，试图融合马克思和罗尔斯的

① 任平：《当代中国马克思主义哲学创新范式图谱》，《中国社会科学》2017 年第 1 期。

研究总会遇到一些无法克服的困难。这主要是因为马克思以唯物史观为基础的科学社会主义理论和罗尔斯的契约论政治理论在人的观念、社会观念以及对资本主义的批评等方面都存在着无法弥合的重大分歧。由此，一些学者提出要对融合本身的限度进行思考，也就是对马克思主义所作的政治哲学阐释的限度进行思考，并指出任何试图融合二者的尝试都不应不加反思地逾越由这些分歧所划定的限度。①

也有学者指出，这一限度主要体现在马克思政治经济学批判所造成的“认识论断裂”上。或者说，马克思主义和政治哲学之间难以融合的关键问题在于：政治经济学批判所彰显的科学性和政治哲学的规范性之间存在着根本性差异。建构马克思主义政治哲学，就要能够对这一断裂进行整合。从目前来看，可以用来整合的理论资源主要就是“总体性原则”。在这一解释视域下，马克思以资本主义生产方式作为“生命的有机体”批判了现代社会的政治关系，为政治哲学阐释提供了可行性依据。但需要强调的是，这种总体性的解释原则并不能代替马克思在历史研究过程中所实现的方法论革命，也就是历史科学对以往思辨的历史哲学的超越，彻底终止了各种关于“意识的空想”和“哲学上的怪论”，让历史研究重回历史事实。正是在此意义上，总体性的历史解释原则只能是马克思的历史科学方法的必要补充。②

还有学者认为，对于马克思主义政治哲学，并不是要证实或证成一种西方式的政治哲学，而是提出一种基于文本的发掘和建构的可能性。如果从马克思的文本和思想史出发，就会发现：首先，在马克思“人的解放”这一概念中，容纳了现代规范性政治哲学的几乎全部价值要素。马克思批判的主要是资产阶级学者利用权利、自由、平等、公正这些价值原则来否认和掩饰社会主要矛盾的做法，也就是反对这些价值原则所附加的意识形

① 汪志坚：《对融合限度的反思——驳近年来西方学界融合马克思和罗尔斯的倾向》，《哲学研究》2019年第7期。

② 方瑞：《唯物史观的政治学者阐释：视域和限度》，《哲学动态》2019年第10期。

态功能，而并不是这些价值原则本身。其次，马克思所说的人的解放也并不排除政治解放的积极价值，二者之间是一种扬弃的关系，因此，政治解放中的一些核心价值，包括权利、自由、平等、公正等都已经容纳在人的解放这个更高位阶的价值诉求中了。最后，马克思在《哥达纲领批判》中对共产主义第一阶段分配问题的思考，为现代规范性政治哲学提供了一个更具内在张力的理论模型。因此，只能说马克思围绕政治哲学的思考要高于现代西方政治哲学的思考，而不能说马克思没有政治哲学，无论怎样，马克思主义政治哲学的命题都是成立的。①

（二）马克思主义文化哲学

关于马克思主义文化哲学的研究主要集中在以下两个方面：一是对马克思的实践哲学和卡西尔的文化哲学进行比较性研究，指出马克思的实践哲学为文化哲学提供了更为坚实的理论基础和思想资源；二是完全抛开西方哲学从新康德主义到卡西尔文化哲学的一种文化本体论的发展脉络，从马克思主义本身出发来阐述一种马克思主义的文化哲学。

首先来看实践哲学和文化哲学之间的比较研究。正如一些学者所指出的那样，尽管马克思没有创立文化哲学，但马克思的实践哲学却能够为文化哲学提供更为坚实的理论基础和更为丰富的思想资源。我们知道，文化哲学可以追溯到新康德主义对事实与价值、自然与文化的二元界分，卡西尔对于文化哲学的本体论论证，标志着文化哲学的建立。尽管文化哲学揭示了人类社会的文化属性，更新了人们对社会生活世界的理解，但并没有说明人类实践活动本身所具有的客观性、物质性和规律性与人的精神文化创造活动的关系，而对这个关系问题的回答实际上已经蕴含在马克思实践哲学所完成的本体论革命中。因此，如果从马克思主义哲学入手，就能对文化哲学进行补足和提出一些新的论证。

---

① 李佃来：《马克思政治哲学的构建何以可能？》，《哲学研究》2019年第5期。

具体来讲，马克思在《1844年经济学哲学手稿》中通过对人的生命活动本质的界定，指出了人能够使自身的生命活动成为在自己的意志和意识支配下的活动，这对于理解人的文化创造活动是至关重要的。也就是说，人的文化创造活动的普遍性特征，并不仅仅表现为卡西尔的文化哲学所关注的语言符号和风俗习惯，而是首先体现为人的存在的普遍性，人作为类存在物所体现出的自由的普遍性。人类实践活动所创造出的文化世界或符号世界就是人驾驭自然必然性而创造出来的属人世界，就是以人的实践活动为基础的"感性世界"。换言之，文化哲学仅仅从功能论的角度把文化理解为由人的创造与合作而产生出来的保护机制和开发环境资源的力量，而没有真正揭示人类活动本身所具有的实践性本质。从实践观点出来，不管文化创造活动在主观上具有何种丰富的想象力或虚拟的创造力，但在现实性上，必然受制约于这种文化创造活动所依赖的物质的和精神的资源条件。①

其次，抛开西方文化哲学的叙述范式，从马克思主义本身来构建一种马克思主义的文化哲学。我们知道，在马克思的著作中，并没有直接使用"文化哲学"这个概念，也很少使用"文化"这个范畴，但如果我们深入到马克思的全部思想理论去寻找，就会发现，马克思主义经典著作中蕴含着丰富的文化内涵。从马克思对文化问题的认识本身出发就能得出马克思文化哲学得以建构的素材。

还有学者指出，可以把文化哲学作为马克思主义哲学显性范式背后的一个隐形范式，或是从实践哲学出发挖掘马克思的文化哲学范式。在马克思的整个思想框架中，自始至终蕴含着一条关于人的生存方式问题的基于文化哲学考量的深层逻辑。或者说，马克思以人的生存方式和存在状况为基础，以人的解放为核心的实践哲学，内在蕴含着一种深刻的文化批判维

---

① 参见袁鑫、阎孟伟:《文化哲学的本体论诉求——卡西尔文化哲学思想探析》,《世界哲学》2020年第1期。

度和文化哲学立场。从这种视角来看，文化哲学表面上看是近年兴起的一种新型哲学范式和哲学形态，但早已在马克思的思想中实际地存在并得到了自觉贯彻与运用。①

（三）马克思主义价值哲学

中国的价值哲学研究随改革开放而兴起，对应于马克思主义哲学基本原理“实践意识觉醒阶段”的创新与发展。关于真理问题的大讨论以及实践标准的提出，不仅标志着马克思主义哲学创新的新时代，也是中国价值哲学的历史起点和逻辑起点：因为实践的目的就是满足实践主体的需要，而价值是对主体的需要而言的，价值哲学于是有了自己的研究对象——价值。而且，就像李德顺指出的那样，中国的价值哲学研究一直坚持马克思实践唯物主义的价值导向，把人类生活实践及其历史发展作为价值论研究的最终“文本”，深入实践结构的内部去揭示价值现象的基础和地位。或者说，运用马克思主义的基本观点和思想方法，规定着价值哲学对价值概念、价值理论的理解，也规定着价值哲学理论的性质和作用。因此，从这个角度而言，中国的价值哲学研究一直以来也就是马克思主义价值哲学的研究。②

具体来看，中国的价值哲学研究经历了从价值到评价、再到价值观和社会主义核心价值观的研究主题转换，其主要特点表现为理论逻辑和实践逻辑的统一。早期的研究主要集中在围绕价值概念的讨论上。当时，学界围绕价值的特性与实质、价值与真理等问题进行了讨论，在价值概念的逻辑推进中，由于贯彻了马克思主义辩证法的原则，也解决了价值哲学面对的存在论困境。通过价值存在的最初形式，即自由意志的追问，按照从抽

---

① 李宝文:《文化哲学：马克思主义研究的重要范式》,《思想政治教育研究》2019 年第 5 期。

② 刘进田:《40 年来中国价值哲学的思维特征及其时代意义》,《社会科学辑刊》2019 年第 4 期。

象到具体的演绎逻辑，分析价值在不同环节的不同形式，即价值的形成机制、个体的价值活动、类的价值规则与类的自由意志，在逻辑的推进中赋予价值具体的规定性，完成个体与类的价值的统一，最终完成马克思主义价值哲学的建构。在探究价值的本质之后，价值哲学研究转向评价问题，主要讨论评价的发生、本质、类型、结构、过程、方法、科学化以及合理性等。从20世纪90年代中后期开始到现在，则是集中在价值观和社会主义核心价值观的研究上。价值观的研究也是哲学理论反映社会需求、表达时代精神、转向社会实践的主要环节。

中国价值哲学研究不仅给中国的社会发展贡献了丰富的价值概念群，也贡献了具有中国社会文化特质的价值思维，实现了从唯客体主义思维向重视客体基础上的主体性价值思维的转变，在对客体、事物、世界以及社会主义等对象的理解上升到人的尺度和物的尺度辩证统一、合目的性和合规律性辩证统一、价值原则和真理原则辩证统一、善和真辩证统一的辩证思维高度。①

价值哲学的研究也是今后马克思主义哲学创新研究的发展方向。有学者指出，事实与价值是哲学的两个具有异质性的基本维度，立足哲学的事实维度和价值维度解读马克思哲学，可以发现，马克思哲学主要就是一种有着鲜明的价值立场、伟大的价值目标、明晰的价值原则、突出的价值实践风格的价值哲学。而目前国内外学界的研究，大都是从事实维度出发、旨在获得客观真理的“科学化阐释”，这就导致马克思哲学中的价值维度没有得到应有的重视，价值意蕴一直没有得到系统、深入的发掘，特别是常常将价值问题当作事实问题来处理，从而造成了不少理论和实践的混乱。实际上，马克思哲学的产生之所以是现代哲学的一场革命，关键在于它立足无产阶级的主体立场，开展了深刻的价值反思和批判，进行了理论与实践方面的价值建构，表现为一种现代价值哲学的学术形态。尤其是在

---

① 冯宸:《马克思主义价值哲学的存在论初探》,《文化学刊》2019年第7期。

各种价值问题凸显的当代，只有确认、张扬马克思哲学的实践品格和价值维度，才能真正理解马克思哲学的“人民主体性”，把握马克思哲学“真理性”与“人民性”的高度统一，也才能真正把握马克思所发动的哲学革命的意义之所在，走出传统的将价值问题当作事实问题处理的误区。①

作者单位：中国社会科学院哲学研究所

① 孙伟平：《彰显价值维度：马克思主义哲学创新的方向》，《哲学研究》2019年第12期。

批判视角下的当代资本主义：数字资本与人工智能

张羽佳

当今时代的特征在于技术高歌猛进与资本疯狂扩张，二者的齐头并进、相互交织，构成我们的这个时代独特的社会图景。技术根源于人类对于未知领域的好奇与对人类自我的力量的对象化及随之带来的自我确证；而资本的本质则在于对利润的狂热追求，从某种角度，整个资本主义的发展历程就是一个在对利润的迫切追逐指引下制度自身的自我更替与自我革新的运动过程。在追求资本积累和绝对利润的核心驱动力之下，资本与科技的结合是资本主义不断发展自身的题中应有之义，这种资本与科技的结合在不同的历史阶段会呈现不同的历史面貌。在当代，所谓的“第四次工业革命”作为一种极具颠覆性的新生产力形式，渗透到社会生活的各个方面并对人类的生产和生活方式进行重组和重塑，再加上信息技术、人工智能和大数据革命的共同推动，资本主义再次迈向新阶段，人类社会无论是物质生产方式还是经济交换模式都发生了极为深刻的变化，一场系统性的社会性变革正在以前所未有的广度和深度改变着世界的面貌和人们的思想观点，资本主义经济进入了丹·希勒所谓的“数字资本主义”[①] 时代。在新的历史条件下，如何以马克思的劳动价值学说和政治经济学批判为参

① ［美］丹·希勒：《数字资本主义》，杨立平译，江西人民出版社 2001 年版，第 15 页。

照，对当代资本主义发展的新特点进行解析与评价，对人类历史发展的未来方向进行理性判断前瞻，对新技术条件下工人的阶级状况和人类的生存境遇进行分析，从而为技术发展的伦理瓶颈和生态困境提出可行性的解决方案，为未来社会向更加符合人类福祉的方向发展指明道路，应该是当代马克思主义哲学研究最为重要的课题。

一、数字化时代与“第四次工业革命”

科技的发展，贯穿于资本主义商品生产的全部历史之中，资本主义之所以能够“在它的不到一百年的阶级统治中所创造的生产力，比过去一切世代创造的全部生产力还要多，还要大”①，其根本原因就在于，资本主义社会的生产制度始终与科学技术的发展须臾不可分离。从以蒸汽机为代表的第一次科技革命开始，到如今以人工智能技术为代表的第四次科技革命，资本主义的商品生产模式和物质交换模式随着科学技术的每一次突破都发生了翻天覆地的革命性变化，而社会物质财富生产领域的变革又会导致社会经济结构和社会财富的重新分配，对社会生活领域产生至关重要的影响。

让我们对技术与资本主义发展的历史进行一个简单的回顾：第一次工业革命是以蒸汽机为中心展开的，瓦特改良了托马斯·纽科门发明的常压蒸汽机，使得蒸汽机可以被广泛地运用于纺织和瓷器生产等各领域，极大地推动了英国手工业的发展，使英国成为工业革命的主导国家；第二次工业革命以电气和内燃机为中心展开。德国人西门子发明了直流发电机和有轨电车，而本茨和戴姆勒则推广内燃机技术，使得德国在第二次工业革命中获得主导地位。而美国也积极参与电力革命，爱迪生的发明使得电灯获得大规模应用，特斯特研制出二相异步电动机，福特率先应用流水线的生

① 《马克思恩格斯选集》第1卷，人民出版社2012年版，第405页。

产模式，莱特兄弟则发明了飞机开创了航空业，这一系列的科学发明和技术应用使得德国和美国的经济迅速腾飞，成为第二次工业革命中的主导性力量，而日本则在明治维新之后，大力推进科技和制造业的发展，赶上第二次工业革命的步伐。第三次工业革命是信息革命，从第一代到第四代计算机的研发、互联网技术以及智能手机出现后的移动互联网，美国基本上都在技术上占优势地位，引领着未来技术发展的潮流，而拉美和东亚也积极参与第三次工业革命，加入世界经济的分工体系，为本国经济的发展赢得一席之地。

20 世纪 80 年代，美国科学作家科塔莱克在《芝加哥论坛报》上发表了题为“第四次工业革命”的文章，认为以微型电子计算机、光导技术、激光、遗传工程、海洋工程、新能源、新型材料、宇航工业等为代表的新一代技术将引导人类技术的又一次重大变革。这是人类首次明确提出“第四次工业革命”的说法，但并没有引起理论界的重视。当下我们所热烈讨论的“第四次工业革命”是由世界经济论坛创始人兼执行主席、德国的克劳斯·施瓦布教授于 2016 年出版的著作《第四次工业革命》所引发的，此后连续三年成为夏季达沃斯论坛的主题。施瓦布教授指出，现有的人类技术分为物理、数字和生物三大类。其中，无人驾驶汽车、纳米技术、3D 打印、人工智能、清洁能源和新材料属于物理范畴，大数据、云计算、虚拟现实、物联网属于数字范畴，生物制药、基因工程属于生物范畴，与前三次工业革命相比较，“第四次工业革命”并不是发生在某几个特殊领域内的技术变革，而是横跨物理、数字和生物几大领域的系统性变革，其中，数字化和信息化构成所有技术发展的平台和基础，无论是物理技术和生物技术都必须以数字化平台为基础进行下一步的发展。

具体地说，我们称之为“下一代互联网”（the next internet）或“人工智能 +”的数字化进程包括大数据分析、云计算和物联网三个主要的互联系统。大数据使得个人、企业和政府机构能够将数据从个人计算机和本地的 IT 部门转移到分布全球的大型数据中心，从而人的一切行为和物质性的实物都可以用数字表达和记录；云计算可以在大数据的基础上，对储存在云端的海量数据进行分类、计算与共享，以此来确定不同类型数据之间的相关性，进而描绘出人们的行为和态度，并在此基础上做出预测；物联网则指的是将传感器和处理设备内嵌于日常用品、生产工具和武器系统中，并将它们连接到收集和使用其性能数据的网络中。三者存储、分析、处理和分配由所有用户终端的网络传感器收集来的海量信息，数字化时代的来临意味着整个社会的生产生活每时每刻在进行着数据分析、数据传播和数据处理。

无论如何，以数字化为平台的"第四次工业革命"必将引起社会生活的全面变革，这已是不争的事实。人们对于由创新技术所引导的未来，充满各种想象和猜测。除去那些天马行空的大胆想象不谈，依据目前技术发展水平，有学者对不久的将来由新技术所带来的可实现的社会改变进行了如下判断[①]：第一，互联性。未来的世界是一个万物互联的IOT (internet of every-things) 时代。对于制造业来说，把设备、工厂、生产线、商品、客户及员工通过网络紧密联系起来，把所有实时数据信息进行共享，是"连接"的真正意义所在。第二，数据性。在工业大数据时代，制造企业的数据将会呈现爆炸式增长，深入分析和挖掘各个环节的信息，使得企业有机会发现更多的战略优势，而大数据的及时性和精准性能够为企业带来更高效的研发效率，降低运营成本。对实时数据的精准分析，是工业4.0时代不同于传统工业的本质特征。第三，集成性。无数的硬件、软件和服务，如传感器、智能控制系统、通信设施等通过CPS形成一个智能网络，使得每一台设备都具有生命力，在企业发展过程中实现端与端、点到点之间的高度集成。第四，个性化定制。3D打印、移动互联和人工智能的发展将使个性化定制和服务型制造成为可能。总之，未来社会极有可能像尼古

① 周甄武、朱朝君：《论第四次工业革命对马克思主义的重大影响》，《晋中学院学报》2019年第10期。

拉斯·尼葛洛庞帝在《数字化生存》中所预言的，数字化生存将成为社会生存的主导状态。所谓的数字化生存，即以数字化形式显现的存在状态，人们将在虚拟的、数字化的空间内工作、生活、交流和学习，数字技术将为人们提供一种全新的生存方式，数字的计算和处理将不再只和计算机有关，它决定我们的生存，在后信息时代中，所有商品都可以订购，信息变得极端个人化，而人类的每一代都会比上一代更数字化。

二、数字资本与数字劳动

新技术的出现往往会给人们带来无限的憧憬，似乎新的技术将彻底超越时间、空间乃至权力关系的限制，一个唾手可得的技术乌托邦世界就要建立。有乐观主义者甚至宣称①，大数据已经成为驱动经济增长的核心生产要素，是“未来的新石油”，是“陆权、海权、空权之外的另一种国家核心资产”，也是迄今为止唯一由人造的新资源。数字经济既是经济提质增效的新变量，也是经济转型增长的新蓝海，已成为带动新兴产业发展、传统产业转型，促进就业和经济主导力量，也是研发投入最集中、创新最活跃、应用最广泛、辐射带动作用最大的新领域，数字经济是一场数字技术推动的经济革命，背后凸显的是发展理念的创新，是技术的进步，也是思维方式、商业模式、消费模式的革新，众创、众包、众扶、众筹等共享经济模式成为数字经济最大亮点。另一种观点则认为，数字化时代虽然给人类带来全新的技术体验，给人们提供了很多可能性，然而，新科技仍然带给人们许多挑战和问题。那些处于社会机体内部的历史、地理、政治和权力的关系并没有随着新技术的产生而被真正超越，任何科技迷思的背后都存在着政治与商业力量的结盟，数字化和商品化的结合并没有使原有的社会问题得到解决，反而是在另一个层面加剧了原有的社会问题，并且生

① 本刊首席时政观察员:《迎接数字文明新时代》,《领导决策信息》2017 年第 12 期。

成了一系列专属于数字资本主义时代的社会问题。

本文认为，若想在宏观和总体上把握当代数字资本主义特征与限度，必须重回马克思。而马克思主义的政治经济学在根本上是对人们的根本生存境遇及其身处于其中的社会权力关系的研究和批判，正如福克斯在《马克思归来》中所说："互联网时代，资本主义的再生产与积累正寻求新的途径扩张，我们的日常生活全部被纳入商品化的经济自由主义逻辑之中，我们需要重新思考马克思主义的'批判'之意，考量数字资本主义时代背后的政治经济发展。"[①] 那么，应该如何运用马克思的政治经济学对数字资本主义时代进行剖析和批判，有论者提出四条进路[②]：历史语境（history）、社会整体性（social totality）、道德哲学（moral philosophy）和实践性（praxis）。历史语境是政治经济学的主要视角，认为只要有不平等、剥削存在就会发生历史变迁；社会整体性意即政治经济学研究政治和经济之间的联系，拓展而方，研究社会和文化之间的关系；道德哲学指的是政治经济学研究人类的价值，将它视为社会生活的方面，以及人们渴望正确的价值，具有批判反思的精神；实践性则表明政治经济学研究注重研究思想和行动之间的关系，提倡参与、表达社会关怀。

首先，在数字化时代，随着信息革命的深度发展和网络化智能化生活的泛在化，数据的增量达到了资源化程度，使得数据成为当今时代重要的生产要素和最为重要的社会资源。有研究者指出[③]，数字资本是在产生资本、金融资本之后的第三种起支配性作用的资本样态，也随之催生了全世界范围内的数字资本主义。数字资本的核心是对一般数据的攫取和占有，并从中牟取大量利益。一般数据正是每一位普通的数字用户在使用数字化平台时产生的数据，并经过云计算来引导产业资本和金融资本的运行，也

① ［瑞典］福克斯、［加］莫斯可主编：《马克思归来》，传播驿站工作坊译，华东师范大学出版社 2016 年版，第 67 页。

② 潘仁杰、伍静：《透析数字时代的科技迷思》，《新闻大学》2019 年第 7 期。

③ 蓝江：《数字资本、一般数据与数字异化》，《华中科技大学学报》2018 年第 4 期。

正因为如此，数字资本在今天占据着产业资本、金融资本和数字资本构成的金字塔结构的塔尖位置。还有研究者对私有制条件下，数字化社会的数字所有权问题进行了富有创新意义的探讨。作者认为①，数据不是天然的商品，数据成为商品是社会生产力发展的结果，作为生产要素的全部数据资源本应由全社会共同占有，然而，在资本主义私有制的条件下，数据资源常常被资本所绑架，许多属于个人的数据常常在公众不知情的情况下近乎无偿地被技术智能公司提取和利用，进而迭代发展其核心技术，获取数据资源带来的超额利润。数字资源的资本主义私有制应用本质上剥夺了本该归属于人身数据和物品数据所有人的权利，事实证明，如果缺乏更高的社会目标的协同发展，新生代的技术发展只能增加贫困化和野蛮化的可能性。但另外，数据存在及其社会属性也决定了信息革命的深刻发展，必然要求整个社会走向协同共享，以数字化为基础的“第四次工业革命”将为人类自由全面的解放创造条件。

与社会的数字化进程相适应，数字化时代的人类劳动也发生了前所未有的转变，跨越到了数字阶段。正如马克思曾经指出的那样：“各种经济时代的区别，不在于生产什么，而在于怎样生产，用什么劳动资料生产。劳动资料不仅是人类劳动力发展的测量器，而且是劳动借以社会关系的指示器。”② 数字化时代，不仅劳动资料发生了变化，劳动资料与劳动力的结合方式也发生了变化，进而改变了劳动过程。有研究者从广义角度考察了数字时代对于劳动力资源配置的影响。③ 研究指出，随着分享经济的不断扩展，越来越多的生产性资源（无论线上还是线下）被持续卷入以平台企业为主导的数字经济过程之中，毫无疑问，形形色色的人力劳动成为推动分享经济繁荣的重要力量，原来受到时空条件约束的分散劳动行为被

① 王水兴：《“人工智能 +”时代作为商品的数据及其哲学批判》，《学术界》2019 年第 10 期。

② 《资本论》第 1 卷，人民出版社 2004 年版，第 210 页。

③ 胡凌：《分享经济中的数字劳动：从生产到分配》，《上海法学研究》2019 年第 13 卷。

信息技术逐步整合到一起，产生巨大价值。就实质而言，分享经济不过是以低成本在全社会范围内重新调配生产性资源的过程，从早期线上的信息内容生产逐步转向更多行业的线下服务，同时冲击并改变着文化工业、交通出行、住宿等传统行业。从劳动者角度看，信息技术的低成本使普通个体都有能力直接参与到大众生产过程中。基于此，研究者提出数字时代的商业逻辑如何影响了劳动行为。首先，劳动可以从属于商业化的市场经济模式（往往是雇佣劳动），也可以是以社会分享为导向的礼物经济，即通过信息网络展示和交换非金钱价值。数字平台将各种类型的活动吸引到上面，其经济动力决定了免费内容（背后是免费劳动）只是商业模式的一部分而已，从而将用户自愿的礼物经济活动和伦理实践转化为市场经济要素（例如投放广告），这就是商品化的过程。其次，劳动活动变得愈加碎片化，不仅大型工作可以通过模块化设计而外包，用户的细微活动都可以通过信息技术加以精确分派、计量、分割、聚合，由此也更加灵活。第三，用户起初是利用“认知剩余”和零散时间为平台进行贡献，但随着积累的时间、内容和数据增多，就产生了一定程度的黏性，从而导致排他地为特定平台生产的效果。由此，商业盈利活动与非商业日常伦理活动的边界、专业劳动与非专业劳动的边界都愈加模糊不清，最终导致“分享经济”这一术语脱离了其本身的伦理与合作内涵，变得更加商业导向和异化。而平台企业则可以通过这一过程以低成本获利，追求更多的“固定而灵活”的劳动力，和用户之间的“分享”毫无关系。

也有学者对狭义的“数字劳动”进行了研究，并对“数字劳动”进行了相对严格的定义。研究认为①，在数字经济背景下，数字劳动工人，也不仅仅是模糊了生产和消费的玩劳工，还包括支撑起平台核心的付费的技术工人。数字劳动的平台不仅仅涵盖以数据为盈利点的平台，还包括以信息匹配发展起来的零工平台。数字劳动过程不仅仅局限于非雇佣的免费互

① 韩文龙、刘璐：《数字劳动过程及其四种表现形式》，《财经科学》2019 年第 1 期。

联网平台用户劳动，还应该包括以现代互联网为载体的雇佣劳动，包括传统制造业在信息化升级过程中的劳动者。不同的劳动者在数字经济中的劳动过程的特征并不相同，甚至存在较大差异。基于以上的分析，应该将“数字劳动”定义为在数字经济背景下，数字化的知识和信息作为关键生产资料的生产性劳动和非生产性劳动。数字化的知识和信息作为关键生产资料是数字劳动区别于其他劳动的特殊性，而生产性劳动和非生产性劳动，则是数字劳动过程中的两种表现。也有研究者主张将狭义的数字劳动限定在互联网的虚拟空间中①，在此空间中，数字劳动为物质生产过程进行前期知识和研发设计作好准备，因此数字劳动所处的阶段可称为“前生产阶段”。“前生产阶段”最主要的原料是信息和数据，脑力劳动者使用互联网技术搜集、储存、加工信息和数据，经过活劳动把原料对象化，形成以虚拟数字形式存在的研发和设计成果。此时，信息和数据形成的劳动成果作为物质生产过程的前提和逻辑起点，可以再次作为原料被重新对象化，也可以被机器物化，生产出物质产品。与物质原料和产品的一次性消耗不同，数据产品的虚拟性使其能够被重复消耗，不需要耗费较多的劳动就能将其再生产出来。在“前生产阶段”，数字劳动呈现出非物质化特征，脑力劳动者通过硬件节点连接虚拟空间，以虚拟空间为枢纽把劳动编织成一张网，来推动劳动过程的网络化协作。正是通过数字劳动，导致信息和数据商品的社会必要劳动时间不断减少，使物质产品的价值量降低，表现为商品越来越便宜。研究最后指出，数字化时代，资本主义通过“前生产阶段”中的数字劳动凝结了新的价值，并物化在物质生产过程中，实现价值增殖，为了获取垄断利润，在数据商品化过程中，资本通过知识产权对“前生产阶段”进行垄断。数字劳动并没有改变劳资关系的矛盾，反而在互联网技术条件下，模糊了工作日界限，极化了劳动技能，提高了劳动力商品化程度和劳动剥削程度。

① 李策划：《互联网时代数字劳动的政治经济学分析》，《改革与战略》2020 年第 3 期。

事实上，数字化时代的“数字劳动”与之前社会形态中的劳动相比，具有自身的独特性。按照马克思的经典理论，个人的休闲时间是用来自我发展、自我享受的一种自由时间，在资本主义社会中，资本家正是靠剥削工人的剩余劳动时间，即超过必要劳动时间的所有无酬劳动时间来实现资本增值。因此，在工业时代，劳动时间对于资本增值至关重要。但在数字经济时代，有学者发现①，社会个人的时间是劳动还是休闲的界限开始模糊，生产者与消费者的界限则更加模糊，所有的参与者成为用户，更被尊称为信息和知识的生产者。尤其是在当前的社交媒体中，用户的生产行为多数是自主的，这种以创造意义为手段来实现自我价值的行为常常以一种无偿的劳动方式来生产文化和知识，而这些本应该由资本家支付的劳动所生产的内容，却恰恰符合商业的需要，并被纳入了资本的逻辑当中。这种新的经济以个体的知识和才华为基础，用情感、快乐等表象来产生某种“同意”，从而对用户进行无偿剥削。事实上，在大数据时代，几乎所有的社交网络、社交软件等的发展，都在应用这一资本积累策略，个人被纳入了技术的“元”逻辑中，人类的创造性活动被商品化，资本通过无偿占有人的休闲时间和创造性来实现资本积累。因此，有研究者专门对数字平台对数字劳动的剥削逻辑进行分析指出②，“数字劳工”为平台创造价值的过程，即数字劳动商品化的过程。数字劳动商品化的过程是一个“数字圈地”过程，即平台通过服务协议和隐私条款等契约安排，将原本属于公用资源的网络大数据和虚拟网络空间据为己有，从而为挖掘其交换价值奠定产权基础。一方面，平台对在线用户活动形成的海量数据（生产者生成的信息、消费者留下的用户数据），通过数据挖掘、分析和整合，形成数据商品；另一方面，在流量集聚的网络空间，平台将在线用户注意力作为

---

① 李彩霞、李霞飞：《从“用户”到“数字劳工”：社交媒体用户的传播政治经济学研究》，《现代传播》2019年第2期。

② 陈宇恒：《论网络时代数字平台对“数字劳工”的剥削逻辑》，《新闻研究导刊》2019年第11期。

"观众商品"售卖给广告商以谋牟利，其中，用户"劳动时间"的长短是衡量其被平台剥削多少的价值尺度。总之，研究者普遍认为①，数字资本主义凭借网络信息和数字媒介技术，实现了资本增殖方式的数字化和虚拟化，但这只是资本运转方式的变形，而非资本内核本质的革命。表面上，互联网和人工智能等技术发展缩减了人类劳动时间，而使生活更便捷、更轻松，但实际上数字技术并没有增加自由时间，反而让人们在快节奏的忙碌中感觉时间紧迫，仿佛一切都在"加速"。另外，数字技术带来传统雇佣劳动向互联网平台的数字劳动转变，使得劳动与闲暇、生产与消费的界限不断消解，导致一种劳动"新异化"。数字化时代，摆脱资本的时间与劳动统治的道路，并不是拒绝数字化，而是需要认清数字资本的假象，识别数字劳动的新的异化形式，并立足政治经济学批判视角改造不平等的生产关系。

三、数字化、人工智能与生命政治

数字化不仅改变了人们的生产方式，也改变了人们的社会生活方式以及政治统治的形式，马克思主义批判所指向的不仅仅是经济领域，也指向政治和社会生活的各个层面。如果说，生产和劳动以及资本运作领域的理论批判代表了经典的马克思主义立场，那么，在政治和社会生活领域，一些研究则采取了更加广阔的理论视野，在坚持马克思主义批判立场的前提下借鉴当代西方较为新近的理论成果，提出了"生命权力"与"生命政治"的分析视角。作为学术概念，"生命权力"（biopower）最早由福柯提出，指的是 17 世纪以来以对身体和人口为对象的权力统治形式。一方面是"以作为机器的肉体为中心"的身体规训方式，即在特定的时空场域，

① 张晓兰:《数字资本主义的时间与劳动统治及其批判》,《贵阳学院学报》2019 年第 10 期。

通过观察监控、肢体定位、力量编排等操作，实施肉体矫正、能力提升和力量榨取，从而将驯顺身体整合进生产控制系统；另一方面是关于“人口的生命政治”，即主权国家借助生物学、医学、优生学与社会学等多学科知识，介入调控领土疆域内的整体人口，干预社会有机体的生育繁殖、健康水准、寿命预期等，降低威胁生命进程的偶然事件，实现人口的常数稳定与整体安全。有研究者指出①，数字时代生命权力在肉体规训和人口调节领域的新趋势：一方面，生命权力突破身体规训的意识层面，通过操控物性记忆持存，拓张到集体无意识领域，编码重构了意识感知，宰制了大众的思维行动趋势；另一方面，生命权力在人口调节层面精准细化，通过对一般行为数据的光速统计与决断，将整体人口按需细分到次级群体中，借助编程工业建构的多元消费幻象，将独一性的生命掏空为无差别的肉体。作者认为，在精准群体调节的基础上，数字资本通过编码物性持存，规制了经验世界的认知架构，实现了全球人口的生命治理：从技术层面来看，数字资本超越了主权疆域与时程区划，透过超共时化的工业时间流，捕获重构了亿万受众的意识流，催生出技术管控下无差别的消费群体；从政治层面来看，资本生命权力透过统计决断，以多元网络平台迎合受众的特殊需求，营造出自由开放的民主幻象，然而看似不同的数字平台采用了同质的报道方式、视听资源和评论模式，迫使全球用户在浏览检索信息时，接受了相同的基准时间与资讯内容。据此，数字资本生命权力的操控领域更为广阔深入，实施效果更为民主隐蔽，展现了群体调节层面的拓张趋势。

还有学者从社会政治治理的历史变迁的角度考察数字化时代的统治技术②，研究认为，每个时代都有与之相匹配的信息结构与信息生态，而历史一再重演看似中立的信息技术在权力结构中被异化、被收编的主题。数

---

① 谷伟：《反抗数字时代的生命权力》，《外国文学》2019 年第 5 期。

② 唐勇、张明、陈明：《权力结构中的数据简史与生命政治范式》，《东南学术》2019 年第 3 期。

字作为信息的符码化载体，最初因为其简易性和客观性在国家税收制度和商业往来中扮演一种工具性的符码存在，但随着基于人口统计之上的现代统计学的产生，数字借助概率论得以从自然科学领域进入社会领域，特别是随着大数据、云计算以及人工智能等技术革新，数据逐渐成为整个社会的核心驱动，同时它作为权力的符号学隐喻也不断得到挖掘。大数据时代，信息不对称的结构实际上并没有得到根本性的改变，反而因为大数据让底层民众几乎完全透明而越演越烈！信息网络在增强被统治者绝对力量的同时，更增强了统治者的绝对力量，从这一维度，大数据可以说是当今时代异化的最极端表现。它把活生生的人拆分为各种数据，然后通过对这些数据的分析和重构作为数字人格的个体，这个数字人格是完全透明化的，甚至思维的脑电波也正在被算法分析，而个体仅仅是作为整个社会生产网络中被同质化的网络节点。随着数据网眼被权力结构编织得越来越细密，人类历史呈现出从显性的刚性统治走向更为隐性的柔性管理，然而更为柔性化的统治背后将是统治的全面化和彻底化。未来社会的拐点在于如何生长出制衡数据集权的民主化力量去破局，进而让信息技术的发展真正成为人人共享的社会福利，而非少数人牟取暴利的利器。

正如手推磨产生的是以封建主为首的社会，蒸汽磨产生的是以工业资本家为首的社会，数字化正在成为我们这个时代生产力的表征。在基于数字化的技术平台下发展起来的各种技术中，人工智能技术尤其对人类的生命权利提出前所未有的挑战。人工智能（Artificial Intelligence），英文缩写为AI。它是研究、开发用于模拟、延伸和扩展人，它企图了解智能的实质，并生产出一种新的能以人类智能相似的方式做出反应的智能机器，该领域的研究包括机器人、语言识别、图像识别、自然语言处理和专家系统等。人工智能是一门极富挑战性的科学，从事这项工作的人必须懂得计算机知识、心理学和哲学，总的说来，人工智能研究的一个主要目标就是使机器能够胜任一些通常需要人类智能才能完成的复杂工作。

人工智能从诞生以来，理论和技术日益成熟，应用领域也不断扩大，可以设想，未来人工智能带来的科技产品，将会是人类智慧的“容器”。人工智能不是人的智能，但通过技术的不断改进，人工智能很有可能能够像人那样思考，甚至有可能超过人的智能。那么，应该采用什么样的立场和方法思考人工智能问题呢？有论者指出①，马克思在《资本论》及其手稿中对作为生产资料的机器进行了精辟的分析，形成了独特而深刻的机器观，其中最重要的是对机器的资本主义应用的批判，它对于我们今天理解人工智能的应用具有多重启示。今天我们也需要从人工智能与社会的互动中去进行同样的理解人工智能的本质，人工智能是更高级的机器，但本质上仍是机器，是机器体能或人工体能机器到机器智能或人工智能机器的升级，基于《资本论》的机器观之启示，我们在分析人工智能的应用时，不能就技术而论技术，也不能仅从伦理限制上看问题，更要看到人工智能使用的社会制度背景。基于私人利益或对财富无节制贪婪的资本主义使用，人工智能的开发无疑将充满风险，它将作为少数人获利，奴役他人的比一般机器更有效的手段；而如果是基于人的自由和全面发展的目的去使用它，则人们为了其发挥积极的效能就会自觉地去防范可能出现的风险。换句话说，在未来，机器与人工智能技术可以使财富充分涌流出来，但必须有合理的社会制度才能使这些财富得到合理的分配，从而才能使人类的劳动时间溢出效应转向有利于人类走向更美好的生活，否则就只能成为加剧两极分化的“加速器”。可见，要关注技术发展，更要关注使用这种技术的合理社会制度的建设，或者对不合理社会制度（即马克思所批判的资本主义制度）的改造与变革。也有论者主张从资本逻辑的角度考察资本与人工智能的“共谋”②关系：首先，这一“共谋”表现为“智能资本化”。作为工具的高级形态，人工智能是人类建构自身存在方式的重要媒介，但是资本的介入使其表现为一种强制性的进步，成为一种凌驾于人类之上的自

① 肖峰：《〈资本论〉的机器观对理解人工智能应用的多重启示》，《马克思主义与现实》2019年第6期。

② 李爱龙：《智能资本化与资本智能化》，《学术界》2019年第10期。

主结构，成为吸纳和榨取人类精神劳动力的存储器。其次，这一“共谋”表现为“资本智能化”。资本智能化开启了资本权力从肉体规训到精神物化的范式转换，不仅在生产领域剥夺了工人的精神劳动，而且在消费领域制造了自由解放的幻象，从而将整个社会生活“去革命化”。最后，这一“共谋”是社会分裂的加速器。作为资本权力布展的结果，大众不仅丧失了本质力量的对象化，而且沉浸于虚假需要的智能幻象，最终变成了智能社会中陷入深度异化中的“无用的人”。

还有学者对人工智能的发展与未来社会的可能性进行了展望和推测。有学者基于马克思的分工理论探讨了分工与人的发展的内在逻辑。研究指出①，分工的历史是一部人类社会发展史，社会分工程度与生产力发展水平以及人的解放程度有着密切联系，并明确了只有共产主义才能“消灭分工”。马克思关于分工与人的发展理论对人工智能的发展有着重要启示，人工智能的发展在推动生产力、人类解放和世界历史的发展中都具有重要作用。未来人工智能的发展将向着造就全社会高度发达的生产力、为人的自由全面发展提供发展空间、推动资本主义世界历史向共产主义世界历史转变的方向迈进。当然，并非所有学者都对人工智能的发展持有乐观态度，有论者对仍然将人工智能视为人类可以掌握和控制的“机器论”表示怀疑，指出人工智能战胜人类的可能性，会成为未来社会科学讨论的关键问题。研究认为②，依据目前的发展态势，人工智能的发展非常有可能超出人类控制的范围，而自学习就是人工智能最令人类生畏的地方。遗传算法可以帮助人类获得问题的最优解，但人类并不知道这一算法的运行逻辑及其背后的实现路径和自我意识可能会成为人类智能的最终屏障，然而，情感计算在帮助机器理解人类意图的同时，也会增加机器发现其主体间性的可能。在未来，机器与人的关系很有可能会上演又一次主奴辩证法的循

---

① 刘旭雯:《人工智能视域下的分工与人的全面发展》,《社会主义研究》2019 年第 4 期。

② 高奇琦、李欢:《主奴辩证法与相互承认：试论人工智能战胜人类的可能性》,《理论探讨》2019 年第 6 期。

环，尽管人类的初衷是功利性地使用机器，但人类对机器的依赖最终很有可能达成与机器相互承认。因此，在未来几十年中，我们会看到一种场景，为了解决生活中的诸多问题，人类将不得不依赖人工智能和机器人。但这些人工智能和机器人在与人类的互动中以及在生产劳动中，可能会逐渐获得自我意识和自我情感，最终在与人类的合作性斗争中获得自己主体性地位，也就是黑格尔意义上的相互承认。

作者单位：中国社会科学院哲学研究所

回顾、反思与前瞻

——“当代中国马克思主义政治哲学的建构”（2019）研究综述

方 珏

2019 年，我国马克思主义政治哲学的研究延续了近十余年来的热点状态。如果说自 2006 年至今，学术界对马克思主义政治哲学的多议题、多角度的探讨不仅使得“马克思作为一位政治哲学家的形象树立了起来，同时也向人们表明：马克思主义政治哲学作为一个研究领域，在十多年的时间内，就已经基本完成了从青涩稚嫩的学徒状态走向成熟的质性蜕变”①，那么作为今日之显学的马克思主义政治哲学在 2019 年则进一步围绕“当代中国马克思主义政治哲学的建构”展开了全方位研究，取得了颇为丰富的研究成果②。显然，数量如此众多的成果无法在这里得以一一呈

① 李佃来:《新中国成立 70 年来政治哲学的发展》,《武汉大学学报》(哲学社会科学版)2019 年第 6 期。

② 成果的丰富性大致表现在专著、论文与会议三个方面。(1)专著方面：主要代表性成果有《马克思主义政治哲学史》(张文喜、臧峰宇，中国人民大学出版社 2019 年版)、《马克思之后的政治哲学——从恩格斯到“后马克思主义”》(欧阳英，中国社会科学出版社 2019 年版)、《所有权与正义：走向马克思政治哲学》(张文喜，江苏人民出版社 2019 年版)、《马克思与正义》(李佃来，中国社会科学出版社 2019 年版)、《马克思人类解放思想史》(刘同舫，人民出版社 2019 年版)、《马克思与政治哲学问题》(陈祥勤，上海人民出版社 2019 年版)与《全球化、政治哲学·马克思主义》(李义天编，人民出版社 2019 年版)等。(2)论文方面：发表数量基本

现，故本综述将主要是以问题为主线来捕捉、显现我国马克思主义政治哲学研究2019年的问题意识与现实观照，从而为我国马克思主义哲学研究提供切实的思想资源。概言之，围绕着“当代中国马克思主义政治哲学的建构”这一问题，2019年的研究主要集中于下述三个主题展开探索。

一、关于马克思主义政治哲学合法性前提的进一步澄明

事实上，作为一个概念或术语，“马克思主义政治哲学”从其出场便引发了学界持久而热烈的争论，而争论的焦点之一便是“马克思究竟有没有政治哲学”以及“马克思主义政治哲学的合法性何在”等前提性问题。而对这一问题的回答实际上将直接关涉马克思主义政治哲学研究的基石。尽管当下马克思主义政治哲学的研究在事实层面表现出了“昂扬向上的姿态和旺盛的生命力”①，但显而易见的是，我们无法以“存在即合理”来论证其自身的合法性。因此，对于主张建构当代中国马克思主义政治哲学的学者来说，正面回应“是否存在马克思主义政治哲学”这一根本问题是必要且正当的，可以说这一问题是否得到根本的阐释与解决也将制约着马克思主义政治哲学的纵深发展。由此可见，2019年对这一问题的研究大多是以辨析历史唯物主义与政治哲学的关系来澄明的。

一方面，强调以历史唯物主义与政治哲学的同质性与统一性论证马克

与2017、2018年度持平，年均发文3篇以上的作者主要有李佃来、张文喜、林进平、白刚、臧峰宇等。（3）会议方面：较有影响力的有“马克思早期政治哲学思想”学术研讨会（清华大学，2019年3月）、“马克思主义政治哲学与当代”学术研讨会（南开大学，2019年4月）、“历史唯物主义与社会政治哲学”学术探讨会（西安电子科技大学，2019年4月）、“《资本论》与马克思政治哲学”学术研讨会（东南大学，2019年5月）、“马克思主义政治哲学与21世纪马克思主义”学术研讨会（中山大学，2019年6月）以及“历史唯物主义与政治哲学前沿论坛”（北京大学，2019年12月）等。

① 李佃来：《新中国成立70年来政治哲学的发展》，《武汉大学学报》（哲学社会科学版）2019年第6期。

思政治哲学以及马克思主义政治哲学的合法性。

白刚在《历史唯物主义在什么意义上是政治哲学》中认为，历史唯物主义与政治哲学的一致性是基于二者的理论性质和理论旨趣的高度一致，二者根本上都是通过“政治经济学批判”来为人的自由和解放开辟道路。正是在将历史唯物主义理解为“关于现实的人及其历史发展的科学”以及将政治哲学理解为“国民经济学语言的救赎史”的意义上，他指出历史唯物主义与政治哲学的内在统一性，即二者是现实性与规范性、科学性与批判性的统一，进而强调马克思的历史唯物主义和政治哲学在实质而重要的意义上，都是从对资本主义的经济和政治现实及政治经济学的解剖和批判中建构起来的，二者走的是同一条道路：历史唯物主义的建构是其政治哲学的开启，而政治哲学又是其历史唯物主义的深入。历史唯物主义与政治哲学的统一，在马克思这里表现为《资本论》的“政治经济学批判”所实现的从价值规律到剩余价值规律、从商品交换到阶级斗争的转变，这一转变实际上表明了马克思哲学自身从“历史唯物主义”到“政治哲学”的内在转向。①

张文喜则从传统的马克思主义的重生问题出发，在《历史唯物主义的功能与影响》中试图阐明何谓“现代性蓝图意义上的政治哲学之历史唯物主义”，以及它何以仍然是一个需要重建的问题域，进而主张对马克思主义哲学的新的领会应在与政治哲学的关系中给予历史唯物主义一个思想定位。而对于这一思想定位的论证，则首先需要考量历史唯物主义原理的社会功能与现实影响，即对历史唯物主义与马克思政治哲学是否具有同样的思想存在形式的考察。在反思与批判当代哲学看待历史唯物主义的两种解释模式——一种视之为实证科学，另一种将之建立在阶级意识基础之上——的过程中，两种解释模式的共同之处得以显现出来，即在二者中，马克思哲学的本体论基础无法统一，因为经济基础与上层建筑之间的真实

① 白刚:《历史唯物主义在什么意义上是政治哲学》,《教学与研究》2019 年第 1 期。

联系未被揭示出来，历史唯物主义中的人类生活总体性精神亦未受到重视。在此意义上，应当重新思考历史唯物主义的功能及其所包含的马克思主义哲学的“危机”，由此在如何处理事实与规范、科学认识与理念目标的关系上理解政治哲学对于历史唯物主义功能定位的价值。①

与直接从历史唯物主义和政治哲学的同质性进行论述略有不同的是，学界亦尝试着借助西方政治哲学所讨论的问题思考与探索马克思政治哲学何以可能的问题。《马克思政治哲学的前提性“普遍公设”》是这一理论尝试的成果。通过借用西方政治哲学的“普遍公设”原则，即一切哲学认识都是建立在某种前提性预设基础之上，论文从这一“反思的预设原理”出发，认为在“美好生活”作为政治哲学的“普遍公设”的意义上，马克思的历史唯物主义可以作为他所特有的政治哲学，因为实现“美好生活”的要义在于个体与其生活于其中的共同体达成“和解”，而马克思对“政治哲学根本问题”给出的解决方案是以公有制为基础的共产主义。②

由上可见，国内学界在面对马克思主义政治哲学的合法性问题上，大多是以通过历史唯物主义与政治哲学的同质性与统一性来论证马克思政治哲学的合法性，并以此拓展到马克思主义政治哲学的合法性论证。然而，问题在于，如果说历史唯物主义与政治哲学之间存在同质性与统一性的话，那么二者之间所存在的差异性甚至对立性，又何以使马克思主义政治哲学的合法性能够证成？

于是，另一方面，通过破解历史唯物主义与政治哲学间的对立性或相互无涉性就成为回应质疑马克思主义政治哲学合法性的又一路径。在《马克思主义政治哲学研究的前提性问题及阐释路径》中，李佃来将从马克思主义理论中开辟出政治哲学的学术向度视为今日马克思主义政治哲学研究的一项基础性工作，而其最大的理论困境之一就是如何破解历史唯物主义

① 张文喜:《历史唯物主义的功能与影响》,《哲学动态》2019 年第 8 期。

② 吴宏政:《马克思政治哲学的前提性“普遍公设”》,《哲学动态》2019 年第 12 期。

与政治哲学间的对立性或相互无涉性，亦即关系到马克思主义政治哲学是否具有合法性的根本问题。于是，他进一步探讨了历史唯物主义与政治哲学会通之可能性，即在为历史唯物主义——通常界定中作为一种关乎事实和“是”的理论——赋予“应当”维度的基础之上，继而为政治哲学——通常界定中作为价值论意义上的“应当”的规范性理论——赋予一个“是”的维度，而这一最彻底的“是”的维度是由历史唯物主义所提供的，因为历史唯物主义在对现实社会最深层矛盾的反思与把握上能够切实触及最本初、最真实的社会关系，从而极根本、极深刻地切近“事情本身”，在透彻揭示历史本质的同时，也揭示了洞察历史本质的思维路向与方法论前提。基于此，马克思必然是有政治哲学的，其政治哲学相较于之前的政治哲学而言，是对政治哲学的基本问题如权利、自由、平等与公正等在现实历史和社会关系的框架中的阐释，从而只有在马克思对现实历史和社会关系的考察中才可能把握到他对规范性问题的论述，在此意义上，马克思的政治哲学不仅是一种将事实性与规范性、是与应当浑然融为一体的理论形式，而且绝不可能是在历史唯物主义之外的一个独立自存的部分。可见，历史唯物主义与政治哲学之间的对立性或相互无涉性便借由为政治哲学切实地赋予“是”的维度而得以破解，从而使得马克思主义政治哲学的合法性得以可能从根本上加以解决。①

显然，尽管上述学者的论证方式不尽相同，但殊途同归，其意旨在表明历史唯物主义与政治哲学之间的复杂关系，进而强调马克思主义政治哲学的合法性、正当性与必要性。而这一点，则恰恰成为国内学者理解、阐释和构建当代中国马克思主义政治哲学的不言自明的理论前提。

---

① 李佃来:《马克思主义政治哲学研究的前提性问题及阐释路径》,《中国社会科学评价》2019 年第 2 期。

二、关于构建马克思主义政治哲学之可能性的多角度探索

2019年，在对新中国成立70周年来马克思主义哲学研究总体性考察的框架中，国内学者深入思考了构建马克思主义政治哲学的可能性，并展开了多角度的探索。

其一，从研究范式的角度审视马克思主义政治哲学所存在的解释张力，以此思考其在马克思主义哲学研究的理论图景中的可能性及其意义。① 可以说，70年来新中国的马克思主义哲学研究在整体上构建了一个运用马克思主义立场、观点和方法来研究及解决重大理论与现实问题的解释框架与解释系统，其中蕴含诸多不同的研究范式。作为其中之一的研究范式，当下的马克思主义政治哲学研究亦在理论性质取向、态度立场与方法选择上存在着三重解释张力，即：关乎马克思主义哲学研究理论性质取向的事实性与规范性之间的解释张力，涉及马克思主义哲学研究理论态度取向的批判性与建构性之间的解释张力以及马克思主义哲学切入现实的理论方法取向的学术性与现实性之间的解释张力。因此，马克思主义政治哲学的深化研究不仅要在经典文本的耕犁与社会现实的矛盾运动之中生成理论生长点，而且要在发挥"社会病理学"批判作用的同时立足现实问题构建起一种迈向"利益和价值共同体"的世界观，从而推动理论研究与社会实践的双向互动，以利于从总体上理解马克思主义哲学研究的问题域及其时代特征。

其二，从问题意识的角度思考建构马克思政治哲学的合理路径。② 实际上，这不仅是对建构马克思政治哲学内在逻辑的思考，也是对马克思政治哲学合法性问题的又一回应。可以说，在作为一种不同于传统政治哲学

① 刘同舫:《马克思主义哲学研究中的三重解释张力及其认知变化》,《哲学研究》2019年第9期。

② 臧峰宇:《建构马克思政治哲学的问题意识》,《中国人民大学学报》2019年第5期；李佃来:《马克思政治哲学的构建何以可能?》,《哲学研究》2019年第5期。

的“新政治哲学”的意义上，马克思政治哲学的问题意识就在于如何实现人类解放、如何建构“真正的”共同体、如何展开政治经济学批判以及如何理解公平正义问题。于是在文本和思想史的视域中，马克思政治哲学建构之可能性在下述三个方面得以表达：第一，在马克思“人的解放”思想中，容纳了现代规范性政治哲学的几乎全部价值要素；第二，马克思在对市民社会的批判与“真正的共同体”的探索过程中将现代规范性政治哲学推向了纵深层面；第三，马克思在对共产主义第一阶段分配问题的思考，为现代规范性政治哲学提供了一个具有内在张力的理论模型。因此，阐释马克思政治哲学所具有的问题意识，在“新政治哲学”的运思框架内还原马克思思想的超越性与现实性，从而理解马克思政治哲学的总体结构及其当代性，可以形成将马克思的思想建构为一种政治哲学的合理路径。

其三，从方法论的角度阐释了辩证唯物主义尤其是辩证法对建构马克思主义政治哲学的有效性，其中马克思的价值形式理论开始成为研究的重要切入点之一。① 一个显见的事实是，目前马克思主义政治哲学的研究大多是以与历史唯物主义建立理论关联来展开，因此从辩证唯物主义尤其是辩证法角度进行的研究为我们提供了一个补充性视角。从辩证法角度对马克思主义政治哲学与西方政治哲学的理论差异进行澄清，可以为马克思主义政治哲学的深入研究提供方法论支撑，这需要在研究政治哲学方法论时：一方面澄清政治哲学的研究前提，即从基于现代工业的社会生产前提出发展开政治哲学探讨，在批判中揭示出蕴含在生产过程之中的辩证法；另一方面则要对历史发生过程与政治实践过程做区分，且正确处理二者的辩证关系：一是要从批判的角度，区分价值形式的一般特征与特定形式的关系，避免把价值形式作为统治形式的基础，以辨明政治哲学的研究前提与特定生产方式的关系；二是要从辩证的角度扬弃政治统治关系，通过揭

① 吴猛：《价值形式分析与平等问题》，《哲学研究》2019 年第 6 期；唐瑭：《价值形式理论：马克思主义政治哲学的方法论》，《江西社会科学》2019 年第 10 期。

示出价值形式背后的历史性来摧毁价值形式与统治形式同一性的神话，进而在历史发生过程与政治实践过程的对立统一中寻找改变当前资本主义统治的辩证导引目标，即引申出自由人联合体的政治实践目标。于是，从马克思的价值形式分析入手进而分析其平等观便是这一方法的具体运用和有益尝试。正是通过对马克思主义平等观的两种重要考察路径——一种是从价值观念或规范性原则角度的理解，另一种则是从现实社会机制角度的理解——所遭遇到的理论困难的检讨，亦即一方面这些考察脱离了马克思的政治经济学批判；另一方面则是这些考察只从内容的角度去讨论，而忽略了马克思关于平等问题讨论的形式维度，因此有必要从其政治经济学批判中的价值形式分析这一最能体现马克思对作为平等形式的“等同性”问题关注的部分出发，将之理解为一种与“物的形式”，即使得物与物之间的价值关系得以成立的前提，从而在将马克思的政治经济学批判的辩证方法理解为不断追问政治经济学抽象观念给出方式的过程中所实现的不断从抽象（抽象观念）上升到具体（历史性境遇）的意义上，使得内嵌于古典政治经济学理论的作为形式的“平等”也即“等同性”本身的形式前提（同时也是历史性前提）得以呈现，由此揭示出资产阶级平等是一种包含内在矛盾且在形式分析中不断呈现其复杂性的历史性结构的“表现”，而对这一表现机制的呈现乃是马克思把握“现实的运动”工作的一个重要组成部分。

其四，从思想史的角度论证中国马克思主义政治哲学建构的可能性。[①] 任何真正的理论都不会是无源之水，如果说“学术界在建构当代中国马克思主义政治哲学理论资源问题上已基本达成共识，都主张应该从马克思主义理论、中国传统政治哲学和国外政治哲学思想中去吸取营养”[②]，

① 李维武：《五四运动与中国马克思主义政治哲学的开启》，《社会科学战线》2019年第5期；阎孟伟：《马克思主义政治哲学在中国的兴起和发展》，《教学与研究》2019年第10期；李佃来：《新中国成立70年来政治哲学的发展》，《武汉大学学报》（哲学社会科学版）2019年第6期。

② 陈双飞：《论新时代马克思主义政治哲学的自我定位》，《天津大学学报》2019年第2期。

那么《五四运动与中国马克思主义哲学的开启》一文则另辟蹊径，从马克思主义中国化的视角深入考察了中国马克思主义哲学的传统与资源，指出发生在百年前的五四运动促成了新文化运动阵营的分化，从中产生出了中国最早的马克思主义者，他们推动着新文化运动由“不谈政治”转向“谈政治”，开始以马克思主义哲学作为新的世界观和方法论，观察中国的历史与现实，思考中国的困境和出路，并回答“中国向何处去”这一时代大问题，进而以唯物史观作为基础和出发点，对革命、阶级、国家和政党等诸问题进行了哲学层面的思考和探讨，开启了中国马克思主义的最初进程。可以说，这一研究明确提出中国马克思主义政治哲学自身传统的问题，以及与之相关的对中国马克思主义政治哲学开启意义、对中国马克思主义政治哲学作用的评价等问题。相较于将历史眼光投射到百年前的五四运动来思考中国马克思主义政治哲学，更多学者是以改革开放为时间节点来思考马克思主义政治哲学在中国的兴起与发展，强调当代中国马克思主义政治哲学的实践性与现实性，其进一步发展在面对中国社会的发展现实的同时，亦需要关注人类共同利益，在着力建构本土政治哲学、增强理论自信与学术自信的同时，也为打造人类命运共同体提供思想智慧。

当然，上述简要概括无法穷尽 2019 年国内学界对构建马克思主义政治哲学之可能性的全部探索，但亦较清楚地勾勒出诸多学者的理论尝试与努力，可以说，也正是在这一理论建构的过程中，马克思主义政治哲学研究得以继续推进。

三、关于马克思主义政治哲学之理论内容的全方位铺展

随着马克思主义政治哲学研究的不断推进，不同学者在马克思主义政治哲学的研究中也各有侧重，日益呈现出多元发展的格局。就研究内容而言，2019 年的研究主要沿着以下方面铺展开来。

（一）对马克思主义政治哲学史的耙梳

在“哲学就是哲学史”的意义上，马克思主义政治哲学也是一部马克思主义政治哲学史。那么，从思想史的角度去耙梳、考察马克思主义政治哲学就成为建构马克思主义政治哲学的应有之义。

首先，是对马克思政治哲学思想发展史的历时性考察。[①] 在这一点上，国内学界较有代表性的研究在方法上分别呈现为“过程论”与“结果论”。就“过程论”的研究方法来看，马克思政治哲学思想史是五个阶段、四次思想转折与两个实现的综合统一，因此马克思在政治哲学问题上实现了对于政治本质的日益深刻的揭示与把握，认清了市民社会、经济基础、阶级以及资本对于政治活动的重大影响力，在这一意义上马克思政治哲学思想史就是由一连串真理性的认识所组成的真理体系。对此，人们应建立一个庞大的宏观的理解体系，尤其应注意到的是列宁所强调的“真理是全面的”、“真理是过程”。就“结果论”方法而言，主要是指以马克思的某一思想成果为导向去反推马克思政治哲学思想史，那么从马克思的政治经济学批判入手则是其中之一。于是，在马克思深入挖掘和揭示资产阶级政治革命背后深刻的经济学根源，实现了对政治革命之政治经济学根基的解剖与批判的基础上，马克思主张从单纯的“政治解放”转向普遍的“人的解放”，即通过无产阶级的联合劳动，消灭私有制而解放资产阶级旧社会所孕育的共产主义新社会的因素，最终实现人的自由个性全面发展以完成“最高级自由革命”，也即实现了马克思政治哲学从“政治革命”到“革命政治”的根本转向，开辟出了一条政治哲学发展的“革命政治”新道路。可见，无论是何种方法，有关马克思政治哲学思想史的研究尽管人们还难以达成较为一致的认识，不过都旨在阐明其政治哲学思想的系统性与

① 欧阳英:《马克思政治哲学思想史纲探析》,《马克思主义哲学论丛》2019 年第 3 期；白刚:《从“政治革命”到“革命政治”——马克思政治哲学的转向》,《武汉大学学报》（哲学社会科学版）2019 年第 5 期。

完整性。

其次，是对马克思主义政治哲学史的系统性梳理。[①] 其中，《马克思主义政治哲学史》以开阔的视角呈现出来"经典马克思主义"政治哲学的基本内容，在对马克思主义政治哲学前史小考的基础上，系统论述马克思、恩格斯与列宁的政治哲学思想，展现出文本发现与思想阐释的有机统一。与此同时，《马克思之后的政治哲学思想——从恩格斯到"后马克思主义"》——作为《马克思政治哲学思想探析——历史、变迁与价值》[②] 的续篇——则以马克思政治哲学思想为参照系，从宏观上厘清了马克思之后的政治哲学思想发展的两大主线：一条是由恩格斯所开启，经由第二国际以及列宁、斯大林所发展起来的思想主线，呈现出以实践为导向的理论特质；另一条则是由早期西方马克思主义（卢卡奇、柯尔施和葛兰西）所开启，后经法兰克福学派（霍克海默、阿多诺、马尔库塞、哈贝马斯、霍耐特）、存在主义的马克思主义（萨特、列斐伏尔）、科学的马克思主义（德拉-沃尔佩、阿尔都塞）以及"后马克思主义"发展的思想主线，呈现出以思辨为导向的理论特征。实际上，尽管上述两条线索表达了马克思之后的马克思主义政治哲学思想发展的不同路向，但二者都是马克思政治哲学既是理论的、也是实践的这一思想特质的一种自然反映。

最后，是在西方政治思想史的宏大视野中对马克思政治哲学进行理论定位。毫无疑问，对于理解马克思政治哲学而言，一个确切的思想史维度是必要的。2019 年，研究者进一步拓宽研究视野，既有在西方政治思想史视域中研究马克思政治哲学中的具体问题如正义、意识形态与市民社

---

① 张文喜、臧峰宇:《马克思主义政治哲学史》，中国人民大学出版社 2019 年版；欧阳英:《马克思之后的政治哲学思想——从恩格斯到"后马克思主义"》，中国社会科学出版社 2019 年版。

② 这是一本就马克思政治哲学思想究竟"是什么"所做出的一种探索性的系统性研究著作，作者欧阳英，中国社会科学出版社 2018 年版。

会[①]，强调了马克思对于西方传统政治思想的批判性与超越性；也有从不同角度对马克思政治哲学与西方政治哲学思想史关系的探讨[②]：一种思路侧重以西方政治哲学问题为视角，阐述了马克思主义对现代自由主义哲学的批判性关系、对现代左翼政治哲学的奠基性地位以及对西方古典政治哲学之间的传承性关联；另一种思路则基于《资本论》重释马克思与近代政治哲学的差异性，进而在研究方向、研究内容与研究目的上重思马克思政治哲学与西方政治哲学的关系，以开显政治经济学批判的政治哲学意蕴；此外，也有从马克思政治哲学研究学术史角度所做的研究，认为就其起源和特征而言乃是一个英美马克思主义哲学课题，强调对马克思的政治思想及其历史逻辑的研究应借鉴语境主义研究方法，回归马克思政治思考三阶段的具体语境，从马克思的文本中发掘其真实的政治思想。

简言之，上述研究无论是对马克思主义政治哲学史的自身考察，抑或是试图探寻马克思的政治哲学与西方政治思想史的深度关联以重新审视马克思及其所开创的马克思主义政治哲学传统，事实上都蕴含着对于马克思主义政治哲学作为一种实践性的政治理性、一种解决特定的历史、社会问题的创造性的实践智慧的理解。

（二）对马克思政治哲学与《资本论》关系的探讨

2008 年的全球金融危机再度掀起了《资本论》研究的热浪，这也使得从政治哲学的视角来加以深入诠释正逐渐成为近年来国内外研究《资本论》的一条主线。2019 年，学界继续推进着这一问题的研究，大家普遍

① 白刚、郜爽:《正义的转向：从亚里士多德、黑格尔到马克思》,《理论探索》2019 年第 6 期；田冠浩:《政治哲学语境中的意识形态问题嬗变——基于对柏拉图、卢梭和马克思的考察》,《求是学刊》2019 年第 6 期；李佃来:《从思想史看马克思政治哲学》,《中国社会科学报》2019 年 7 月 25 日。

② 陈祥勤:《马克思与政治哲学问题》，上海人民出版社 2019 年版；郗戈:《反思马克思政治哲学与西方政治哲学之关系研究》,《中国社会科学报》2019 年 6 月 22 日；张亮:《英美马克思政治哲学研究兴起的学术史拾遗》,《中国社会科学报》2019 年 7 月 25 日。

认为，历史唯物主义和政治经济学批判是我们理解和建构马克思政治哲学的语境与理路。所以，实现马克思政治哲学的研究与《资本论》研究的对话与融通具有重要的学术价值，它一方面有助于推动马克思政治哲学的深入研究；另一方面也有助于提升对《资本论》的理解层次。事实上，前文有关马克思主义政治哲学合法性与可能性的论述已或多或少涉及马克思政治哲学与《资本论》关系的研究[①]，这里主要就《资本论》与马克思政治哲学的历史和逻辑以及与马克思主义政治哲学的建构等议题展开。具体来说：

其一，以政治哲学视角解读《资本论》的可能性。[②] 在推进马克思政治哲学研究的过程中，《资本论》成为一个重要的思想资源，但鉴于其在直接理论形态上呈现为一部经济学著作，因此使得《资本论》何以是政治哲学以及是何种政治哲学等问题上，仍存在较大反思与阐释空间。因此，立足于经济学与政治哲学的关系——它不仅是理解西方政治哲学古今之变的重要线索，更是澄清马克思政治经济学的政治哲学意蕴的前提性问题，以及明晰近代政治哲学的政治经学前提，为《资本论》进行政治哲学史定位的同时，以之来破解近代政治哲学困境的逻辑进路。在此意义上，通过对《资本论》中作为政治经济学概念与政治哲学概念的剩余价值的分析，马克思政治哲学就在后者的维度上具有了批判与建构的空间，由此《资本论》就以政治经济学的话语形式完成了政治哲学的"术语革命"，在"元政治哲学"意义上实现了政治哲学理论形态的变革。可以说，《资本论》是马克思政治哲学思想发展的逻辑结果，是推进马克思政治哲学研究的逻辑前提，也是彰显马克思政治哲学时代内涵的逻辑载体。

① 可参见前文相关脚注，重复的不再标注。补见欧阳英：《〈资本论〉在马克思政治哲学思想发展史中的重要地位》，《国外理论动态》2019 年第 4 期。

② 高广旭：《〈资本论〉的政治哲学解读何以可能》，《马克思主义与现实》2019 年第 6 期；高广旭：《〈资本论〉与马克思政治哲学研究的内在逻辑》，《中国社会科学报》2019 年 7 月 25 日。

其二，以政治哲学视角解读《资本论》中的核心概念，如商品。[①] 作为国内外《资本论》哲学思想研究所开拓的重要理论空间之一，以政治哲学的维度重新理解其相关概念开始成为研究的热点之一。其中《〈资本论〉商品概念的政治叙事及其哲学批判》一文就对商品这一资本主义生产的逻辑起点与基本要素所表征的经济事实与政治内涵进行追问，认为《资本论》中它被界定为表征资本主义政治本质、批判资本批判宰制的经济学—哲学概念。而马克思分别从资本主义的政治原象、政治逻辑及政治生命的角度，赋予商品以劳动产品、货币和劳动力这三个层次递进的内涵，描绘出资本主义的经济事实与政治内涵，准确把握了资本主义的经济特性与政治本质，辩证揭示出资本主义的文明性，全面批判了资本主义的生命政治。因此，洞见与明晰《资本论》中商品概念的政治叙事及其哲学批判是扬弃商品异化与驯服资本、驾驭财富与树立正确财富观的思想前提。

其三，以政治哲学视角解读《资本论》当代意义的辨析。[②] 事实上，《资本论》研究的再度复兴是以重新解读马克思资本观为契机去诠释当代新自由资本主义的现实政治，亦是以当代新自由资本主义的现实政治来重证对马克思资本观进行政治哲学新诠释的合法性，进而展开对当代新自由主义的资本逻辑的深刻批判，并力图提供中国的新现代文明类型方案。因此，对于《资本论》的研究应当关注当代社会现实，在启蒙政治批判与资本批判的双重意义上阐发《资本论》及手稿中所建构的研究方法，明晰其中所涉及的诸如价值、价值形式与货币等范畴概念，即范畴概念的真实内涵应由作为现实对象的实在主体运动发展的历史性、时代性和差异性来规定，进而在马克思的历史唯物主义政治哲学批判所内含双重路径——对范

① 涂良川：《〈资本论〉商品概念的政治叙事及其哲学批判》，《哲学研究》2019 年第 3 期；亦可参见吴猛：《价值形式分析与平等问题》，《哲学研究》2019 年第 6 期。

② 鲁绍臣：《〈资本论〉唯物主义政治哲学的内涵及当代意义探微》，《社会科学辑刊》2019 年第 5 期；《从启蒙政治到国家治理视角的转变——〈资本论〉政治哲学的当代意义与新现代文明类型的探讨》，《四川大学学报》（哲学社会科学版）2019 年第 3 期。

畴形式的批判和对范畴形式内部权力逻辑的批判——的基础上揭示“历史之谜”的谜底。

由上可见，学界的研究不仅蕴含着以马克思政治哲学解读《资本论》的新的研究视角，而且注重挖掘《资本论》在马克思政治哲学建构中的思想资源与理论价值，有力推动了马克思主义政治哲学的研究。

（三）对“马克思与正义”关系的反思

毋庸讳言，自国内马克思主义政治哲学研究兴起时起，“马克思与正义”的关系便成为其中的重要主题之一。2019 年，对这一问题的反思与探讨依旧处在进行之中。

首先，是对“塔克—伍德命题”的反思与追问。① 正义是一个古老的哲学难题，而对“马克思与正义”关系的探讨是难上加难。可以说，国内对这一问题的关注源自于对英美学界的激烈争论，即由布坎南所称的“塔克—伍德命题”。通过对“塔克—伍德命题”，尤其是其中所蕴含的伦理学研究中始终存在着的“自由”与“因果”间对立的困境的反思、追问与批判，马克思正义论的可能性及其内在逻辑、重构马克思正义论的规范性与现实性等问题得以展开，构成了马克思主义正义论研究的学术景观，强调在其中要从解决当前社会公平正义问题的实际出发，遵循马克思思想本意，基于历史唯物主义进行道德有效性研究，提出一种能够使人们平等共享社会善品的正义原则，为新时代发展马克思正义论提供一种有价值的理论探索。

---

① 李包庚、杜利娜:《“塔克—伍德命题”批判：基于马克思主义正义观视角》,《国外社会科学》2019 年第 2 期；王晶、李佃来:《驳析伍德的马克思主义非道德论》,《山东社会科学》2019 年第 2 期；白刚、曾俊:《“塔克—伍德”命题的马克思解答》,《东岳论丛》2019 年第 2 期；臧峰宇、朱梅:《关于马克思正义论研究的认知测绘》,《哲学动态》2019 年第 12 期。

其次，是对马克思主义正义观的阐释、建构及其实践效用的探寻。①对这一问题的研究主要呈现为以下四个方面：

一是马克思主义正义理论的整体性研究，强调立足政治哲学中的正义史背景，运用历史唯物主义立场、观点和方法，全面展示马克思主义正义理论的缘起、学理分梳和总体图景。

二是将思想史研究与文本分析结合起来，对马克思正义观的含义发展路径及当代性的考察，系统梳理了马克思以正义问题为核心批判资本主义的思路历程，认为马克思的资本主义批判与对社会主义的探索是以分配正义问题为主要线索，但又不局限于它；因此，马克思在其早期将批判视野转向到现实社会的经济关系，从哲学转向到政治经济学批判的维度去探索分配问题发生的历史轨迹；而通过对马克思批判思路中的历史维度与规范维度的厘清，正义概念本身具有的价值观与司法含义的差异以及在理解过程中由普遍性和历史性所交叠的复杂理解路径都需要人们进一步辨别，看到马克思对资本主义的批判既蕴含着道德意义上的正义原则但又不局限于此，它理应是形式正义与实质正义的有机统一，在此意义上，马克思在其晚期清晰意识到按劳分配原则的局限性，指出了超越回馈正义的平等正义原则的两个前提性支撑，即生产力的发展与物质财富的巨大丰富，以及伴随着生产关系的变革，人们意识发生的相应变化，强调唯有从唯物史观的角度才能理解马克思的正义观及其当代性。

三是对马克思主义正义观的深度探讨，如：在探求马克思主义正义观及其应有之义的过程中，探寻这种可能的马克思主义正义观的理论预设是

---

① 李佃来:《马克思与正义》，中国社会科学出版社2019年版；张晓萌:《超越与回归——马克思主义正义理论研究》，中国人民大学出版社2019年版；魏小萍:《马克思正义观的涵义发展路径及其当代性》，《理论视野》2019年第11期；林进平:《论马克思正义观的三种阐释路径》，《哲学研究》2019年第8期；汪行福:《共产主义与正义——对罗尔斯和布坎南理论的批判与扩展》，《中国人民大学学报》2019年第3期；张晓萌:《马克思主义正义理论的三重向度》，《中国人民大学学报》2019年第3期；臧峰宇:《马克思正义论的实践逻辑》，《哲学研究》2019年第8期。

十分必要的，那么在对“正义合乎人性”这一哲学史上的潜藏理论范式进行反思的基础上，会因对马克思主义人性观的不同解读而产生出三种主要的诠释路径，即马克思主义的正义在于“与人的自由自觉的劳动相适应”、“与人的生产相适应”以及“与人的需要相适应”，其中第三种诠释最富有理论前景，其潜藏的理论解释力即主要表现为“马克思主义的正义在于满足美好生活的需要”在当代中国的社会实践中得以印证；与此同时，如果说马克思与正义的关系在国内学界已展开了充分讨论，那么这一讨论大多沿着“马克思是否诉诸正义来批判资本主义社会”进行的，对“马克思是否诉诸正义原则来为共产主义辩护”则着墨不多，但是《共产主义与正义——对罗尔斯与布坎南理论的批判与扩展》一文通过辨析罗尔斯和布坎南对“共产主义与正义”的相关论述，提出要解决二者关系的疑难，需要区分狭义的正义环境与广义的正义环境；并在共产主义超越了狭义的正义环境而没有超越广义的正义环境的意义上，强调正义之于共产主义的构成意义，特别是广义的正义环境的引入不仅有助于解决困扰人们的共产主义与正义关系的疑难，而且有助于理解当下现实生活中那些与非个人利益无关的矛盾与冲突；此外，为了回应时代的需要，马克思正义论的实践逻辑亦在研究之中，其中强调了从马克思论述正义问题的原初语境出发，研读其所关键阐述的历史唯物主义底蕴和隐形思路，从而以“事实—价值”的辩证法呈现马克思主义正义论的问题域即马克思对资本主义的批判是否蕴含道德评价、是否可建构一种马克思主义分配正义论以及具体实现教育、医疗与住宅等领域的正义所需遵循的马克思主义原则，即平等原则、共享原则与历史唯物主义方法论原则。上述的深度研究不仅是对马克思与正义关系的学理研究，而且是完善马克思主义正义观的现实路径，更是对解决当今社会公平正义问题的必要探索。

四是对马克思主义正义观中具体问题的阐发，主要涉及政治经济学、法律、技术等与正义的关系。如在侧重于从所有权视角考察马克思正义观的研究中①，有从关于正义最根本的表达功能之本质维度出发聚焦所有权与正义这两个难题，通过正名或语言表达、法哲学等多维度的考察，论述马克思的所有权问题及其正义观，以之反观当代中国的政治哲学及其发展问题，进而勾勒可以说未来马克思政治哲学论纲，开启了研究马克思的美好社会与构建中国特色社会主义的美好生活的全新境域；既有立足《资本论》与《哥达纲领批判》等经典文本展开马克思权利观与正义观的互文性解读，以从政治经济学的角度介入对马克思主义道德哲学和政治哲学进行研究，在论证资产阶级的权利及其狭隘性、平等权利在内容上的不平等、经济结构与文化发展对人的权利的制约性的基础上，强调指出对马克思而言，任何脱离现实的经济关系和社会关系的人都是抽象的，任何脱离现实的经济关系和社会关系的权利观念和正义观念也是抽象的，于是，在人性论是权利观和正义观的理论基础的意义上，历史观就是人性论的理论基础，权利—正义观、人性论与社会—历史观是一致的；亦有对马克思政治哲学思想史中关于权利、正义与生产力三者关系的清理，认为从马克思的共产主义构想角度来看，其生产力观在与权利观、正义观相联的过程中所发挥的统领作用以及所呈现出的丰富意义；此外，还有从思想史角度、以财产权批判为切入点阐发马克思正义观，在分析黑格尔的财产权批判及其正义观进路——不仅剖析了财产权的形而上学基础，而且以“生命的权利”和“贱民的反抗”向财产权发起挑战，因此开启了批判和超越市民社会法权制度及其正义原则的国家哲学进路——的基础上，阐述了马克思在这一问题上通过剖析财产权与资本主义生产方式的依存关系实现了批判重心的转移，即由“权利”转向“资本”，开启的是在资本批判中完成法权

① 张文喜:《所有权与正义：走向马克思政治哲学》，江苏人民出版社 2019 年版；王峰明:《经济关系与分配正义——〈哥达纲领批判〉中马克思的“权利—正义观”辨析》，《哲学研究》2019 年第 8 期；欧阳英:《马克思的权利观、正义观与生产力观》，《哲学研究》2019 年第 8 期；高广旭:《财产权批判与正义——马克思对黑格尔正义观的批判与超越》，《哲学研究》2019 年第 9 期。

正义批判的逻辑进路，辨明了马克思正义观的理论特质即财产权批判与资本批判、超越法权正义与扬弃私有制的结合。此外，在对马克思正义观的跨学科研究中，以解释学与法律研究结合的可能性视角进行探讨是一个值得注意的拓展空间。① 而关于对技术这一现代社会发展中关键要素的思考是在对马克思被误读为技术决定论者的辨析中展开的，论证了正义虽然可以缓解技术在推动人类社会发展的同时所具有的毒副作用，但这种缓解究其实质是意识形态性的缓解。② 需要指出的是，2019 年在有关"涂层正义"这一原创概念的探索与争鸣中③，有关"涂层正义"与马克思主义哲学的关系成为关注点之一，大多数学者主张将这一概念与马克思的意识形态概念关联起来，进而从正义问题的历史性质、现代生活境遇中的正义问题和以劳动为原则弘扬正义的角度深入思考马克思的正义观，进而审视当下的城市社会。

可见，上述有关"马克思与正义"关系的反思和探讨，恰恰是国内学界进入 21 世纪以来对理论与现实、原则与境遇以及历史与当下所提出如何理解马克思以正义问题为核心来批判资本主义的问题的努力与回答，它基本围绕着历史唯物主义与马克思主义正义观、马克思主义政治哲学正义观的理论视域与理论境界而展开的。

四、一点余论

综观国内学界对于"当代中国马克思主义政治哲学的建构"所做的多

① 张文喜：《公共阐释的范例：多数公认的法律正义观研究》，《现代哲学》2019 年第 3 期。

② 林进平：《论技术的毒副作用及正义的缓解之效》，《现代哲学》2019 年第 6 期。

③ 陈忠：《涂层正义论——关于正义真实性的行为哲学研究》，《探索与争鸣》2019 年第 2 期；张文喜：《正义难道仅仅是一种叙事——驳陈忠教授的"涂层"概念》，《探索与争鸣》2019 年第 8 期；陈忠：《涂层世界的哲学应对——关于〈涂层正义论〉讨论的再回应》，《探索与争鸣》2019 年第 8 期。

维探索与有益探讨[①]，成果不可谓不丰富，而“这样的研究往往致力于探讨马克思关于‘自由’‘正义’‘平等’‘公平’等观点，集中考察马克思关于个人与社会、社会与国家等的关系问题，并试图使研究能够与当代政治哲学的某些议题相契合以形成理论上的对话”[②]，毋庸置疑，这些研究努力是积极的、有益的；但在这一研究的展开过程中所表现出的种种趋向，却是值得关注与反思的。

其一，对马克思政治哲学总问题[③]的研究仍有待深入。就是说，作为马克思政治哲学总问题的唯物史观，其在政治哲学中的运用由于现代性意识形态及其所主导的知性知识的遮蔽往往受到严重阻碍，从而使得马克思政治哲学的诸多要义陷入晦暗不明之中。因此，在当代中国马克思主义政治哲学的建构中，需要历史地重思我们现在的精神处境，在客观地把握自近代以来的中国社会的性质和时代变迁的基础上才可能超越建构的单纯的主观性，这就不仅要求在以马克思之名的政治哲学中将唯物史观这一基本原则贯彻到底，“而且要求在这种贯彻中制定出明确的思想任务和理论路线，以便在同当代思潮形成真正批判性对话的同时，能够积极地阐明马克思政治哲学之本己而深刻的当代意义”[④]。

其二，对当代中国马克思主义政治哲学建构的传统与思想资源的进一步厘清。进入 21 世纪后，当代中国马克思主义政治哲学的建构成为国内学界的一大热点，那么这种建构首先需要面向历史，需要探寻自己的理论

---

① 需要指出的是，囿于篇幅等因素，此文并未论及国内马克思主义政治哲学研究中如平等问题之类的一些主题。2019 年国内学界对此的关注主要是围绕马克思平等观的核心内容、逻辑进路与分析方法进行，并以国外马克思主义的视阈对其进行比较研究。可参见李文艳、乔瑞金:《马克思平等观念的核心内容》,《哲学动态》2019 年第 8 期；罗克全、刘秀:《马克思平等思想的演进逻辑——基于对“犹太人问题”的解答》,《高校马克思主义理论研究》2019 年第 3 期；唐克军:《平等与共同体：马克思与柯亨》,《社会主义核心价值观研究》2019 年第 1 期。

② 吴晓明:《论马克思政治哲学的唯物史观基础》,《马克思主义与现实》2020 年第 1 期。

③ Problematic，借用了阿尔都塞《保卫马克思》中的概念，又译为“问题框架”。

④ 吴晓明:《论马克思政治哲学的唯物史观基础》,《马克思主义与现实》2020 年第 1 期。

传统和思想资源。而问题在于，其所面向的历史是何种历史？是西方政治哲学的理论传统，还是中国古代儒家思想，抑或是马克思主义经典著作，甚或是西方马克思主义？对这一问题的回答，实际上将直接关涉中国马克思主义哲学建构的未来走向。如果说，“哲学的首要任务就是将社会现实的观点带入到研究的视野中，由此来揭示以民族和时代特征为本质根据的边界条件，并通过决定性的边界去把握中国社会的变迁，去把握当代中国诸上层建筑建设的现实基础和独特定向”①，那么当代中国马克思主义政治哲学的建构亦要在坚持唯物史观的原则的前提下，运用辩证唯物主义的认识论和方法论，从理论与实践、一般与特殊的关联上说明马克思主义基本理论与中国实际的结合问题，从时代性、民族性的意义上来探寻当代中国马克思主义政治哲学的建构。

其三，对马克思政治哲学理解与阐释的全面性与合理性仍有待完善。伴随着马克思主义政治哲学研究的复兴与推进，其中在理解与阐释马克思政治哲学理论的过程中出现了一些偏向，如习惯于抓住其理论的某一方面加以发挥而忽略了其政治哲学中不同思想酵素之间的内在张力，进而使得在对中国马克思主义哲学的研究中只讨论平等、正义等问题，而对诸如国家、阶级、权力与革命等传统议题不甚着力。因此，必须在中国现代化的历史进程中去理解、说明与阐释作为一种理论创造的当代中国马克思主义政治哲学，去把握马克思政治哲学的“两个基本向度：一是由阶级分析理论支撑起来的政治解放。……二是政治解放必然要通向人类解放”② 仍然是当下时代社会政治生活的基本主题。

其四，对马克思主义政治哲学研究中的诸多问题仍有待于辨析与澄清。例如，马克思主义政治哲学与国外马克思主义哲学研究路径的差异，

① 吴晓明：《从社会现实的观点把握中国社会的性质与变迁》，《哲学研究》2017 年第 10 期。

② 邹诗鹏：《当代政治哲学的复兴与马克思主义政治哲学传统》，《学术月刊》2006 年第 6 期。

以资本逻辑为抓手的哲学—政治经济学批判与以道德规范为抓手的政治哲学的差异，以及《资本论》与马克思政治哲学的融通等仍然是马克思主义政治哲学直面且需要进行回应的问题，尤其是2008年金融危机与2020年新冠疫情的发生，将促使人们重新理解经济与政治的关系，思考、回答时代发展中的重大问题和人类社会进步与发展的现实路径。

当然，还有其他一些问题同样值得注意，例如：在建构当代中国马克思主义政治哲学的过程中，使用概念的明晰性问题①、研究问题的逻辑性问题②以及理论的价值性问题等都有继续深耕的空间，如何处理问题意识与体系建构的关系也须进一步拓展。但无论如何，国内学界所做的可贵努力已经为当代中国马克思主义政治哲学的建构奠定了良好基础，也将继续推动着一个兼具现实性维度与理想性维度于一体的“中国化”范式的马克思主义政治哲学的发展。

作者单位：中山大学马克思主义学院

① 如在讨论马克思主义政治哲学的合法性时，历史唯物主义与马克思主义、马克思政治哲学与马克思主义政治哲学常常被混用，而若不对它们之间的界限、区别与微妙关系进行辨析，往往会增加学术讨论的困难。

② 如在实际的研究过程中，部分学者在如何建构当代中国马克思主义政治哲学的问题上，往往对其所包含的三个相互关联的问题——如何建构马克思政治哲学、如何建构马克思主义政治哲学、如何结合当代中国现实与马克思主义政治哲学以建构当代中国马克思主义政治哲学——割裂开来，而忽略了三者之间的逻辑递进关系。

责任编辑：崔继新
封面设计：石笑梦
版式设计：吴　桐

图书在版编目（CIP）数据

中国马克思主义哲学研究报告·2019 / 王立胜，单继刚主编；毕芙蓉，周丹，韩蒙副主编．— 北京：人民出版社，2023.9
ISBN 978 – 7 – 01 – 023959 – 0

I. ①中… II. ①王… ②单… ③毕… ④周… ⑤韩… III. ①马克思主义哲学 – 研究报告 – 中国 –2019 IV. ① B0–0

中国版本图书馆 CIP 数据核字（2021）第 231234 号

中国马克思主义哲学研究报告·2019
ZHONGGUO MAKESI ZHUYI ZHEXUE YANJIU BAOGAO 2019

王立胜　单继刚　主编
毕芙蓉　周 丹　韩 蒙　副主编

人民出版社 出版发行
（100706　北京市东城区隆福寺街 99 号）

北京盛通印刷股份有限公司印刷　新华书店经销

2023 年 9 月第 1 版　2023 年 9 月北京第 1 次印刷
开本：710 毫米 ×1000 毫米 1/16　印张：18
字数：247 千字

ISBN 978 – 7 – 01 – 023959 – 0　定价：98.00 元

邮购地址 100706　北京市东城区隆福寺街 99 号
人民东方图书销售中心　电话（010）65250042　65289539